JUST GREAT TEACHING

如何解决课堂上
最关键的
9个问题

[英] 罗斯·莫里森·麦吉尔
Ross Morrison McGill 著

中国青年出版社
CHINA YOUTH PRESS

中青文库

图书在版编目（CIP）数据

如何解决课堂上最关键的9个问题 /（英）罗斯·莫里森·麦吉尔著；张庆彬译.
—北京：中国青年出版社，2020.7
书名原文：Just great teaching: How to tackle the top ten issues in UK classrooms
ISBN 978-7-5153-6019-5

Ⅰ.①如… Ⅱ.①罗…②张… Ⅲ.①课堂教学—教学法—中小学 Ⅳ.①G632.421

中国版本图书馆CIP数据核字（2020）第074432号

如何解决课堂上最关键的9个问题

作　　者：[英] 罗斯·莫里森·麦吉尔
译　　者：张庆彬
责任编辑：肖　佳
文字编辑：岳明园
美术编辑：杜雨萃
出　　版：中国青年出版社
发　　行：北京中青文文化传媒有限公司
电　　话：010-65511270/65516873
公司网址：www.cyb.com.cn
购书网址：zqwts.tmall.com
印　　刷：大厂回族自治县益利印刷有限公司
版　　次：2020年7月第1版
印　　次：2020年7月第1次印刷
开　　本：787×1092　　1/16
字　　数：239千字
印　　张：19.5
京权图字：01-2020-0565
书　　号：ISBN 978-7-5153-6019-5
定　　价：49.00元

各方评价

本书是对循证教学思想（对所有教师来说都至关重要的教学方法）的完美综合。现在是时候全面提高教学水平、减少工作量和提升幸福感了。

——利亚·克里梅斯，六年级校长，

@LeahCrimes

《如何解决课堂上最关键的9个问题》为我们提供了一个专注于解决方案、真实可靠的英国教学现状报告。对于决心在实践中做出持久改进的教师来说，本书是基于循证研究结果的绝佳参考。

——富宾恩·达库，继续教育教师和博客作者，

@DarkuFabian

所有教与学参与者的必读书。罗斯提醒你教学中什么才是真正重要的，提供循证教学策略，并将这些策略有效运用在课堂中。真实的学校案例分析为你实现这些想法提供了可信的宝贵参考。所有呈现的内容都经过罗斯的验证、评价和评估，让你有信心在课堂上付诸实践。

——克里斯·弗莱彻，约克郡和亨伯郡教师培训SCITT主管，

@sciencefletch

教育研究和案例分析的细节形成了一份适用于任何教师的资源，教师可以与团队讨论适合自己教学背景的卓越教学法。

——阿拉娜·盖伊，Vita et Pax预科学校校长兼BAMEed联合创始人，

@AllanaG13

这本书从包容的立场出发，重视每一个孩子与社区成员。它实用、简单易懂，面向整个教育界。书中内容——尤其是关于幸福感的内容——为家长、慈善机构和学校合作方提供了有用的参考和建议。

——阿妮塔·克温–奈，Every Child Should组织主管，
@anitakntweets

罗斯对教育面临的主要挑战提出了实用、有理有据的建议。该书以英国各地学校的真实案例为基础，提供了关于教育背景、促进平衡和分享想法的案例分析。该书是从教师到高层领导的所有教育工作者的必读书，提供真正对学生有用的实用解决方案，来应对我们面临的挑战。

——斯蒂芬·洛根，副校长，
@Stephen_Logan

充满新意，充满实用技巧，充满智慧话语。这本书对所有教师来说都是大有启发的教学指南。

——李·埃利奥特·梅杰，埃克塞特大学社会学研究教授、
《什么有作用？》（*What Works?*）合著者，
@Lem_Exeter

基于相关研究，并以实际案例为支撑，本书为教学中的日常问题提供了明确的解决方案。无论你即将开始教学生涯，还是希望反思目前的教学实践，这本书在带给你挑战的同时，也会给予你帮助。

——克里斯·莫伊斯，布里奇沃特和陶顿学院信托基金员工发展主管

罗斯的这一部杰作，正是教师和领导目前最需要的。重要的是，它为学校面临的日常挑战提供了切实可行的解决方案，并呼吁教师在重视自身心理健康和幸福感的同时，享受自己的课堂实践。

——帕特里克·奥特利-奥康纳，执行校长，培训和领导力发展顾问，

@ottleyoconnor

本书阐述了教师和学校面临的挑战，歌颂了教育多样性和个体价值。罗斯·麦吉尔用第一手故事、第一手研究观点完成了这部杰作。本书从深思熟虑的发问开始，将大量教师思考纳入其中并指导你进行内部实践。

——普兰·帕特尔，外部事务主管，

@MrPranPatel

本书为当前的英国教育关键问题的解决开辟了一条道路。它结合历史背景和调查研究，为目前状况提供实用建议，也呈现可能的未来场景。无论对新教师、经验丰富的老教师还是对学校领导者而言，本书都是一本极其有用的参考指南——值得反复阅读和使用！

——詹姆斯·波普，InspirEDucate主管，

@popejames

罗斯·麦吉尔的书对任何想要改进教学实践的人来说都是必读的。这是一部建立完善教育体系的力作。

——博比·西格尔，数学教师，剑桥大学博士生，作家，

英国广播公司电视节目主持人，

@bobby_seagull

本书是罗斯·麦吉尔的又一杰作。他对教师工作的关键问题——评分、评估、备课和教学法——进行了逐一探讨，提供了一套以研究为基础的实用建议，确保"卓越教学"。这本书还论述了教师和学生的幸福感。

——斯蒂芬·蒂尔尼，首席执行官，博主，

《阈限领导力》（*Liminal Leadership*）的作者，

@LeadingLearner

所有教育工作者的必读书！罗斯完美地展示了一个改善当前教育体系的清晰、简单、以研究为指导的方法。通过咨询在当前受到严格监督的政治和技术环境下面临困难的教育者，他抓住了学校领导、中层领导和教师们在九个实践领域遇到的每一个问题。

——沙菲娜·沃赫拉，心理学教师兼系主任，

@ShafinaVohra

这本书不仅给教师提供建议，书中推荐的方法还将增强教师的学习能力，因为这本书提供了如何采用基于研究的策略的案例，并解释了为什么这些方法有助于学生学习。

——伊莱恩·威尔逊，剑桥大学教育高级讲师，

@egwilson

Dedication
献词

　　每本书都是一段旅程。对作者来说，这段旅程充满了高潮和低谷。然而，让我高兴的是，在我撰写每本书时，始终都有来自家人的幸福陪伴。

　　2013年，我的第一本书出版时，我当时两岁的儿子弗雷迪开始爱上了阅读和写作。当我让他举起一本书拍照时，他还在啃书皮的边角。2015年，当我在客厅地板上校对第二本书的200页校样时，弗雷迪会高兴地爬过草稿，利用这个机会玩"汽车游戏"。第三本书更激发了他的兴趣。当我偶尔与世界分享视频广播时，他会在后花园背诵"评分、备课、教学"；随着他在镜头前的自信心的增强，他可以脱口而出"点赞""关注""订阅"这些词。

　　第四本书的想法刚形成时，八岁的弗雷迪就坚持认为这本书应叫作《环球教学》，因为"爸爸就是这么做的"。他在书的封面上画了一幅地球的图画，他完全参与了这本书的创作过程。

　　如今，多亏了他的母亲以及泰勒女士和汉考克女士，即将进入16岁青春期的弗雷迪养成了阅读和写作的习惯。尽管有时工作很繁重，但我希望，作为一名教育工作者和一位父亲，我能够以某种方式来影响他对文学的热爱。

　　弗雷迪是我日常灵感的源泉。我看着他学习，看着他应对生活带来的日常挑战，留意他悲伤的泪水和独特的幽默感。他非常诚实，又极其挑剔，但同时他也是我最大的粉丝。正是因为他，我一直砥砺前行。

作为一名家长、教师和作家，我每天要做的就是找出问题并与他人分享答案。我希望，本书提出的一些问题能够帮助学校成为英国所有孩子——包括我的儿子——更好学习的场所。

这本书献给你，弗雷迪。

Contents
目录

Acknowledgements
致谢

首先，我想向本书**九所案例研究学校**表示衷心的感谢。感谢你们的信任，感谢允许我去访问你们、分享你们的故事。我写这本书的目的是强调那些所有学校都在努力改善的问题，并赞扬那些尽其所能解决问题的学校。我希望这本书能彰显这些学校取得的成就——是你们给予了年轻人激情、责任和知识。

其次，我必须感谢**汤姆·谢灵顿**为本书带来的启发。我们决定成为全职旅行教师后的第一份工作是在伦敦南部一个自行设计的教师培训活动中完成的。2017年7月一个闷热的夏日，房间里聚集了大约70人，讨论过去50年教育工作中存在的一些问题，我们的目标是清除教育系统中出现的许多不合理因素。随着现代教育技术的兴起，评估程序和教师工作量的增加导致了心理健康问题和问责标准的缺陷化，许多教师过早地离开了学校。这些问题摧残着教师行业。汤姆和我都是受害者，但我仍然相信，我们都还有10年或15年的好时光要在学校里度过。尽管今天我们的工作越来越全球化，而且我们的影响比仅在一所学校内工作要广泛得多，但我们都是问责制的受害者。问责制未能达到其最初的目标——让学校承担责任，做出改进，让我们正在评估的教师留在学校工作，因为我们需要那些知道问题答案的合格的专业人员。我们把这项培训项目称为"卓越教学"项目。

我想对**霍莉·加德纳、约翰·达贝尔、海伦·伍德蕾博士、黛西-梅·刘易斯、史蒂文·罗伯逊、霍莉·安德顿**以及在我的网站幕后工作的众

多教师博主们表达真挚的感谢。如果没有这些人的付出，我的网站（www.teachertoolkit.co.uk）就无法给世界各地的教师提供支持。网站上发布的很多信息都对我个人的职业发展有帮助。最近，普贾·阿加瓦尔教授在播客@TeacherToolkit上对我说："地狱里有一个特别的地方，专门留给那些不与其他教师分享想法的教师。"这对每个人来说都是一个提示：即使我们意见不同，分享、合作和相互学习依然很重要。

感谢**布鲁姆斯伯里教育**团队的**汉娜·马斯顿、海伦·戴蒙德、劳拉·贝弗里奇和瑞秋·林德利**。他们让我大步向前，并在需要时施加了必要的压力，有时还向我提供书名建议、封面设计和各种截止日期。他们总是面带微笑，还会为我准备蛋糕和咖啡！

作为我的第四部作品，这本书可能是我迄今为止写过的最快乐的一本。与愿意在线分享数据的学校和教师合作真的很愉快。感谢访问我网站的每一个人，感谢通过社交媒体与我联系的成千上万的教育工作者，感谢在英国、欧洲其他地区和中东的教师培训项目中与我合作的数千名教师——你们每个人都与我一起经历了这段旅程，我希望对于那些我们可以共同解决的国家教育体系问题，这本书能为其带来一些改变。

感谢在北爱尔兰工作的**麦尔·汤普森**校长以及我在苏格兰的同事们。他们对英国这些地区教师面临的挑战提出了宝贵的见解，并同意我在开展研究时"向他们请教"。

我还要特别感谢几位教师。他们为本书每章作了小结，在百忙之中抽出时间阅读各个部分，并提供一些经验和见解总结了每个主题。我建议每位读者都关注他们，因为我从他们每个人身上都获益良多。如果这本书对你有启发，那么他们对这些问题的评价也会对你有启发。这些教师是：**普利亚·拉克哈尼、拉杰·昂斯沃斯、卡罗莱纳·库珀-特泽尔博士、阿德里安·白**

求恩、萨拉·沃拉博士、安吉拉·布朗、安德里亚·扎菲拉库、马克·马丁和安迪·哈格里夫斯教授。

最后，我要感谢富有魅力的**吉姆·奈特勋爵**。2014年我们在社交媒体上偶然结识，从那时起，我便深深折服于他对教育的热情。不得不说，在建立帮助所有儿童，尤其是弱势儿童的教育体系方面，的确有一些政客做了正确的事情，发挥了积极的作用。吉姆便是这些政客中的一员。他充分发挥他在上议院的地位，使教育系统更加完善。在2018年11月英国上议院的一次演讲中，吉姆谈到了学校的资金问题，当他总结所有学校和教师的真正问题时，他的话深深打动了我：

"如果没有足够的资助，也没有足够的教师来从事教学工作，结果是什么？学校教师质量下降，教学效果下滑，高风险问责制开始生效。随之而来的是家长的动摇、预算的崩溃和校长职业生涯的结束。这是一个螺旋式下降的过程，而学校和地方政府的资金削减往往是出现这种情况的主要原因。"

正因为这次演讲，我请他为本书写了序言，并请他在百忙之中抽出时间为本书提供一些政策方面的见解。为此，我将永远感激吉姆。

读者朋友们，我希望你们能观看吉姆在上议院的演讲，并仔细阅读他在本书序言中的智慧之言。如果我们的内阁有更多像吉姆这样的政客，我们就能真正领先世界了。

但令人遗憾的是，虽然英国各地的学校与教师所做的工作已足够令人振奋，但我们的政客们仍需要更加努力来释放教育体系的真正潜力。让我们关注《如何解决课堂上最关键的9个问题》吧！

About the author
关于作者

罗斯·莫里森·麦吉尔，是推特上"英国关注人数最多的教育家"
（@TeacherToolkit），同时也是世界最受欢迎的教育网站之一www.teachertoolkit.
co.uk的创办者。他是一位屡获殊荣的博主、作家和拥有超过25年教学经验的
教师。《星期日泰晤士报》将他列入"英国最具影响力的500人"之一。且他
是目前唯一一个享有这一声誉的一线教师。他还是下列畅销书的作者：《给
中学教师的100个创意：杰出的教学》《评分，计划，教学》。

Foreword
序言

我接触过的大多数教师都表示，他们想要的只是教育体系的稳定。他们已经受够了课程改革、问责制改革、资金削减，以及一种随时准备破旧立新的无措感。这真是令人沮丧：唯一可以确定的是，一切都不确定。

教育体系内部存在着巨大的改革压力。中小学的扩招增加了招聘更多教师的压力，尤其是数学和物理教师。一所学校没有这些关键学科的专业人才已经不足为奇。

教师面临的工作量压力众所周知。经济合作与发展组织（OECD）的《塔利斯报告》最近的一项调查显示，英格兰教师的工作时间是欧洲最长的，而且不是因为他们的上课时间长。教师并不是唯一感到有压力的人。学生们也发现压力越来越大，心理健康问题显著增加。原因很复杂，但作为儿童服务机构，学校需要对此做出回应。

这些要求变革的内部压力正与外部教育环境带来的一些重大后果相匹配。由于人才严重短缺和对思维多样性的需求，招聘者正在使用分析工具来提高招聘质量。这些分析工具使他们能够直接看到求职者的能力，而不只是一纸文凭。因此，他们降低了对资格证书的重视，不再使用简历来筛选人才。这一趋势对大学产生了影响。在英格兰，学生资助意味着毕业生离校时的实际税率为48%。学生们希望改变，并表示如果他们的资格证书在就业市场上日益贬值，那他们将选择学徒制。边学习边赚钱的确很有吸引力。

多年来，中小学一直在协助大学进行选拔。资格认证旨在帮助大学导师招生以及为学生深造做准备。课程设置反映资格认证，而教学法反映课程设置。如果有抱负的学生不再看重大学经历，他们也将不再看重自己的中学经历。英国的教育体系是不可持续的，必须进行变革。虽然苏格兰的课程改革是一个良好的开端，且威尔士的课程改革看起来更有前景，但我还没有看到任何证据表明，英国有哪个司法管辖区对终生教育的新范式抱有全盘愿景。

在这些动态力量中，教师需要能够与他们的职业相联系，并继续帮助孩子们发挥才能以过上充实的生活。这本书对教师和领导们都大有裨益。罗斯·麦吉尔利用他丰富的经验和他与这一职业的联系，为我们在这"有趣的时代"中生存提供了保证和希望。

吉姆·奈特勋爵

TESGlobal首席教育顾问和外部事务主管

Introduction
前言

　　在我开始考虑如何写这本书时，我的出发点是全国范围内学校体系的诸多不足。太多问题铺天盖地而来，影响着全国各地的教师和学校，阻碍着他们尽其所能地为学生提供帮助。目前，这些挑战包括学校资金、高风险问责制、不断变化的与课程和评估相关的目标，等等。

　　有超过25万的人关注我的社交媒体频道，我的网站也已经有1 000万的浏览者，这让我能够以更广阔的视角看待教育问题，但我对当前的政治对话感到失望。我不断收到全国各地的教师们的信息，他们都关心现代教育的发展。随着对教师的要求越来越多，教师们发现无论是在上课期间还是放学后，他们都被困于办公桌前，而不是站在教室里给学生传道授业解惑。

　　每一届的政府来了又去，但教师和学校领导似乎总是发现自己陷入困境，等着政治家们决定下一个"权宜之计"，或希望他们能提供新的资金来源，帮助解决学校需要应对的最新危机。在苏格兰和威尔士，人们对教育的看法比北爱尔兰或英格兰目前的情况更乐观一些。我很想知道，比起去世界的另一端寻找答案，在英国内部我们可以从彼此身上学到什么。就我个人而言，我从事教育工作超过25年，见过很多属于不同政治派别的教育部长，他们都带着新想法、新抱负和新政策上任，但这对一线教师有什么真正的影响呢？不管教育部长的政策是什么，一旦把教室门关上，任何政策或意识形态的推行总是由教师决定的。

　　我坚信，没有哪个政府能够为教育体系的所有问题提供解决方案。如果我们无所事事，等着并期待着政客们解决问题，我们必会失望透顶。依我之见，我们必须在自己的团体内——从我们的教师同行和学校领导那里寻找切实可行的解决方案。作为一种职业，我们是一种集体力量。我们有很多东西要相互学习，同时我们也可以做更多的事情来解决我们共同面临的问题。

教育的九大关键问题

我们每天在课堂上遇到的挑战受以下三个方面因素的影响：

- **宏观层面**：政治、问责制结构、资金和社会经济因素。

- **中观层面**：校级组织、学校社区和地方服务机构。

- **微观层面**：教室、教师和学生。

无数学术论文探讨了影响课堂活动的政治和社会经济因素。然而，解决国家问题的能力在很大程度上取决于政策制定者的利益范围。学校资金分配就是一个很好的例子。2019年，超过10万人在一份呼吁增加学校资金的在线请愿书上签名，但这绝不是新问题。早在1976年，工党首相詹姆斯·卡拉汉就说过：

"至少就目前而言，（用于教育的）资源会进一步增加的可能性不大。我担心，这会让那些认为当前这些问题的唯一解决办法是增加更多的资金的人失望……我们所有人都面临着一个挑战……如何善用现有资源来确保尽可能高的效率。"

尽管我们对过去和现在有所了解，难道一代又一代的人只是简单地重复着对未来教育的相同假设吗？

就我个人而言，我强烈认为，在资金匮乏的基础上，我们不可能建立起世界一流的教育体系。我们将继续积极推进这一事业，但很明显，问题不会很快得到解决。当我们在日常工作中因这些宏观因素而苦苦挣扎时，我们可以也应该继续抗议和游说政府，让他们听到我们的声音。然而，在实践中，这些因素超出了我们这些教师和学校领导的能力范围。只有在中观和微观层面上，我们才能产生更大的影响。尽管有政府发布的法定指导，作为一线教师，我们仍然可以采取一些积极措施来调整教学实践；作为学校领导，我们同样可以采取一些积极措施来推动变革，以确保能够为学生提供我们力所能及的卓越教学。

为了实现这一目标，我们不应故步自封，而是必须公开合作以解决复杂问题，分享想法并讨论"什么可行"。当然，教师们希望能够对神经科学和"如何学习"有一个很好的理解，而且对于指导课堂实践，（教学）研究正变得至关重要。但教师们最终还需要来自同行们的实用建议。神经科学、心理学和（教学）研究对卓越教学都至关重要，也确实发挥了各自的作用，但如果是具体地教30名学生，教师们的工作会变得复杂得多。对我来说，实现卓越教学的秘诀在于把所有这些复杂的理论和想法转化成实用的、可行的解决方案。因此，在这本书中，我对我从教学背后的研究、证据和心理学中学到的东西，我自己在教育领域的工作经验，以及我在全国各地学校看到的卓越实践进行了提炼。

很幸运，我每周都与不同的学校合作，每天都与其他教育工作者交谈，讨论教育的复杂性以及我们作为教师和学校领导的工作内容。这种视角给了我广阔的视野，通过它来观察我们面临的挑战，考虑我们可以做些什么来改进我们的个人实践，并在整个行业中传播卓越教学的理念，而不必担心高风险问责制会使某个人丢了工作或使学校倒闭。我相信这种模式必定能够改善学校状况。

从我与数千名教育工作者（我跟这些教育工作者一起工作过或通过社交媒体建立了友好关系）的经历和讨论中，我整理了9个关键问题，供教师和学校领导在实践中解决。

这九个问题是：

1. 评分与评估

2. 备课

3. 教与学

4. 教师幸福感

5. 学生心理健康

6. 学困生

7. 课程设置

8. 以研究为指导的教学实践

9. 教师持续职业发展

本书的每一章都探讨了其中一个关键问题，讨论了这一问题为什么对于教师和学校而言是一个严峻而重要的问题，然后就如何解决这一问题提出五点建议，这些建议来自我与各地在这些方面表现出色的学校的合作经历。

无论环境如何，我希望本书中的观点能为每个人提供出发点，以颂扬我们在学校所做的出色工作。我希望它们能帮助（你们）发现、赞扬、分析和传播最佳的教学实践，并让你们了解到，在类似的情况下，其他专业人士是如何有效地解决某个问题的。

任何伟大成就的取得都需要与他人合作，没有哪所学校、哪个校长或哪个教师能够在没有同事的帮助下实现卓越教学。关注其他做得很好的地方也很重要，如中国上海、芬兰或日本，但我们还必须开始更加认真地关注自身实际，以形成自己的特色。这不仅能使我们为年轻老师提供更好的条件，而且有可能吸引下一代人从事教师这一职业，并鼓励那些可能已经过早离开教职的人（包括我自己）重回教师岗位。

研究方法

本书所提供的实用理念，得到了英国9所学校的案例分析的支持，每所学校都在上述九大实践领域之一中表现突出。这些学校并不是根据问责指标、考试成绩、政治思想或教学方法挑选出来的"最好"的学校。相反，我根据自己在教育界的工作经验，找出了这些正在面临全国所有学校（包括你的学校）都要面临的挑战的学校，并探索了这些学校在面临这样的挑战下做得好的地方在哪里。

作为本书研究的一部分，我走访了这9所学校，并采访了每所学校的一位工作人员——校长、学校领导或在某一特定实践领域处于领先地位的教师。在我走访之前，每位代表都完成了一份在线问卷，以确定学校的优势和面临的挑战，以及他们最自信和最不自信的地方在哪里。

随后，从2018年9月到12月，我记录了与每一位学校代表的面对面访谈，分析了他们的答卷，并将重点转向一个特定主题——他们自认为的自己学校的出色之处。这些访谈包括了近10个小时的谈话录音——这本身就是一本书——你会在各个章节的**对话气泡**里找到采访的摘录（所有摘录在出版前均得到了受访者的允许）。

除了对这9所学校进行案例分析外，我还制作了一份面向所有教育工作者的在线问卷，并发布在社交媒体上。在2018年10月至2019年3月期间，我收到了236份答卷，这些答卷主要来自英国各地的教师和学校领导，以及少数在其他欧洲国家工作的人。这份调查问卷共有12个问题，其中3个被分为11个子问题，共有42个条目。这236份答卷，就相当于近10 000条数据。各章也提供了从这些数据中获得的一些见解，

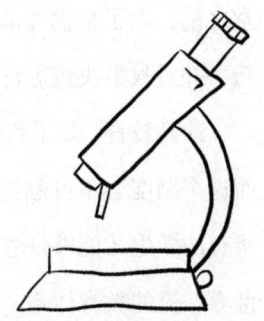

请注意查看本书中的**显微镜图片**。

卓越教学

卓越教学不是靠运气或假设就能实现的。为了说明这一点，我想分享格雷厄姆·纳托尔的《学习者的隐秘生活》（*The Hidden Lives of Learners*）一书中的一则轶事，这是一本关于教室中复杂世界的研究著作，我们将会在第一章更详细地探讨这本书。纳托尔讲述了一个下午发生在一所学校的教室里的一件事，这是一个所有教师都能想到的场景，一些学生在考试时把一位同学的笔拿走了，这支笔在这位同学背后传来传去，他无论如何也弄不清谁拿着笔。全班同学都在教师背后咯咯地笑个不停，但教师却认为他们是在因她的一个笑话发笑。教师继续收试卷然后抱走送去评分。就像纳托尔说的那样，"这些分数将被输入计算机，然后转换成复杂的图表和表格，政客和报纸编辑将使用这些图表和表格进行褒贬——你懂得的"。

那么我想问问你：这些考试分数真的能反映教室里发生的事情吗？

政客们引进各种不同的框架，试图去衡量卓越教学的特征，但这些框架都随风而来，随风而去。在我看来，他们仍然没有达到目标，并模糊了他们与学校合作的角色和责任。卓越教学似乎是一种简单的教学方法，实际上它需要经年累月的刻意训练。就像碧昂斯在演唱会的舞台上表演一样，教师们也必须花费数小时的时间在台下练习。在把专业知识运用于反复、集中的课堂之前，除了根据考试分数调整自己的教学外，教师还会磨炼和完善教学技巧，并对教学决策进行反思。

谈到教育，如果我们不将想像与现实剥离开来，我们仍将是制度的奴隶，而这个制度会不可避免地带来失败、扩大不平等。我们必须改革实践，这样所有的学生才能够带着许多耀眼的资格证书离开学校。如果我们真的想拥有世界一流的教育体系，想让所有的孩子都能成功并为未来工作做好准备，我们必须调整目前的方法。我们必须给所有孩子成长的机会，而这一切都要从《如何解决课堂上最关键的9个问题》开始。

如何使用本书

本书专为满足繁忙的一线教师和学校领导的需要。我们知道，教师时间有限，许多学校的专业发展也不尽如人意，所以我希望《如何解决课堂上最关键的9个问题》能以一种易于使用的形式，为教师提供浅显易懂的信息和实用可行的想法。对于所有肩负社会最大责任的学校领导们，我希望这本书也能让你们了解到其他学校在做什么，这样你们就可以反思自己的历程，学习一些以研究为指导的想法并运用到自己的学校。

每章内容提要

本书共分九章，每一章都侧重于教师和学校领导们迫切希望解决的教学实践中的一个关键问题。你可以从头到尾阅读本书，但也可以自由地钻研，并单独阅读与你最相关的章节。每章分为以下四个部分。

1. 为什么这是一个问题

此引言性的部分提供有关该问题的背景。在国家统计和研究的基础上，它解释了为什么在撰写本书时，这一问题是一个特别的挑战。

2. 我们该如何解决这个问题

这个实用部分由五个不同的想法组成，希望会对教师和学校领导们的日常实践有所帮助。每个想法都以简要总结开始，以帮助你深入了解并发现所需要的策略。很多想法有待一线教师和学校领导们去思考。如果你还不在领导层，请记住，改变可以从基层开始，在与领导和同事讨论关于整个学校的想法时，我希望你能信心十足。

就想法而言，最重要的是能够实施，而且具体背景是关键，所以请不要把这些想法当成"你要做的事情"或你应该做的事情。

3.学校案例分析

每一章都有一所学校的案例分析，其中展示了学校环境和位置，下面地图上也标记有每所学校的位置。案例分析是由学校自己的代表撰写的，并解释了他们学校的教师和领导如何在自己的环境中很好地应对具体的挑战。

能够受邀到每所学校，并在其帮助下了解他们的环境和更深层次的实践，我备感荣幸。

1. 位于布莱克浦的雷顿小学（Layton Primary School, Blackpool）

2. 位于锡尔迪金的伊斯戈尔·亨利·理查德学校（Ysgol Henry Richard School, Ceredigion）

3. 位于爱丁堡的费蒂斯中学（Fettes College, Edinburgh）

4. 位于布里斯托尔的帕森街小学（Parson Street Primary School, Bristol）

5. 位于沃尔萨尔的玛丽女王文法学校（Queen Mary's Grammar School, Walsall）

6. 位于坦特登的霍姆伍德学校和第六学级中心（Homewood School and

Sixth Form Centre, Tenterden）

7. 位于牛津的莫德林学院学校（Magdalen College School, Oxford）

8. 位于斯劳的斯劳和伊顿英格兰教会商业和企业学院（Slough and Eton Church of England Business and Enterprise College, Slough）

9. 位于剑桥的特兰平顿社区学院（Trumpington Community College, Cambridge）

4. 为什么这会起作用

每章都以本章所讨论的领域内的一位著名教育家的真知灼见结尾。这些见解说明了本章中的想法为何起作用以及如何起作用，并为所讨论的问题提供了新视角。

保持联系

读这本书时，我强烈建议你与自己的职业发展课程中的学校同事分享想法和见解。你可以考虑成立一个读书俱乐部，把本书的每一章作为同事们讨论的热身内容。如果是这样，请与我联系，我很乐意为你提供讨论热身所需的资源。我也很乐意回答任何问题或为你进一步的想法和资源获取指明方向。

你可以在社交媒体@TeacherToolkit上找到我，并使用#JustGreatTeaching的标签在推特上告诉我你的想法。你也可以在我的网站www.teachertoolkit.co.uk搜索"Just Great Teaching"，或者发邮件至support@teachertoolkit.co.uk联系我。

Chapter 1

第一章
评分与评估

在我与英国乃至更远地区的学校合作的过程中，有一点非常明显：无论背景如何，教师们都承受着巨大的评分负担。2017年9月以来，我调查了15 000余名教师，研究了"教师最大的工作负担是什么？"这一问题。不出所料，日常课堂评分工作加剧了英国教师心理健康与幸福感方面的问题。

当然，评分只是评估的一种形式。它的过度使用究竟是源于人们对其有效性的认知，还是来自外界对教师和学校的要求，目前尚未可知。然而，我相信，即使学校实行无评分或无家庭作业政策，这种好意依然可能会向外部力量妥协，比如父母的期望、考试委员会的规定以及国家统一评估。虽然学校每年都会进行正式的评估，虽然学校仍有权决定自己的日常工作，但即便如此，还是经常会有第三方来学校评估教学工作。如果评估者发现学校工作缺乏监管，诸如"拿出证据来"或"究竟有什么影响"等质疑就会让学校陷入困境。

然而，评估——无论是评分、提问还是测试——确实是课堂上的重要工具。那么，我们可以做些什么来帮助学校和教师，确保评估对学生进步有直接影响呢？在本章中，我将分享一些来自学校方面的想法和建议，这些学校正尽其所能地减少评分，改进评估，以减少教师工作量和提高课堂效率。我还会考察教师们正在有效运用的日常课堂理念——以及那些对学习毫无帮助或几乎没有帮助的教学理念。

为什么这是一个问题

评估，包括在一节课中完成的标准化测试，是教师监控学生日常学习的一种安全方法。然而，在复杂的教育环境下，"学生如何学习"已经被缩简为一组组数据。现行评估制度出了问题的地方主要有两点，一是基于学校问责制和跟踪学生进度的测试和报告量不断增加，二是衡量两个时间点之间的成绩变化正成为公立学校教育中非常流行的衡量标准。热衷于衡量学生是否在关键阶段学到了知识的学校领导和政客们应该明白，这种一次性、低风险的测试只能提供有限的参考。

贝基·艾伦教授认为，"在一节45分钟或1小时的课上进行时间相对较短的标准化测试，来判断学生的个人进步是不够可靠的"。基于她与英国教育捐助基金会（EEF）对商用标准化测试的研究，特别是对商业评估对关键阶段2学术能力评估测试（SAT）成绩的预测能力进行的衡量，艾伦得出结论："没有一项测试可以精确地衡量学生的成绩。短期测试的可靠度要远低于长期测试。"

艾伦的研究提出了测试的两个主要问题。第一，我们需要保证考试的标准化，让学生和教师对考试的重要性有统一认识。例如，我们是否有信心确保在不同地区参加国际学术评估项目测试的学生在相同的条件下参加测试？如果做不到这一点，那么这些参数必定是有问题的。第二，虽然在一节课内完成的简短评估可以帮助教师检测学生的能力，但它们很少能够告诉我们，学生在上一年取得了怎样的进步。作为教师，我们可能认为——而且也希望——我们可以满足孩子们更长期的学习诉求，但如果认为在一节课内就可以衡量学生的进步，那就太荒谬了，而且这也是根本无法实现的！

测试（考试）对学生的影响

不仅我们目前跟踪学生进步的方法无效，而且我们对数据集和测试的痴迷也可能限制或损害学生的发展。在《平均的终结：如何在崇尚标准化的世界中胜出》（*The End of Average*）一书中，哈佛毕业生兼作家托德·罗斯提及了美国心理学家爱德华·桑代克的著作。桑代克定义了我们今天所了解的教育。他认为学校和教育的目的是，根据学生的才能对其进行分类，并预测学生的表现。罗斯对此评论道："极为讽刺的是，教育史上最具影响力的人物之一认为，教育几乎无法改变学生的能力，因此教育的作用仅限于识别拥有更高智商的学生。"桑代克支持使用量化信息（如分数）作为评估学生表现和决定学生是否能在大学和职业生活中取得成功的便捷指标。这种"最有可能成功的人"和"最有可能失败的人"的观念如今依然普遍存在。

我想知道我们中有多少人接受了这种观念。比如，我们可能在数学考试中名落孙山或名列前茅。再比如，我们被分数定义，分数意味着我们没有达到我们的首选大学或学院的标准。桑代克的教育迷宫不仅把每一个学生，而且把每一个人都限制在了它的围墙之中。每个学年结束时，（学校或相关部门）都会对教师进行评估。评估的结果决定了他们的职称晋升、排名、加薪和任期。整个国家的教育体系都根据它们在国际标准化测试（如PISA[①]或PIRLS[②]）中的表现来排名。综观全球，我们的教育体系正如桑代克所期望的那样：

- 高于平均水平相当于你得到奖励。
- 低于平均水平相当于你将会失败。

在过去的一个世纪里，我们已经完善了桑代克的教育体系。正如罗斯所

① PISA：Program for International Student Assessment，国际学生评估项目。——编者注

② PIRLS：Progress in International Reading Literacy Study，国际阅读素养进展研究项目。——编者注

言，它就像一台运转良好的机器，排除了所有别的可能性。罗斯深刻地证实了我们当前教育体系中存在的问题，并影响了我的看法：成千上万的孩子认为自己是失败者，仅仅是因为这个评价体系不够成熟，无法评估出他们的个体成功。

学校排名

在体制层面，我们的一些教育领导对彼此的学校进行排名。有时为了提升学校名次，还会在法定评估的基础上进行额外的评估。这无疑将加剧现有危机并危害教师心理健康，以此为代价换取学校在排行榜上的乐观表现。

在更极端的例子中，多学院信托基金（MATs）对加入它的学校进行排名，以提高部门、团队和学科的教学水平。你能想像以下情况带来的感受吗：你是一所中学的理科负责人，你排名倒数第一——虽然每个学校的情况根本不具可比性！你所在的学科可能比你所在学校的其他核心学科表现得更好，但与整个名单中另外20至40所学校相比，按学科表现进行排名，它排在了较低的五分之一中。高风险问责制导致了学校的各种问题，包括"掉队"和"比赛"现象。可悲的是，这种情况在一些小学确有发生——这些学校中的六年级学生在评估中"被排练"或"被过度帮助"。我们明白学校评估有其重要性，但合理的问责制度更加重要。

对学校而言，排名的提高吸引了更多的学生和资金——如此循环往复。但这种衡量"附加值"的方法给人一种错觉，即排名靠前意味着教师能力优秀，学生自然会取得进步。之所以说是错觉，是因为还有许多复杂的因素也会影响学生成绩，比如社会经济地位。如果我们不依赖学校排名，政策制定者和多学院信托基金的领导们可能会觉得他们失去了对全局的控制权。但实际情况是，这种负担和相关费用将会减少，学校评估体系将会进入更本地化的水平。学校将会为自己设计自我评估框架，以继续为当地社区提供有价值的服务。

有效利用数据

在全国各地的学校里，存在一种"密集数据"的风气。例如在北爱尔兰，这种现象在关键阶段3和4[①]尤为普遍。但教师们认为，数据并不总是可靠有用的，也不总是有助于学习的。在某些情况下，教师每学年要进行9万次以上的数据计算：

首先，教师每学期需要收集一次全班同学的数据。	30名学生×3个学期[②] =90项数据决策
接着，教师需要评估以下四个方面：努力程度、作业完成情况、当前成绩、目标成绩。	90项数据决策×4个方面 =360项数据决策
然后，教师需要在九分制的基础上对学生进行三个优良等级的划分，例如A1、A2、A3。这是每个方面的另外27个决策。	360项数据决策×27个可能的等级 =9 720项数据决策
最后，所教的所有十个班级都需要这样做。	9 720项数据决策×10个班 **=9 7200项数据决策**

那么，我们该如何处理这些信息呢？罗伯特·科教授曾在其作品中写道："'密集数据'已成为一种毫无意义的工作的缩影，即收集无意义的数字，再将其转换成对学习者毫无益处的体系。"他提醒我们，评估必须包含可能会让我们感到意外的信息，并告诉我们一些不知道的事情。因为如果报告只包含我们已经知道的东西，它对我们下一步的工作并没有任何指导意义。科教授还谈到了"准确性"，他说："所有的评估都是不准确的，而且有可能是错误的"，因此必须根据数据的重要性来判断数据——即数据的可靠性以及

---

① 从阶段来说，英国的义务教育体系分为四个关键阶段（key stage），关键阶段1（key stage 1）为1-2年级（5-7岁），幼儿学校；关键阶段2为3-6年级（7-11岁），小学；关键阶段3为7-9年级（11-14岁）；关键阶段4为10-11年级（14-16岁）。其中，关键阶段3和4为中学第一阶段。一旦学生完成义务教育，可以选择进一步接受教育，即所谓的中学第二阶段"第六学级"。——编者注
② 在英国，一学年分为三个学期。第一个学期为秋季学期，9月初到12月中旬；第二个学期为春季学期，1月初到3月底；第三个学期为夏季学期，4月中下旬到7月初。——编者注

它传递了多少信息。例如，对单个问题的解答并不是可靠且有效的评估。如果不能报告数据的重要性和准确性，那么仅仅将其输入管理信息系统的行为并不是一种评估！

学校必须减少冗余的数据工作。少收集一些数据，数据将变得更准确、更有意义。2018年，英国教育部发布了一份关于"让数据发挥作用"的学校报告。该报告由教师工作量咨询小组撰写，贝基·艾伦教授担任主席。她在前言中说道，考虑到技术变革的影响，"是时候跳出圈子看问题了，评估一下花在管理学生成绩和教学数据上的时间，是否与其教育效益成正比"。

在数据收集方面，该报告为学校和信托机构的领导们提供了一些非常有用的建议：

1. 建立简单的体系。只要有可能，允许在正常工作日，而不只是在休息时间和午餐时间记录行为事件、课后情况和其他教务信息。

2. 尽量减少或消除教师需要收集的信息。

3. 确保你了解学校评估的质量和目的，包括与课程相关的信度和效度的详细信息。

4. 以你可掌握的方式审查报告和家长参与的方法，让家长了解子女在学校的表现和行为，并考虑如何以最佳方式向家长提出期望。

5. 使用上述数据原则，确定对学生的干预计划，尽量减少准确定位学生所带来的数据负担。

6. 每年不要超过两个或三个成绩数据收集点。数据收集点是用来了解明确的操作步骤的。

7. 避免让教师的薪酬增长依赖于定量评估指标，如考试结果。

根据这些建议，中高层领导应就评估和数据收集政策思考以下问题。如果你还不属于领导层，向你的上级提出你的想法。改变不一定只能自上而下地进行。

- 评估的目的和用途是否明确，是否符合学校的价值观？
- 从评估中能够推断出什么，结果是众所周知的吗？
- 收集数据的数量和频率是否成正比？
- 你的学校上次审核数据收集和使用评估流程是什么时候？
- 是否所有的数据收集窗口都需要与教师或团队领导进行对话？
- 重要考试年级组每学年收集的数据是否超过三次？
- 收集的数据是否易于教师、家长和学生理解？
- 是否有明显的证据表明你收集的数据可以增加价值？

评分呢

我们知道评分是教师日常工作的一部分，但我经常问的问题是："你知道什么是有效评分吗？"如果拥有25年教学经验的我仍在努力寻找这个问题的答案，那么对于没有经验的教师来说，还有什么希望呢？

> "我们不再称之为评分；我们称之为反馈。它促进了关于学习而不是工作的讨论。"
>
> ——乔纳森·克拉卡斯，校长，布莱克浦雷顿小学

考虑到评分，学校的日常课堂政策会使情况变得更糟，这些政策要求教师要在每Y段时间评分X次并保持一致，并坚持要求每位教师使用特定颜色的笔评分。这一切都是为了避免外部监督带来的压力，但一旦出现这种情况，教师的工作量就会从反馈的有效性转移到"我应该用什么颜色的笔？"以及"我应该多久打一次分？"

此外，学校领导们的工作审查加剧了这一问题，他们千方百计地监督教

学的一致性和质量——这是一个不可能完成的任务，因为我们经常在没有收集到所有必要信息的情况下，就开始观察教学过程，并"跃跃欲试"了。

如果我们仍然在试图理解什么是有效反馈，如何获得反馈以及什么会对学习产生最大影响，那么父母呢？家长可能仍然会认为"评价框里打打钩"是一种认可方式，并以此来评价教师，尽管我们知道它对学习没有任何影响，更糟糕的是，它简直完全是在浪费时间。相反，我们需要大幅度减少每所学校评分的任务量。我希望本章的建议能帮助教师和学校减少打分量，找到更有效的方法来评估学生的进步，并提供对学习有真正影响的反馈。

我们该如何解决这个问题

对作业布置进行反思

批改作业可能是一项耗时的工作，它真的是对教师时间的最佳利用吗？在这个想法中，我们将研究如何布置更有意义的家庭作业，对学习真正有益或最有益的作业很少需要批改——甚至无须批改。

布置家庭作业会产生影响吗？家庭作业对学习有意义吗？它能否使学生获益更多，并让学生掌握学习技巧和培养责任感？

这些都是关于家庭作业目的的重要问题。一些学校把它作为学校存在的"必需品"，而另一些学校实际上完全淘汰了它，走上了"无作业政策"路线，"不评分"，甚至"不穿校服"！有许多家长说他们希望教师给孩子布置家庭作业，尽管它会给一些家庭（包括我的家庭）带来无尽的悲伤和频繁的争吵。还有很多孩子不希望教师留家庭作业，但终究还是逃不掉！有的孩子不做作业，有的把作业丢了，有的直接在谷歌上找答案，还有的不在家做作业，也有孩子信誓旦旦要认真写作业，但由于花费过多时间而没有得到充足的睡眠。

如果你问一些人，他们会告诉你，家庭作业是一个破坏家庭生活的黑洞；它阻碍学习，也拉大了差距。如果你再问其他人，他们会不经意地回答"好教师布置好作业"，而且家庭作业对学习过程也有很大的影响。判断作业是否有用远非易事，但这在很大程度上取决于你的关注点以及所教的年龄段。

研究表明了什么

没有任何证据表明，家庭作业对小学阶段的孩子有任何学术上的好处。教育领域的领军人物约翰·哈蒂说，在小学阶段，"家庭作业的影响几乎为零"。阿尔菲·科恩在《家庭作业迷思》（ *The Homework Myth* ）中表示，学校需要将其默认值设置为"无家庭作业"模式。然而，哈蒂还认为不应该完全取消家庭作业，而应该有侧重点。他说，中学的家庭作业会有更大的影响，主要是因为它给学生另一个机会，来巩固练习他们在课堂上学到的东西。我完全同意。

我很清楚，我们确实需要重新思考家庭作业的布置，尤其是家庭作业的影响，因为在确定家庭作业与学习成绩之间的积极关系时，大多数元分析都未能挖掘出影响结果的重要变量。时至今日，激烈的争论依旧亟待定论，很少有研究涉及作业质量、反馈性和作业量与空闲时间比例关系的问题。如果不对这些条件进行评估，将家庭作业与成绩联系起来的证据仍然无效。

哈蒂认为如果布置作业不是专门为了练习，那它就毫无存在意义。教师必须把已教授过的、学生已掌握的并且在需要时易于想起的内容布置成作业。本质上，任何家庭作业都必须是相关的，而且是高度相关的。尽管哈蒂在2014年也曾说，用5到10分钟练习当天在学校所学内容，和布置需要1到2个小时来完成的家庭作业的效果是一样的，但经合组织2014年的一份关于国际学生评估项目的数据报告，研究了15岁学生的家庭作业，发现社会经济条件较好的学生和就读于社会经济条件较好的学校的学生，常常比其他学生花更多的时间做家庭作业，这可能会使教育不平等现象长期存在。需要注意的是，布置家庭作业可能会增加劣势差距，尤其是在学生更依赖父母的小学时期，但对我来说，家庭作业在学校和孩子成长过程中都占有一席之地，关键在于我们如何利用它并使其成为一种重要的教学工具。

布置有意义的家庭作业

匈牙利裔美国心理学家米哈里·契克森米哈创造了"心流"一词来描述一种快乐的状态。这个词让我想起了一名教师收到的表明一切安好的非正式反馈，包括富有成效的工作氛围，或者学生的简短评论："哇！麦吉尔先生，这节课这么快就结束了！"契克森米哈的研究得出结论，当幸福或"心流"产生时，会发生五件事：

1. 学习者高度专注于一项活动。

2. 这通常是学习者自发选择的活动。

3. 活动既不是挑战不足（乏味）的，也并非挑战过度（倦怠）的。

4. 活动有明确的目标。

5. 学习者可以收到即时反馈。

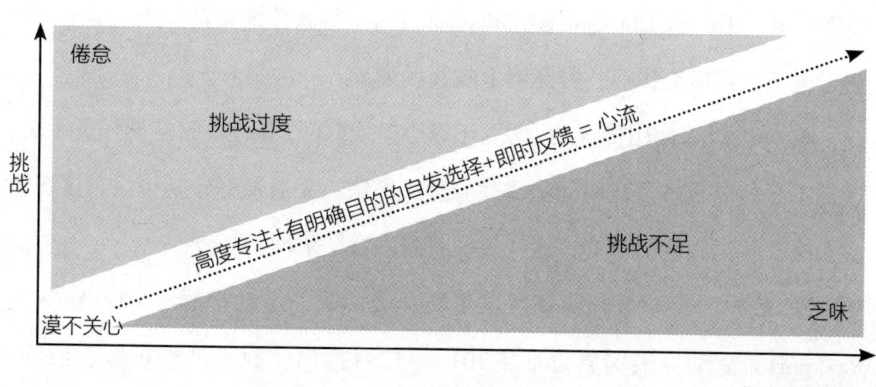

▲ "心流"模式

契克森米哈总结说，产生"心流"感应的人不仅会感到满足，还会忘记时间，沉浸在学习中。你的学生上一次在你的课堂上沉浸于课堂活动或话题中是什么时候？

我们可以用这个理论来指导如何布置家庭作业。如果我们布置有意义的家庭作业，让学生在有明确目标的情况下做出选择，那么学生更有可能在挑战过度和挑战不足之间做出选择，他们会从漠不关心走向"心流"。他们会沉浸于学习中。我们可以将此与布置不需要评分的作业相结合，比如可以布置自我评估或搭档互评的作业。这可以节省教师的时间以给学生即时的口头反馈。教学背景很关键，因此英国各地正在采用一系列方法，以确保家庭作业符合以下标准：

1. 试着在小学阶段不布置常规作业，而是为家庭定期提供他们"可能"想尝试的想法，比如项目或郊游。这能保证教师评分工作量为零，学生也有更多的学习机会，并且增加亲子活动时间。

2. 在数学、阅读和拼写方面使用简单的在线测试。没有了评分环节，相应会减少收集和核对的压力。确保测试内容是近期所学。

3. 尝试使用Seneca、HegartyMaths、ClassCharts、ShowMyHomework、CENTURY、Google Classrooms或Microsoft Teams等软件来布置作业。学生可以通过电子方式提交作业，并在网上收到反馈。

4. 你也可以使用传统的方法：年级小组或部门，整理一份定期任务手册，这样不必每个教师都花时间去寻找合适的方法。手册最好包括可以直接在课堂上检查其正确性的作业，这样教师只需查看结果即可。

5. 最后，小学教师应该考虑重新开展"我的活动护照"（My Activity Passport）活动。英国教育部于2018年12月推出"我的活动护照"活动，旨在"让孩子们有机会尝试新事物，体验周围世界"。"我的活动护照"列出了适合1到6年级学生参加的丰富多彩的活动，从秋季散步到戏剧表演、写日记等。你可以在www.gov.uk/government/publications/my-activity-passport中找到这些内容。

用比较评估取代传统评分

一些人把比较评估描述为教师决策的"优雅解决方案"，它有望从根本上改变我们评估学生学习的方式。比较评估的核心是信任和信任教师的专业判断力！

埃利奥特等人在一份受教育捐助基金会（EEF）委托的书面评分证据综述中指出："我们迫切需要进行更多的研究，以便教师更好地了解最有效的评分方法。"很多教师花了大量的时间去评分，然而有关所提供的反馈类型和产生反馈所花的时间这两者的影响的证据却有限。用复杂的评分方案对测试和考试进行评分，会让你埋头于小细节中，不仅浪费时间，也是有缺陷的。必须有一种比"传统"评分更快、更清晰、更可靠的学生评估方法。如果有一种方法，使我们可以在15秒内进行评估，可靠性为0.91就好了。的确有这样的方法……了解一下比较判断吧！

心理学家路易斯·瑟斯顿在1927年发表了一篇关于比较判断法的论文。他的方法要求评委（或教师）只对质量做出有效的决定，因此"提供了一个彻底的替代方案，使教师不必再通过详细的评分方案来追求可靠性"。近些年，由于教师这个职业当前的宿敌是工作量，比较判断在很大程度上已重新回到了教师的学习对话中。

与形成性评价一样，比较判断法既不广泛，也不根深蒂固。然而，"取消评分"正逐渐获得人们的青睐，并象征着对传统评估方法的"彻底背离"，这可能"在相当深远的意义上解放了教学"。尽管比较判断可能不是最前沿的，但在教师压力空前的时代，它的重新流行和知名度提高是深受人们欢迎的，因为在这个时代，评估毫不费力地歪曲了课程，评估必须是克里斯·惠登所说的"效率和可靠性之间的微妙平衡"。

所以它是什么

如果我们把比较判断简化到最基本的层面，就是从两位学生的作业中选出更好的一个。你可以通过以下几种方式做到这一点：

• 简单、低技术含量的方法是把作业平铺在一张桌子上，像滑动拼图一样移动它们，直到它们以你喜欢的顺序排列。我们通常会看到，当需要对课程作业进行适当展示时，各学科的老师会把作业以这样的方式进行排列。

• 或者，你也可以使用高科技算法，该算法使用多个教师评估来得出排名，并为每个学生提供分数。正如史蒂夫·德雷珀博士所解释的那样，"软件将这些成对的判断组合成一个定量的区间尺度（基于瑟斯顿的'比较判断法则'）……最后，如果不仅将其用于排名，而且还用于评估，则需要把这一课程的相关评分标准同样运用于排名中（而不单是多个教师的评估）"。

比较判断，也被称为适应性比较判断（ACJ）或两两比较评价（APR），是"不再评分"运动的一部分，这也是软件专家No More Marking（不再评分）（www.nomoremarking.com）的名称。黛西·赫里斯托祖卢是该软件的教育主管。No More Marking表示我们应该停止评分并开始对我们的评估进行比较判断："（比较判断）的基本原则很简单，那就是我们比较不同事物的能力要比我们做出整体判断的能力更强。"

在一项对199所学校的1 600多名教师进行的No More Marking研究中，教师对8 500多名6年级学生的作文作品集进行审阅，结果发现教师在评分上表现出高度一致性；这些判断的信度大于0.84（满分为1.0）。赫里斯托祖卢指

出，使用No More Marking软件进行评估时评分者间的信度可高达0.9。与绝对判断相比，相对比较判断的可靠性很高，因为相对判断涉及更多的评委（教师）。传统评分通常需要一到两个评分者，而比较判断则需要两个以上。你可以参加下颜色测试（Colours Test，www.nomoremarking.com/demo1）来发现更多关于为什么比较判断有效而评分无效的内容。

但是需要注意的是，蒂内·万·达尔等人曾说："在设置（比较判断）评估和开发表示成对分布的算法时，应考虑评判员在鉴别能力方面的差异。"尽管如此，新技术依然能够改变我们对评估的看法，正如塔里科内和纽豪斯所说，"在线技术提供的比较判断是一种可行的、有效的、高度可靠的方法，可以替代传统的分析评分"。

它在实践中是什么样子的

比较判断首次应用于对学生的直接评估是在2005年的一个由伦敦大学金史密斯学院技术研究教育部的理查德·金贝尔教授领导的名为e-scape的项目中。

剑桥大学的阿拉斯泰尔·波利特以他与金贝尔教授在电子档案评估方面的研究为例，说明通过数字评估和比较判断法可以获得高信度系数。波利特认为，在金贝尔的研究中，28名评委评估了352个电子档案，产生有3 067个判断结果，得出了0.96的高信度系数，比任何分析评分系统都要高。我是评委之一。当时，我是伦敦北部亚历山德拉公园学校数据处理技术（DT）和信息与通讯技术（ICT）的负责人，这所学校是世界上在这两方面表现最好的学校（根据2015年PISA排名）。

金史密斯学院的研究人员担心，目前的数字评估并不完善，因此他们希望能够探索出利用电子档案来获取学生作业的方式，并将其与更公平、更一致的评估方法结合起来。

他们设计了一种方法，使学生能够在个人数字助理（PDA）上起草最初的设计想法，记录设计进度，为他们完成的作品拍摄照片，然后将其上传到一个中心网站上，由版主进行评估。在该项目的第一阶段中，在教育和技能部（当时是该部门）以及资格与课程管理局（QCA）的资助下，金史密斯教授为这一方法开发了概念验证（POC）机制。

每位评审员在屏幕上看到两个示例项目组合，并判断哪一个更好。选定一个项目，然后软件随机选择另一个进行比较。最终，评审员将这些项目从上到下进行排序，而在这个国家其他地方的另一个人会看到同样的样本，同样是完全随机的。

一旦所有评估人员都对项目进行了排序，就会出现项目的整体排序。在试验中，每个电子档案至少由7个不同的评委审阅17次，结果非常可靠。金史密斯团队在预测比较判断可以扩展到其他学科方面"领先于时代"，因为自那时起比较评估开始得到了广泛的传播。正如丹·桑德胡所言：

"比较判断通过在全球范围内的颁奖机构和机构中的使用展示了其巨大的潜力。到目前为止，澳大利亚、瑞典、新加坡和美国均进行了比较判断的试验，评估信度均得到了显著提高。这个过程意味着英国普通中等教育证书考试和A-level测试的申请复核人数可能会大幅减少。"

比较判断还可以用来评估能力，如数学理解、地理、设计技术和写作。

对于学校而言，年级组和部门可以通过审阅和抽样来核对传统意义上的工作。只要它有章可循，并及时建立培训、对话和评估，那么对任何一所学校而言，它都是一个可以使用的很好的习惯性过程。然而，这种方法很耗时，而且随着技术的发展，有很多你自己就能应付得来的方法。Google Classroom和Microsoft Teams让教师能够在线评估学生作业，并与同事共享资料，以便进行比较判断。至于更精细的评估和比较的方法，不再评分（No More

Marking）和世纪科技（CENTURY）是大有裨益的替代选择。那么，为什么不看看哪种选择对你和你的同事有用，以节省时间并确保评估更准确呢？

全班评估

在课堂上适应学生的需求是最可靠和有效的评估形式。为此，你需要整体把握学生概况，并通过提问和班会等方法对他们的学习情况有所了解。

评估有多种形式。它不仅仅是将数据输入电子表格。评估是指教师对学生概况进行整体把握。这对每周教300多名学生的中学教师以及教30名学生不同科目的小学教师来说都绝非易事。在我的走访中，我曾与一位英国教师一起工作，她所教班级的学生人数甚至高达44人——这可真不容易！

了解你的学生

格雷厄姆·纳托尔《学习者的隐秘生活》一书于其去世后出版，该书涵盖了他40年来对于学习和教学的研究，以一线教师和人们脑海中的教师为对象撰写。在20世纪60年代，纳托尔说服了一群经验丰富的教师，允许他将录音机带到他们上课的教室，并把麦克风挂在灯具的线绳上。纳托尔在他的整个职业生涯中持续录制课程长达40年。他发现，教学是一种文化仪式；并且研究结果的相关详尽数据表明，教师们对教室里发生的事情知之甚少。纳托尔发现，即使是对学生行为进行连续书面记录的现场听课者，也会漏掉学生个人麦克风上高达40%的记录信息。他开始意识到，在教室里，学生们其实是生活在自己的个人和社交世界中的。他们窃窃私语、互相传递小纸条；他们散布有关同伴关系的谣言；他们组织课后社交生活并继续从操场上开始的争吵；他们更关心同龄人如何评价他们的行为，而不是教师。

纳托尔不仅使用精心设计的书面测试，而且还对学生进行了广泛的个人访谈，以更深入地探究他们的学习经历、知识面和理解力。尽管考试表面上很客观，但它和面试一样，也没有多少客观之处。只是在测试者和学生之间有一种不同的关系。

纳托尔发现，即使是在非常传统的课堂上，每个学生的重要学习经历中，有很大一部分，要么是自我选择的，要么是自我产生的。能力越强的学生对相关内容的讨论越多。他们提出更多问题，对问题讨论的时间也会更长。不同之处在于他们参与课堂活动的方式。那些有相关文化知识和技能背景的学生能够将课堂和课堂活动为己所用，与那些对教师唯命是从，但不希望或不知道如何为自己创造机会的学生相比，这些学生学到的东西更多。智力的差异更可能是课堂经历差异的产物，而不是反过来。

在20世纪80年代末，纳托尔还采访了其他教师，以了解他们如何判断自己的教学进展顺利。几乎所有教师都是从学生参与课堂的表现中知道他们教学进展良好的，比如学生们的眼神、提问的问题，以及他们离开教室时不停地讨论的话题或问题。简言之，就是感受到了或听到了学生对内容感兴趣，以及学生因专注而产生的忙碌。

在大多数教师的心目中，成功学习的标准与成功管理的标准是一致的。这一点显而易见，因为教师们不跟学生谈论学习或思考。他们谈论要集中注意力不要打扰别人。纳托尔从研究教学转向研究学习，他说："如果我们要理解教与学的关系，那么必须从最接近学习的地方开始，那就是学生的体验。"

教师遵循只与学生的学习间接相关的可预测的模式。这是因为教师在很大程度上不能完全掌握有关学生学习情况的信息。鉴于纳托尔的发现[1]，我很清楚教师需要对学生的学习情况拥有准确的总体把握。我们必须找到一种方法，来不断评估所有学生的学习进度，以及最好地帮助他们进入下一阶段。在一个25到35人的班级里，每个学生都有不同的知识、技能、兴趣和动机，最有效的方法是全班评价，比如提问和班会。

提问

评估学生的一个简单而有效的方法是通过提问来检查他们的学习情况。正如迪伦·威廉教授所说的那样，传统方法是："开始—回应—评估"（I-R-E）。当然，教师只是简单地对学生讲话就会产生影响，但他们做了什么以及如何去做也同样会产生影响。威廉对"开始—回应—评估"（I-R-E）方法提出了批评，称其"没有提供足够的信息，让大多数学生在课堂上明白需要去学习什么内容"。为了让提问更有效，我主张首先采取"不举手"的方式，随机挑选学生回答问题，而不是要求他们自愿回答以检查理解情况。另一种方法是让所有学生通过电子投票系统、迷你白板或简单的举手方式立即回答问题。这两种方式都将有助于实时评估学生所学知识，并帮助教师决定课程下一步的方向。

班会

另一种更好地了解学生学习情况的方法是，把有效的班会作为全班评估的一种形式。很多教师在被听课时常常在课堂接近尾声时安排班会。这绝不应该是"打钩"一样的例行公事，也不该只为迎合听课者的喜好，而应当融入课堂中并能够真正巩固所学。

---

[1] 教师对教室里发生的事情知之甚少。教师从学生的课堂表现来判断自己的教学进展如何。能力越强的学生对学习内容的讨论越多，也因此越活跃。教师判断教学效果的证据多来自这一部分学生。——编者注

> "我们教会教师的是，做出正确的决定并立即进行评估。在课程结束时，为时已晚。在一天结束时，也为时已晚。我们这样做的原因是，随着课程的进展，我们会对课程进行细微的调整，而这项技能对一些教师来说却极其困难。所以，学习评估是在当下进行的，你有很多方法可以做到这一点。"
>
> ——乔纳森·克拉卡斯，校长，布莱克浦雷顿小学

2003年，英国教育标准局表示：

- 班会往往是课堂最薄弱的环节。
- 留给班会的时候往往不够充裕。
- 班会通常是课程中最不活跃的部分。

菲尔·比德尔在《完美结束一堂课的35个好创意》（*The Book of Plenary*）中指出，在考虑班会时要谨记三件重要的事情：

1. 必须计划好班会。

2. 必须给班会留出充足的时间。

3. 必须让学生参与其中。

所以，不要再对学生说"告诉我你从中学到了什么"，以一个对你和学生都更有意义的任务取而代之。

有效班会

有效的班会有以下五个关键特征：

1. 班会应该能使教师立刻评估全班学生的理解力。这应该是它的主要目的。

2. 应在适当的时候举办班会以总结学习情况，而且不一定非安排在学期末。小型班会可以在课程过渡阶段作为进行评估的一种有效形式，但要确

保学生学到新知或得到巩固是小型班会的核心，而不仅仅只是一次打钩操作。

3. 班会应因班级所需而有所不同。这很麻烦！允许学生参加班会至关重要，但同时也需要一些挑战以便于你评估他们不知道的东西。

4. 有效班会应该暴露学生的错误观念；一旦确定有错误观念，就需要当场解决或在随后的课程中得到解决。

5. 班会应该给学生提供机会，让他们反思自己学到了什么、怎么学的，并引导他们走向成功。

以下是一些我认为实用的班会策略实例，以及这样做的原因。

1. RAG123

这是凯文·里斯特提供的一个有用的自我评估工具。学生从1到3评估他们对内容的理解程度（3代表"不理解"，而1代表"理解得最透彻"）。然后，他们用红色、琥珀色和绿色的颜色编码来反思自己的行为（红色表示"学习分心"，而绿色表示"学习态度积极"）。这是一个很有用的练习，可以让学生在课程或话题结束时进行反思，也可以让教师从他们的RAG123分数中看出全班学生的自信程度。小心过犹不及，但是作为一名教师，你也有机会给你的班级评分，并为班会设定任务，推动他们进入下一学习阶段。

2. 课堂反馈条

课堂反馈条、表情反馈、网络反馈：这种类型的班会已经在很多方面进行了调整。从本质上来讲，这是学生向教师反馈所学知识的一种方式。教室应用程序Socrative上的反馈功能很受欢迎；它节省纸张并且很容易看到反馈。设置只需几秒钟，并且学生总是会被问到一系列相同的问题：

• 你对今天的材料了解多少？

• 你在今天的课上学到了什么？

• 请回答教师的问题。

教师的问题是一个重要的评估机会，用以评估学生是否可以运用自己所学知识——记得让问题有区分度，以查看是否所有学生都可以将知识应用到新情况中。

3. 击掌

学生们在一张废纸上或书上画出他们的手，并在每个手指上写下以下文字：

- **竖起大拇指**：你学到了什么？你了解什么？
- **食指**：你今天使用了什么技能？
- **中指**：你觉得今天哪些技能比较难？
- **无名指**：你如何投入到今天的学习中？你今天帮助了谁？
- **小拇指允诺**：你会保证从今天的课程中记住什么？

这是一种构建学生反思时间的方法。它允许程度最差者庆祝他们的成就，并鼓励最优者思考下一步的学习。你还可以将手用作规划工具，查看手部的关键部位，以查看下一节课需要重点关注的内容。

4. 关键词bingo游戏

关键词bingo游戏是班会的一个经典想法，如果使用得当，它会是很好的巩固和评估工具。认真设计线索并提问班上学生，可以帮助你评估他们对学习内容的理解程度，可以让你巩固整个话题中的关键词，以评估他们记住了多少之前学习的内容。

5. 小测验

玩"谁想成为百万富翁？"或"震撼大片"可以真正吸引学生并评估他们所学内容。菲尔·比德尔建议在课堂上使用复杂的测验来获得最大的效果。让学生自己制作测验卡片可以让他们巩固更深层次的知识，也可以让你更有效地评估他们对知识的理解。告诉他们需要制作难度逐渐增加的卡片，以区分任务，然后用它们来测试其他同学。

口头反馈

> 想像一下在不久的将来，所有教师都可以在课堂上以交谈的方式进行反馈，而不是向学生展示反馈的证据。

书面评分通常是为外来听课者提供的。多年来，这个问题一直影响着教师的工作量和心理健康。我认为口头反馈应该是所有学校的默认方法，因为它提供即时、有针对性的反馈来帮助学生学习，而不是在几周后——这时学生早已忘记了作业或已经学习了新内容。

2017年9月，我启动了一项有关口头反馈的研究项目，该项目有可能覆盖到99 500名学生；全球6个国家的119所学校报名参加。值得庆幸的是，伦敦大学学院教育学院领导力研究中心已经开始了该项研究，以提高教师口头反馈能力，并尝试回答"在七年级或八年级，口头反馈能在多大程度上改善弱势学生的参与度？"截至2019年7月，早期研究发现鼓舞人心。一名教师报告，口头反馈使她能够花更多的时间在课程计划上；而其他人则注意到他们与学生关系的变化，因为他们有更多的时间进行一对一的对话。

然而，在仍然期望教师保留口头反馈的书面记录的学校中，这些效果并不明显。教师向学生口头反馈他们应如何改进作业，然后让学生在练习本上记下教师的要求，这仍然很常见！目的是什么？用来展示证据和进展；用来表明教师给学生的反馈是有意义的，学生正在根据这些反馈采取行动。例如，麦吉尔先生对你的工作进行详细审查，或突然出现在你的教室里听课，并希望看到学生按照教师的指示行事的确凿证据时，这基本上就是证据。由于反馈卡片和贴纸的使用，这块蛋糕已经完全烤焦了。虽然这有助于减少教师们需要反复提供的书面陈述（因为贴纸可以让学生记录他们需要做什么），但有必要自问，学生是在为自己记备忘录，还是在为听课者记录。

学生希望从口头反馈中得到什么

考虑学生对口头反馈的看法也很重要。凯蒂·克尔对此进行了研究。她的发现表明，"学生将口头反馈视为焦点对话的一种形式，它不同于正常的课堂对话，可以通过诸如个人目标和任务目标等信号来识别"。克尔还发现，学生们希望通过与教师的对话获得清晰的答案，并认为情绪、氛围和期望会影响他们对反馈过程的体验。

鉴于此，给所有教师的一个最重要的建议是，创造一种能够提供快速、有意义的反馈的方法，并让学生知道这是为他们量身定制的，让他们感到自己很特别。我多年来使用的方法是，在教室的一个区域布置一个"反馈区"，学生可以在那里向我询问有关其作业的反馈。在准备结束与这个学生的谈话之前，坚决不要让别的学生打断你们的谈话。当你再抬头看时，三四个学生正安静而礼貌地排队等着问你问题，这就是它起作用的迹象。

实时评分

彼得伯勒的一所小学已经取消了评分，并引入了一种称为"会议"的口头反馈方法。教师每两周与每个学生至少进行一次一对一的"会谈"，以开放和坦诚的方式讨论他们的作业，并一起修改作业。这种形式的口头反馈减少了教师的工作量，使教师有更多的时间来进行课程规划。一名学生说："这更轻松，因为我不喜欢用红笔批改的作业。"教师们发现，口头反馈能鼓励学生以更批判性的方式思考作业。这是个好主意！

我的理解是，这个过程就是实时评分：教师在课堂上挑选一小群学生见面，并为他们提供某种形式的针对性评估。这个来自小学的概念之所以如此特别，是因为该小学校长决定，她的教师在进行评估时，不应该带任何练习本回家。这绝对是好事一桩。你的学校不要尝试一下吗？

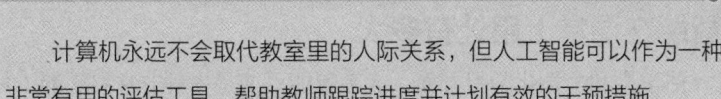

人工智能

计算机永远不会取代教室里的人际关系，但人工智能可以作为一种非常有用的评估工具，帮助教师跟踪进度并计划有效的干预措施。

2018年，英国教育部公布了从2020年秋季起，英国所有小学生（最早4岁）在小学开学前将参加新的摸底考试（又叫基线评估），该考试将用于衡量学生在小学所取得的进步。

评估和考试？是的。会增加教师和学校的工作量吗？在短期内，可能会。更重要的是，这将对学生的学习和心理健康产生怎样的影响？它将如何告知家长他们孩子的进步情况？

世界上没有任何测试能够成功地预测一个4岁大的孩子11年后的结果。相反，我认为更好的方法是使用低风险、形成性的方法定期对学生进行评估，以便我们能够不断适应学习过程，确保学生得到最大的支持，帮助他们取得进步。在不影响学生心理健康或教师工作量的情况下，有一种方法可以定期对学生进行评估，只需轻点鼠标就能提供实时、准确的信息，并可嵌入日常的课堂实践：它就是人工智能。

什么是人工智能

人工智能是计算机系统的发展，可以在策略和推理的基础上，执行人类通常使用算法和数据完成的任务。对一些人来说，开发一种能像人类一样思考和行动的机器可能听起来很可怕，但正如全球教师奖提名者、《第四次工业革命中的系统与教学变革》（*Flip the System and Teaching in the Fourth Industrial Revolution*）的作者耶尔默·埃弗斯所写，人工智能的真相似乎更加微妙：

"（人工智能）确实会对我们的教学、生活、工作和学习产生重大影响，但这不会是世界末日。因此，它将从学生的角度——作为学习者——以及从教师的角度——作为专业人员——对教育产生影响。"

人工智能在课堂上用处有多大

在评估学生和个性化学习方面，人工智能可能是一种非常有用的工具，有很多公司使用这种技术为教室开发应用程序和软件。世纪科技（CENTURY）就是这样一家公司。它的人工智能平台为教师们提供了对学生学习的详细见解，使他们能够做出明智决策，从而在课堂上产生最大影响，同时减少在评分、数据录入和报告上花费的时间。

该平台提供了一个有趣的多媒体学习资料库，这些资料由教师搜集，并与国家课程相对应；学生可以学习多媒体内容和考试入门课程。教师也可以轻松地创建自己的课程和评估。学生可以访问学习内容，而人工智能则为学习者提供了一个适应性的、个性化的学习过程，并提供连续的形成性评估和反馈。

世纪科技收集每个学生的成就、技能和知识的有关数据。这些洞察通过实时指示盘反馈给教师，使他们能够基于证据对学生实施干预措施。最机智的部分是人工智能，它为学生创造了个性化的学习体验。在后台，"机器学习"（人工智能的一个分支）根据算法数据确定下一个要学习的最佳主题，对屏幕上学生的细微行为进行分析。学生还会收到基于个人努力和成就的个性化信息，这一功能基于认知神经科学。人工智能为减少教师工作量提供了绝佳的解决方案，也为学生提供了获得即时反馈和个性化学习的途径。

作为一名教师，25年来，我一直努力让每个班的30名学生都能享受到这种个性化的教学方式，通过了解知识和技能、优势和需要改进的领域，这些数据为教师提供了可靠的证据基础，以跟踪学生的努力和动机。还有什么更好的方法可以根据需要促进有针对性的干预？

学校案例分析

学校名称：雷顿小学

位置：布莱克浦，兰开夏郡

背景：雷顿小学位于布莱克浦市市中心，离著名的爱尔兰海沿岸区和158米高的布莱克浦塔有一段距离。附近还有其他五所当地学校，雷顿小学是一所混合型、无教派的公立小学，主要招收4到11岁的学生。这是一所每年级3个班的学校，目前有604名学生在册，其中绝大多数是英国白人。贫困学生比例高于全国平均水平；50%的孩子都需要教育补助。

在全盛时期，布莱克浦因20世纪初至50年代的旅游业而闻名，但自2001年以来，布莱克浦的当地人口一直在下降。现在，这个小镇的抗抑郁药物处方率在英国排名第四，教育部发现它是英国最贫困的海滨小镇。尽管在布莱克浦生活和教学存在挑战，但它仍然是英国最受欢迎的海滨度假胜地之一，而其西北地区仍然是深受教师欢迎的地区。

为什么这个领域是你们学校的强项

学习评估，或响应式教学，是教学内容和教学方式的基石。评估以实时、每日的形式对教师的提问和决策产生影响，以便教师在教学时对课程进行调整，通过前前后后、层层理解，解构并重建概念，以让孩子们对所学的概念有更深刻的理解。

通过观察教师对学生日常的反应，我们可以了解教师在这方面的能力有多强。教师通过对话式教学，引导学生探索自己的理解，并了解彼此的理解，能够运用口头和书面解释展现自己对学习原则的深刻理解。任务的焦点是学习而不是完成任务，孩子们必须表现出已经理解，并开始探索纠正这些错误的方法。

应将错误当作学习机会，孩子们在克服障碍中已经开始进行自我批评和反思以促进更好的理解。教师们应认识到这一点，并探索如何将其融入到为孩子们提供的机会中。

你们学校是如何做到的

在全体员工中培养理解力是确保教师理解学习方式和学习内容的关键。如果你问学校的教职工学习到底是什么，很可能每位教师都会给出不同的答案；教师们常常忙于设计课程以及思考要做什么，往往没有时间去关注为什么要做。

我们的重点一直是学习，其次是了解如何使孩子们学得最好，以及我们作为教师如何在整个课程中通过课堂输入做出反应，以促进理解。为了做到这一点，我们最初专注于如何提出正确的问题，以便理解孩子们在哪些方面存在误解，以及误解存在于学习理念建构中的哪些地方。这在我们学校取得了很大的发展。几年来，以计划为导向的课程工作导致教师们把重点放在授课上，而不是培养嵌入式深度学习的技巧。

表面的理解和信息范围被优先考虑，调整实践以适应学习者的需求却不被重视，完成作业更是优先于培养理解能力。建立对响应式教学的深刻理解花费了三年多的时间；可学校仍然过于注重完成任务和改进工作，而不注重学生。于是，我们进一步把注意力转移到独立性上——如果孩子们能够提出自己的问题，并培养识别自己和他人的误解的能力，用口头和书面的方式来证明概念，并解释和扩展想法和概念，那会怎么样？

为此，我们开发了对话教学法。由于教师可以在课堂上采用多种方法，为确保成功，我们专注于培养教师的决策能力，该决策能力基于课堂上任何

特定时间学习的证据和分析。为了
实现这一目标，教师们需要在低风
险、不断发展完善的文化中进行合
作。团队教学在我们学校很常见，
他们作为团队一起规划，有一名高
层领导参与其中；有一个开放性政

策。全体教职工，包括学校领导和校长，都参与教学，并邀请他人参与观察、
提供反馈。教学是一个不断学习的过程——无人例外；我们每个人每天都在
犯错。这种协作方式培养出的是在瞬间成功做出反应的教师，而不是在课后、
评估后或一周后才做出反应。

其他教师和学校领导如何将此应用于他们自己的实践和学校环境

　　大多数教师，包括我自己，都是从作为一位新入行的合格教师（NQT）
开始进行课程规划的，并下定决心要开发一系列的课程，以在30名学生中建
立对概念的理解。工作计划、出版资源和国家战略都是根据这一教学理念
拟订的；课程内容的信息的覆盖范围将影响理解——只要我们能以正确的方
式涵盖正确的事情，孩子们就会形成良好的理解力。所有计划都侧重于教师
应该教什么，从而让教师成为授课的主人。在这样做的过程中，我们发现教
师变得不熟练，并在理解和处理学习问题方面缺乏信心。国家战略于1997年
和1998年相继出台，这意味着这种课程开发方法已经提倡了大约20年。

　　我们发现，通过专注于发展对学习的理解、评估学习和对话式教学，提
高对教师为何应采用不同方法的理解，培养教师发现孩子们的误解以及解决
该问题的能力，教学课程变得不言而喻。教师知道孩子能做什么，不能做什
么；反过来，孩子们知道哪些概念是稳固可靠的，哪些是需要担忧的。这样

一来，课程本身就显现出来了。教师不需要计划，因为任何工作计划都不能解决他们自己和班级内部所发现的问题——他们自身理解的差距。

结果一直很好。孩子们成绩非常好；学生群体之间没有明显的差距，而且已经六年没有差距了。结果并不取决于教师；在过去的六年中，六年级和二年级都没有相同的教师。受补助学生的成绩通常与没有免费校餐的学生一样好，甚至更好，而且所有学生的"附加值"都很高。

学校文化对提高和保持这样的高教学水平至关重要。随着时间的推移，观察成了学习走访，任何评价都成了发展的指导课程。与教师一起规划课程发展成团队教学、团队评估和一种我们互相观察和批评的文化。视频短片被拿来共享，关于学习的对话不仅在教师中，而且在学生中都变得司空见惯。盖伊·克拉克斯顿提出的成功学习者的两个关键特征：适应能力和反思能力，不需要分别给予关注；这是孩子们学习方式的关键部分。

为什么这会起作用

——普利亚·拉克哈尼，大英帝国官佐勋章获得者

通过在世纪科技（CENTURY）工作，我有幸遇到了数千名勤奋工作的教师，他们所有人都怀着真诚的热情去改变世界，以求更好。然而，这种想做好事的愿望却受到了工作量危机的阻碍，这个危机使得教师队伍在以惊人的速度减少。造成这一危机的最大因素之一是，世界各地的学校普遍采用的传统评分和评估方法。罗斯将这些领域确定为积极改革的最紧迫目标，这样做是正确的，如果这些问题得到解决，最终将充分发挥优秀教育工作者的才能。

某种形式的进步衡量是可取的，很少有人会不赞同这种观点，但很大程度上出于外部压力，太多学校一年里很少进行数据分析。这不是世界上任何高效行业对待数据的方式；数据分析应该是持续的幕后过程。以这种方式分析数据，可以使教师更精准地实施有针对性的干预措施，因为他们可以用更准确的数据做出决策。

现在，技术可以为教师提供每个学生的详细情况，使他们能够根据学生的个人需求进行及时、有针对性的干预。在世纪科技我们一直与教师合作开发技术，通过该技术，教师可以详细了解每个学生的表现和进步，而部门主管和高层领导可以对每个班级和科目进行比较，从而提供一个更广泛的学校成绩数据导向视图。任何人都不必再填写另一个Excel电子表格——这些表格全部是自动收集和分析数据的，并直接提供给教师，赋予他们作为教育者的权力。

当与神经科学和学习科学观点相结合时，人工智能是解决评估困境的关键。人工智能可以跟踪每个学生对学习材料的反应——不仅可以跟踪他们是对还是错，还可以跟踪他们的每一次互动或动作，包括他们是否在猜测、分神或犹豫。随着系统自行学习，基于人工智能的评估可以比传统评估考虑更多的变量，从而考虑到每个学生的个体差异。我们知道，掌握正确的数据可以对结果产生重大影响——与人工智能结合使用，可以完全改善教育水平。如果医生和工程师使用成熟的技术改善他们的工作表现是可接受的，那么教师又何乐而不为呢？

普利亚·拉克哈尼是世纪科技的创始人兼首席执行官。世纪科技是一家屡获殊荣的面向中小学校和大学的人工智能教学平台。

Chapter 2

第二章

备课

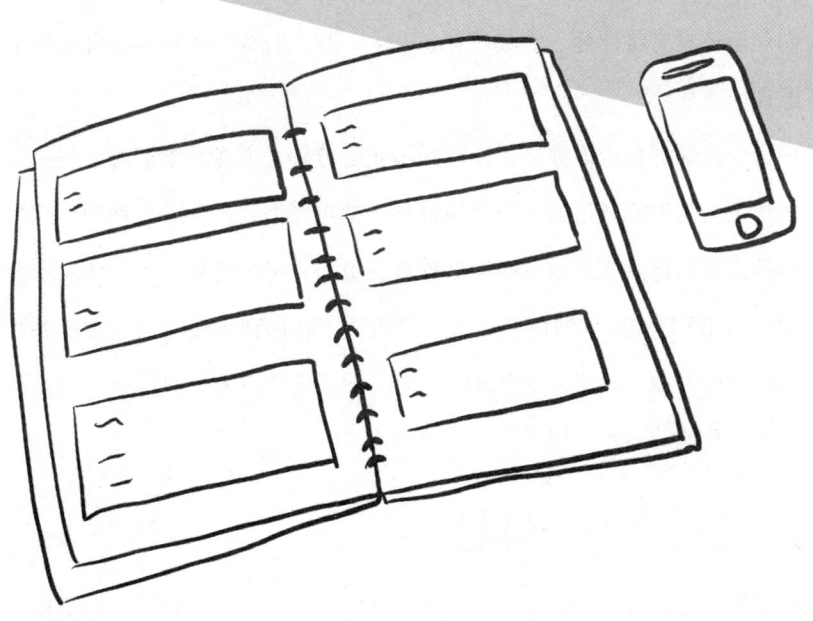

世界各地的教师都需要规划课程。从最保守的角度来讲，教师每周与学生相处25个小时，假设每节一小时的课最多需要五分钟来"思考"，即每周除了教师日常工作（与学生直接接触）的时间之外，教师还需两个多小时，我们甚至还没有将评分、收集资料、开会、规范行为举止作为教师必做工作考虑在内。

每个教师都会告诉你，备课时间不止五分钟。准备教学资源、材料和工具，甚至是为以前教过的一节课做计划，都可能需要不止五分钟的时间！如果是新内容，就需要在教学时间之外进行更多思考。计算一下，会发现教师至少每周用6.25小时的时间来备课。这占用了教师在英格兰公立学校签约工作的约定小时数：每周32.5小时的不少时间。这样一来，教师就没有足够的时间去做其他的重要工作了。

为什么这是一个问题

即使是在最合理的情况下，对所有教师而言，备课也是巨大的负担，而且最近，人们对备课的期望已经变得很不现实或令人难以接受。首先，随着课程改革，由于考试委员会修改了考试规范，教师工作量增加，以至于教师不得不在有限的时间内调整工作计划和课堂资源。虽然有必要用最新的研究成果来更新课程内容，更新我们希望学生掌握的知识，但这的确会影响教师的日常备课计划。自2009年、2010年和2014年以来，北爱尔兰、苏格兰和英格兰的教师行业都分别采用了新的课程框架，威尔士也将于2022年紧随其后，教师们经常告诉我，他们缺少示范材料，或者只是比学生提前几周去制订教学计划。

　　教师的工作量也受到学校领导的影响，他们坚持要求教师制订每节课的详细计划或工作方案。当外来访问者、观察员或检查员来听课，并要求教师们用手写教案来帮助他们跟上所听课程的进度时，情况会更糟。虽然这种做法在很大程度上受到抨击，但它却依然存在，即便在日常教学中我们不再这样做，很多人为了进行评估，依然会沿用旧习。为什么？这对教师而言毫无帮助。

> "你的需求改变了，你身边的人也会跟着改变，所以不要故步自封；必须愿意进步，愿意改变。"
>
> ——休·邦纳，副校长，
> 特雷加伦伊斯戈尔·亨利·理查德学校

　　过重的工作量正在危害教师健康，并会导致教师幸福感下降，最终也不可避免地对教师绩效产生影响（体现在设置有趣的课程时创造力受限，课堂上精力减少，因材施教的能力下降）。如果说中学的情况不容乐观的话，中学教师好歹有教学时间表内的计划、准备和评估（PPA[①]）时间作保障，那么小学的情况可能会更糟，虽然计划、准备和评估（PPA）时间确实存在，但

[①]　PPA时间，time away from their classroom for planning, preparation and assessment，离开教室进行计划、准备和评估的时间。PPA时间的引入是为了帮助减少教师的工作量，要求所有教师都有权将其正常教学时间的至少10%作为PPA时间，让他们在正常的工作日有时间来计划和准备课程，并评估他们学生的学习成果。——编者注

因为时间容量更有限，需要共同规划，而且小学教师往往只能提前一个学期进行教学规划，小学的PPA时间通常不是固定且有规律的。

2018年11月，慈善机构教育资助伙伴关系组织（Education Support Partnership）对1 000名英国教育专业人士进行了一项健康调查，深入探究了身体和心理健康的细节问题。调查发现，67%的教育专业人士称自己压力很大，这一比例在高级管理层中升至80%。72%的受访者表示，工作量太大是教师们考虑离开教学岗位的主要原因。学生学习状况、不良课堂行为管理以及与同事的关系都对教师压力产生负面影响，但哪些教学元素影响最大？你猜对了：

备课和评分。近三分之一（30%）的教师表示，工作压力和焦虑会对他们工作的某些特定方面产生负面影响。因此，我们会发现自己处于极其困难的境地，备课的压力增加了教师的工作负担，而由此产生的压力和焦虑则影响了教师的备课效率。

有效的教学计划当然至关重要，它是高质量教学的基础。没有它的指导，教师就没有方向，但，同时它也增加了教师的焦虑感，甚至进一步影响课堂教学。因此，我绝不主张废除备课，但要想解决这一恶性循环，我们必须更加明智地思考教师进行备课的方式以及学校领导对教职工的要求。为了达到这一目的，将课程计划分为三个层次是大有裨益的：长期计划、中期计划、短期计划。下面我们一一道来。

长期计划

长期课程计划可以让我们了解后续课程的顺序。课程计划呈现了要传授给学生的重要知识与技能，提供了两年或三年的课程教学概述，从年度计划到关键阶段计划。从整个学校来看，所有学科和各个年级组都制定了课程目标。你能想象出，在一个每个人都知道彼此在做什么的学校里工作的场景吗？而这样的学校确实存在。

EEF前副校长兼教育捐助基金会研究员亚历克斯·奎格利曾预测，2019年将成为"课程之年"。奎格利说："如果你正在考虑课程设置，那么你很有可能会质疑这个课程是否'知识丰富'。"知识丰富意味着教师希望学生了解的宝贵知识清晰明了。与此相反，美国人工智能理论家、认知心理学家和学习科学家罗杰·尚克写道："我们需要从传授知识转向激发探究。"尚克认为成年人不应该只是接受他们被告知的事物（所学内容），我们需要教导孩子们有"求知精神"。

关于知识和技能之争，我们都很容易受到歧视和偏见的影响，但一位名叫克莱尔·西利的小学校长真正改变了我的想法。在一篇名为《为什么要对知识丰富的课程大惊小怪》的帖子中，克莱尔回复了我分享的一条关于"在酒店熨衬衫"的推文。我问熨衬衫是知识还是技能，克莱尔回复了我，并链接到她的博客文章，解释了知识——尤其是陈述性知识——和程序性知识之间的区别：

陈述性知识=知道是什么。

程序性知识=知道如何做。（我怀疑后者就是很多人所谓的"技能"。）

陈述性知识包括概念、规则和事实，使人们能够识别事物、做出判断并辨别相似的概念。

程序性知识是关于行动的知识，是使我们做事情的知识。我认为这是知识和技能之间的一个重要区别。陈述性知识是"技能"；它只是存在于长期记忆中，等着为我们所用。而程序性知识——知道如何做——是发起行动的目标导向信息。这就是"知识丰富"（或者至少是知识）与课堂技能之间的一个重要区别。

就长期课程计划而言，在这方面做得好的学校，正在安排（制定）他们

25%的教师和学校领导认为，教学计划是他们学校的弱势，而32%的教师和学校领导认为它是强项。

希望学生在动态课程地图中了解的关键知识，这些地图与英国的基本价值观，以及英国历史上的重大事件相关联。对于名目众多的国家课程来说，实现这一目标绝非易事，但是一些学校已经设计了学生需要了解的内容（课程教学目的），以及如何在时间表的构建中做到这一点（实施），并以动态的方式评估了所教授内容在日常反思中的影响。

至关重要的是，学校要考虑学生应该学什么，并将其转化成学生自己的知识背景，然后思考学生了解这些信息的意义。然后学校必须结合教学心理学知识使所列课程得以实施。那些要求教师们参加每周教学讨论，并分享他们教学经验的学校，仍然处于长期计划和高质量教学的前沿；长期计划与高质量教学息息相关。

中期计划

在长期课程计划的基础上，各个年级组和部门为学生制订中期计划，也是至关重要的。我认为，相对于每年的关键阶段总结或日常备课，这才是教师的辛苦所在。

中期课程计划事关近期的工作计划。应不断调整工作计划，并告知教师已教内容和接下来需要教的内容。如果没有中期计划作指导，教师们就会把每一节课都当作一次性的经历，学生们就会对自己的学习目的和原因几乎一无所知。对于与同事、学生和家长进行日常交流，这些内容至关重要，因此必须精炼所有细节并使其连贯自然。中期课程计划内容应足够充分，使教师能预见未来两三个月的情况，而且教师应每周查看一次这些计划。这些计划应该提供一系列资源和选择，以便教师在学生对所教内容做出反应时进行及时跟进或调整。

短期计划

一旦设定了长期计划和中期计划，我们就知道每天在课堂上到底需要学习什么内容。个人教案可以帮助我们进行规划，但教案不必非常详细。备课很关键，也很基本，但有些课正是因为备课而灵气尽失。

> "在设置课程时，让尽可能多的人参与进来。把问题讲给同事听，让他们尽可能多地参与讨论，看他们是否有解决方法，允许他们有自己的新想法。没有最好的课程模板，能够满足你们学校所需的才是最适合你们的学校的。"
>
> ——休·邦纳，副校长，
> 特雷加伦伊斯戈尔·亨利·理查德学校

就在不久前，备受煎熬的教师们不仅工作与生活严重失衡，而且还被要求为每节课写非常详细的教案（两到三张A4纸），然后"提交"给他们的上级领导或检查员，以便他们听课时使用。仍然有一些可怜人在周末休息时间，为那些根本不在课堂上的、脱离教学实际的高层领导写教案！

英国教育部在《消除有关备课和教学资源的不必要工作量》报告中指出，计划一系列连贯课程比写单独的教案更重要。他们的总结再清楚不过了：

"制定详细的教案可能会成为一项'打钩'操作，给教师带来不必要的工作量，占用他们进行真正备课的时间，同时还会给他们带来目的上的'虚假安慰'。政府（英国教育标准局）提出的真实且有据的要求，以及学校领导和教师对此的反应，导致了这些繁重而无益的做法的出现。"

高层领导不应过问教师的详细教案，除非他们想让教师请更长的病假。

详细教案是一个可怕的重担，也是外部责任的一种合规策略。如果指望教案有用，那就去质疑你的高层领导。学习和理解是如此复杂、不可预测的有机过程，怎么能为一堂课写出详细的教案呢？学习并不注重教案。"天气状况"意味着你必须定期改变路线，除非你坚持一个详细的教案要点，而这将把你推向风暴中心。详细的教案并不能转化为一堂高质量的课。高质量的课程本质上是形成性的，并能对学习需求做出反应。有人说，有了经验，就根本不需要教案了，"随着课程的进行，课堂上完全可以即兴发挥，以满足学生的特定需要"。

就我个人而言，我坚信备课应该是一个思考的过程，而不是填表一样的操作，教师、学校领导和检查员都应该这样对待备课。短期课程计划应该为教师自身的利益服务，无论教师们是在备课本上草草地写下自己的想法，以形成一个书面教案来帮助他们构建思路，还是使用在线工具，如**五分钟数字课程计划**（见www.5minutelessonplan.co.uk），他们必须拥有寻找最适合自己需求的方法的自主权。如果我们想要减少教师的工作量，并确保有效的短期课程计划，这种灵活的方法是绝对必要的。

培训教师和备课

二十年来，我先后辅导了PGCE（Postgraduate Certificate in Education）、TeachFirst（以教为先）、QTLS（合格教师与学习技能）、BAEd（The Bachelor of Arts in Education）、OTT（海外培训教师）学员。我几乎运用了所有的教学方法，并处理了实习教师和学校所需的所有文件以确保成功。当然，我也有一些失败的经历。但我可以向你保证，每种教学方法都有相应的体系来解决一个"令人担忧的问题"。作为一名客座大学导师，多年来我一直主张，必须让学员们知道，备课是一个思考的过程。当然，这种观点可能不适用于我指导过的所有人，也不适用于实习教师的所有工作环境。工作环境是关键。新教师确实需要学习如何规划高效的课程，一般情况下书面教案可能会有帮助，但事实是，对教师来说重要的是在备课时的思考，而不是写在备课本上的文字有多少。

对学员来说，"详细教案"指的是明确为听课以及为他人的利益而制定的教案。然而，为了能够重现他们听过的课程（可能至少每周一次），实习教师需要更详细地备课，这甚至比他们被听课的频率还要高。为什么？为了进步、提高熟练度，以做好被正式听课的准备（在正式听课时，实习教师更容易犯错）。反复试课，而且从试课中寻求反馈对实习教师来说很重要。最糟糕的情况是，一些学校和指导教师坚持认为，他们应该养成为每节课写详细教案的好习惯，"以防"有人来听课。其实，这种详细的教案与课堂实用性毫无关联。

2017年11月，我向英国教育标准局发起挑战，要求其更新对实习教师的指南。当时，最新的教学大纲是2015年9月制定的，上面写道："检查员通常期望看到他们所考察的实习教师教的每一节课都有一份详细的书面教案。"原本要到2019年该大纲进行审查时这才会有所改变。4个月后，谢天谢地，英国教育标准局终于更新了它的大纲指南。2018年4月，国家教育部主任肖恩·哈福德在推特上解释道："我们不再要求检查员查看实习教师的（详细）教案（或被考察时的任何其他教案）。更新后的大纲手册将包含此项改革，并为夏季学期巡视做好准备。"

致所有最初提供教师培训的人：我猜你们很可能会希望避免被英国教育标准局"毒打"。在实践中，这意味着课程计划必须由指导老师检查，并对质量把关。我猜，如果教案中缺乏有关该课程的明确细节，指导老师会对此发表意见；如果该课程要填写的检查表很详细，检查员会低头忙于填表而不是抬头听课；如果教案很详细，他们必须得阅读教案的细节，因而不会在课程中积极帮助实习教师。我明白这只是概况，并不会每次都发生。尽管导师们不相信英国教育标准局大纲指南中所写的内容，但他们还是会坚持要求实习教师为每节被考察的课都写一份"详细的教案"。更糟糕的是，他们还会在一次课上把每个"教师标准"的细节记录在表格上。这太疯狂了。

之所以有"教师标准"，是因为我们都需要合格的专业人员；我们希望教师有备课的能力，更重要的是，能够系统地评估（课前和课后）将要讲授的学习内容。这些标准提供了职业骄傲感和荣誉感，任何有经验的教师都会告诉你，这需要很多年才能实现。它们（教师标准）最初并不是为了成为一个"打钩就搞定"的过程而设计的——而是在教师成为一个职业后，它们才变成这样。这些标准专为指导或最佳匹配而设计。

学习目标

让学生透彻理解你想让他们在课堂上掌握的内容，这一点是至关重要的，也是短期课程计划中绝对重要的一部分，但是，有谁说过教师必须交待两三个预定的学习目标（LOs），然后让学生盲目地把它们抄到课本上呢？这种无稽之谈从何而来，又是如何获得关注的呢？是英国教育标准局所致吗？不是。事实上，在英国教育标准局2012年名为《数学：为衡量而生》的报告中，它对一个很好的实践给予了高度评价，即教师故意不告诉学生学习目标，"直到后来，在课堂上他们要求学生清楚地表达出自己所学内容"。

学习目标框架至今仍很普遍，而且对很多人来说几乎没有商量余地；更糟糕的是，"所有学生都将会……；大多数学生将会……；有些学生将会……"的趋势意味着，一些教师仍然在记录他们课程目标的三种变化。当我们把学习目标写在纸上，然后在教室的黑板上重写，并在每个资料、工作表和知识导图上展示，以确保成功的标准能够坚持下来时，这个问题就更加严重了。

这不仅是一个工作量问题，也是学习的反面例子。

分享学习目标很重要，但除非你想利用这个机会培养学生的书写能力，否则不要让学生每堂课都把你写在黑板上的东西复制粘贴般地抄在课本上。为什么要花一节课的前十分钟让学生们把学习目标抄下来呢？你会给他们精湛的抄写能力打分吗？想来不会。有些学生可以在几秒钟内抄下一个学习目标，有些学生则要花很长时间，然后因为速度不够快而"受批评"（这不是很好的教学方法）。如果一节课开始时，学生们平均要花三分钟抄写学习目标，那么我们每年就会浪费八天（40个小时）的上课时间！尽可能快地传授学习内容才更重要。

短期、中期和长期课程计划都在教学中占有一席之地，重要的是要了解它们之间的区别以及应该在何时、何地使用它们。在当前的环境下，我们正在努力招聘并留住教师。并且随着我们越来越沉浸于记忆、认知和检索式练习背后的科学，精心制订的符合中期计划的课程安排已成为每一所学校最基本的谋生之道。我们必须以一种明智的、慎重的方式来支持短期课程计划。学校应该自由决定如何规划，但什么才是有效可行的？哪些过程最有利于教与学，最能减少教师的工作量？请允许我与你分享一些想法，以帮助你了解你的想法，以及你和你的同事如何在你的学校更有效地进行备课。

我们该如何解决这个问题

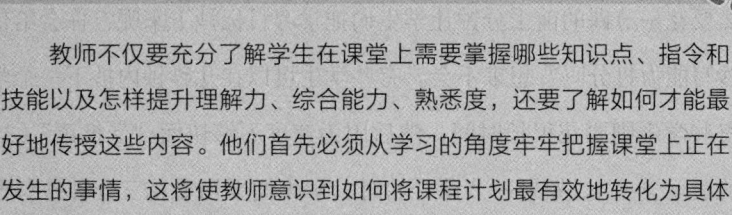

了解学生如何学习

　　教师不仅要充分了解学生在课堂上需要掌握哪些知识点、指令和技能以及怎样提升理解力、综合能力、熟悉度，还要了解如何才能最好地传授这些内容。他们首先必须从学习的角度牢牢把握课堂上正在发生的事情，这将使教师意识到如何将课程计划最有效地转化为具体的课堂教学。

　　回首我多年的教师培训生涯，即使是最近参加的专业发展课程，关于学生如何学习的培训少之又少，甚至没有。这通常是留给主讲人的，作为一名教师，我曾在主讲人那里听到过心理学家是如何理解大脑的。学生如何学习是教学的基础，对记忆和认知的充分理解是所有教师准备高效课程所必需的。贾里德·库尼·霍瓦斯博士在《停止说话，开始影响他人》（*Stop Talking, Start Influencing*）一书中建议道："我们必须超越简单的方法，深入挖掘每个方法背后的机制。"

　　记忆的工作原理极其复杂；正如罗伯特·爱普斯坦所说，我们的大脑不是计算机，因此不会"存储"数据以供随时检索。为了证明这一点，爱普斯坦让学生们凭记忆画一张1美元的钞票，然后让他们看着钞票再画一次。第一张画得非常简单基础，而第二张画得非常精美细致。我用自行车为例重新做了这个实验。我让一名志愿者凭记忆画一辆自行车。你将在下面看到她第一次尝试绘图的结果。然后，我花了一点时间跟她分享了一张自行车的照片，还有一些文字说明，比如描述链轮的外观。然后她又画了第二幅。这是一个简单的例子，但我希望它能证明这一点。

　　差别显著！我们的大脑不会存储自行车的图像以便我们在需要时回忆起来。当我们试图凭记忆画出一辆自行车时，大脑会想像自行车的样子，并试图"重现"看到它的情景。然而，这远远不够准确，很多细节都丢失了或是记错了。如果我们要求学生掌握课程的详细信息，我们就必须为如何实现这一点而备课。而想要知道如何做到这一点，首先要对记忆有更多的了解。

有关记忆的更多内容

　　简单来说，记忆可以分为两部分：短期（工作）记忆和长期记忆。我们可以把长期记忆分为外显记忆（有意识的）和内隐记忆（无意识的）。然后，处理这两种记忆的大脑区域又可以进一步划分为存储和信息处理的区域。

　　你如何记住学生的名字？在课堂上，你会有很多机会反复记忆这些名字，它们会成为你短期记忆或工作记忆的一部分。你怎么记得你几年前做过的事？这是一个长期记忆的问题。有时，我们的长期记忆和短期记忆会相互干扰。格式相似的信息可能会出现前摄干扰或倒摄干扰。当过去的信息阻碍我们形成新的记忆时，前摄干扰就会发生。例如，你记不住新电话号码，是因为多年前的旧号码会干扰你的记忆。当新的记忆阻碍我们保留旧的记忆时，就会发生倒摄干扰，例如，你记不起旧的电话号码，因为新号码干扰了你的记忆。

这对教学意味着什么

数十年来，有关人类为什么会健忘的理论一直在被检验。我们所知道的是，学习本身不会受到所研究的语言材料的数量的影响，但是随着测试材料的条目数量的增加，材料的检索变得更加困难。对干扰和记忆的研究表明，我们不能假设"遗忘只是环境变化的结果"。

记忆对于学习和回忆当然是必不可少的。亚娜·温斯坦在一篇引人注目的博客文章《捍卫记忆》中写道："有些人声称，既然我们有了互联网，就不再需要担心记忆了。虽然有很多关于互联网取代记忆的宣传，但实际上人类多年来一直在依赖外部存储系统。"比如书籍、备忘录和列表。这就是学者和科学家所说的"认知卸载"。当你为清单写清单或在最简单的事情中犯一些愚蠢的错误时，显然，你正在遭受"认知超载"的困扰。我发现，这两件事情我做了无数次！但是，正如温斯坦所说，要记住如何从外部来源（无论是书籍、列表还是互联网）获取信息，"仍然需要记忆"。所以，下次有学生问："先生，我不能只用电脑吗？"这个问题的答案是显而易见的："你不能在不使用记忆的情况下使用电脑。"

如何使学习更难忘

你还记得在学校上的课吗？是室内课还是室外课？基于我们对记忆如何运作的了解，我们能做些什么来让学习变得更难忘？下面这些想法可以带你入门。

设置令人难忘的时刻

假设你在上我的生物课；我正在教你有关植物生命周期的内容，而我们还没有弄清"光合作用"在实践中的意义是什么。为了学习效果——或者至少是吸引学生注意力——我把自己打扮成一株大向日葵。你的大脑立刻就会与色彩和图像赛跑，想着我看起来有多傻！然而，如果我们真的在教室里，并一起分享、观察、检验我的视觉线索以及"光合作用"这个术语——并在未来的一系列"检查学习"课程中回顾这个场景——你很可能不仅会记得我打扮得像个白痴，还会记得光合作用是怎么回事。许多研究报告表明，大脑的大部分区域参与了日常的记忆任务。当涉及情绪时，我们大脑中的神经元就会"砰砰"地行动起来，变得更加活跃。有时这可以简单地通过一个具体的例子来达到目的——为学生提供一个获取抽象信息的媒介。因此，可以在你的教学中设置这些令人难忘的时刻，来帮助学生记住并回忆学习要点。有关如何使用不同的有效指令方法来帮助记忆和回忆的更多信息，请参阅双编码（见第三章）。

组块内容

马克·史密斯和乔纳森·弗斯在他们的《课堂心理学》（*Psychology in the Classroom*）这一佳作中提出了这样一个问题：学习是否不仅仅是思考。他们利用诸如"组块"这样的实际例子提醒我们记忆的重要性：从随机的字母中拼出有意义的单词来帮助我们更容易地记住它们。如果这些信息与学习无关，那它就毫无用处；但如果这些单词被解码（或分块）成令人难忘的小块知识，那它就很有价值。你也可以了解一下"助记符"的力量，将其作为一种支持学生以类似方式记忆的策略。

随堂测试

心理学家称遗忘为"稍纵即逝"，即随着时间的推移而忘记的倾向。在你的课堂上尝试"用进废退"的方法，定期安排时间在每节课上就关键术语、拼写和定义对学生进行测验！这样就会使学生经常运用所学内容而不易忘记。目前情况表明，多项选择题有助于减轻教师的工作量，并有助于提高学生的考试成绩。然而，选择题通过（选项）给学生提示信息，而不是迫使他们自己回忆所学内容，是否实际上会有碍于学生的长期记忆呢？卡尼曼在《思考，快与慢》一书中写道："如果提供现成的答案，提出质疑往往需要一番功夫。"试着在有或没有选项的情况下做同样的测试，比较学生的表现。你可以在第三章找到更多关于检索式练习和间隔练习的信息，它们对记忆和回忆都很重要。

最后，要有动力

日本名古屋大学的一项研究发现，掌握性目标（培养自己的能力）可以在学习新信息时增强记忆。相反，表现性目标（与他人作比较）与记忆产生的联系则是令人怀疑的。因此，在计划提供反馈时，所有人都应该考虑的是，我们在给学生评分时是应该根据该学生的表现与其他学生的表现的对比进行评分，还是应该根据该学生自己的进步进行评分。

巧用讲故事

在教学计划中运用讲故事的五个关键要素——惊喜、结构、简单、具体和潜台词——以使学生坚持学习。

如果我们考虑所有的教学形式，无论是小学、中学，还是继续教育和高等教育，想真正有一个广泛而平衡的课程，教学计划就必须要连贯。当教学计划缺乏连贯性时，就很难理解你想要教给学生什么关键信息。在过去的十年中，有很多关于"让学习变得连贯"的对话。约翰·哈蒂在他的元分析中称这种现象为"教师清晰度",他说这对学生的成绩有积极影响（效应值为0.75）。就我个人而言，我更喜欢"黏性"（stickability）这个词。我们的意思是一样的：在讨论课程目的时与学生进行清晰的沟通，并探讨成功的标准，即学生在离开教室时必须具备哪些知识、技能和理解力，并在下节课时将它们如数带回。

从"坚持什么？"出发，教学计划就可以保持连贯性。正如我们前文所言，计划当然不是一个详细的文件，而是一个思考的过程，这个过程让我想起了讲故事的科学，它将构建模块作为叙述的一部分，以清晰、令人难忘地传达信息。在任何一节课上，学生都必须相信自己是主角，就像在自己日常生活中一样。如果教师所讲的故事与教学计划无关，他们就是在进行无效的交流。

而交流，或我认为有效的教与学，就是讲故事。故事是情感的强大驱动力。正如我们在"组块内容"了解到的那样，这是我们学习方式的关键组成部分。下面是一个"讲故事"的简单例子：

"从前，有这样一类教师。他们每天给学生批改作业，经常通宵达旦地工作。有一天，他们发现口头反馈在课堂上发挥着重要的作用，且更有意义。他们学校的领导也认为如此。于是他们停止了日复一日的书面批改，取而代之的是简短而有意义的谈话。正因为如此，这些教师和他们的同事们获得了没有加班的晚上，同时学生也更热爱学习了。它不仅增加了教师的幸福感，也带来了学生的进步。故事以此结束。"

利用有效故事的特点，我编了一个既有趣又令人难忘的小故事。在课堂上，我可以用同样的方法给学生传递信息和指令。而且我可以将故事的每个部分贯穿课程始终，以此来保持学生的参与度，并在课程进行过程中分享故事的各个部分。

讲故事五要素

讲故事有五个要素，我认为这些要素同时可以用在制订有效的教学计划里，从而帮助学生坚持学习：

1. 惊喜（及其后果）

2. 结构（原因及结果）

3. 简单

4. 具体

5. 潜台词（故事背后发生了什么）

如果我们把这些讲故事的元素运用到课堂中，它们可能表现为：

1. 惊喜：一个引人入胜的开头或者热身活动。

2. 结构：课堂理论与实践。例如，这是知识，这是如何使用XYZ应用它。

3. 简单：这源于教师将复杂的想法转化为吸引人的、有启发性的、学生容易理解的内容的能力。这可能是教师日常工作中最困难的部分。

4. 具体：我们知道工作记忆是有限的。我们喜欢具体的事物，而且我们的偏好会受到偏见的影响。认知学家认为更有效的方法是"双重编码信息"（见第三章）。

5. 潜台词：以上都是一个优质教学计划的基本要素，但它必须以我们的中长期计划和目标为基础。

如果教师能把这五个要素作为他们制订教学计划过程的一部分，那么我相信，通过实践，详细的书面教案将成为历史，这只是因为我们会自然而然地开始更连贯地思考，从而更有效地思考我们希望学生离开教室时具备的知识、技能和理解力，以及如何以更有意义、更令人难忘的方式进行沟通。

集体备课

集体备课减轻了单个教师的工作负担，而且能够以合作一致的方式使学生受益。这个点子可以帮你将集体备课引入你的部门或你的学校。

我发现有些学校要求教师提前一周提交教案，这仍然令我感到震惊。我理解为什么在某些情况下会使用这种方法：小学课程对教师要求很高，要求他们成为各个专业的专家，因此，对学科带头人来说，查看教案是很有帮助的。此外，如果两个教师在同一个班上课，他们需要提前准备部分课程，以便另外一位教师知道还需要教什么。因此，我非常理解为什么要以这种方式备课。这种方法的问题是，教师将继续评估学生的学习情况，然后任何纸质教案都需要随之修改。这对教师工作量的影响简直是灾难性的。

在教不同科目或教同一个班级的同事之间，我们应该怎么做才能改善备课情况呢？好学校允许教师更有效、更清晰地组织他们的备课活动，这样他们才能更好地工作，允许他们能够以一种容易创建的备课形式来为学生的需求做计划。这些学校鼓励并支持合作，组织和优先发展专业发展会议——这些会议经常举办，并允许教师自主。这是很难做到的，尤其是在一个具有挑战性的环境或在外部监督的压力下，但下面这些建议，可以帮助你在学校实现集体备课：

1. 每周或每学期为你所在的部门或学校的所有教职员工提供备课会议。

2. 组织年级组和学科专家为授课教师制订工作计划。

3. 不再要求详细的教案或手写教案以减轻教师的负担。

4. 花更多时间创造能在课堂上真正帮助教师和学生的资源。

5. 使用免费思维导图工具，将所有教学内容映射到关键阶段的课程地图上，或使用Google Sheets或Microsoft Teams创建课程大纲。授予教师各种编辑权限，以便在需要时进行评论、标记和共享详细信息。

6. 使用Google Sheets创建问卷和打钩表，以整理可以自动分析的答案和数据。

7. 大多数多学院信托基金以产业规模共享资源。如果你发现自己学校既偏远又孤立，只需要联系附近类似背景的学校，然后安排时间参观并交换工作计划即可。当然你也可以使用社交媒体，但通过实地看到这些理论内容在学校"活了起来"，并能够与其他教师交流，你能从中收获更多。

使用技术进行集体备课

在备课方面，另一个改善协作的方法就是投资技术。在走访中，我发现了各种有助于减少教师工作量和减轻备课负担的在线工具。

我最喜欢的工具之一是InfoMentor（www.infomentor.co.uk）开发的一个备课工具，它对整个学校的备课、学生评估、进度报告和家长参与进行了完美整合。在快速、准确地记录和监控课程覆盖方面，他们的课程覆盖工具简直无与伦比。学科带头人可以用这个工具，将课程的某些部分分配给特定的教师，这样他们就会很清楚地了解到自己所带的班级需要讲授的内容了。该工具鼓励跨学科备课，教师可以将不同学科的课程综述添加到他们的主题和教案中。该工具会自动更新，以供随时查看课程范围。这样做不仅节省了时间，还可以准确地了解课程的哪些部分已规划、已涵盖，这意味着可以快速发现学习中的任何差距。

虽然有很多经过测试的数字产品可以改进学校备课情况，但它们基本上都有非常相似的特征。请记住，如果你正在考虑购买一款技术产品，你应该提前问自己以下问题：

1. 它是否简单易操作并价格低廉？

2. 通过你的日常主要计算机是否可以进行单点登录？我的意思是：是否所有的教师只登录一次，就可以连接到所有软件，而不是注册20个不同的用户名再登录10或20个不同的软件？

3. 该软件能否高效、准确地用于繁忙的课堂教学中？

4. 该平台是否有快速共享的功能？

5. 软件需求是可管理的吗？

6. 该平台能为学生、家长和教师提供有意义和激励性的反馈吗？

7. 是否涵盖教学中、长期计划？

虽然货比三家很重要，但是也请记住过多的选择可能会导致决策失误（见第四章），所以一定要清楚自己的需求，然后缩小选择范围。

为听课而备课

用指导对话改革听课方式，这样教师们就不会仅仅为了让听课者受益，而满怀压力地制订详细的课程计划。

十多年来，教师们一直被要求制订详细的教案以供听课使用，而且编写这些教案所需的时间，往往远远超过一节课的时间！但，并不是英国所有地区都这样。在很多学校，辅导性对话开始慢慢融入听课和教学对话中，但我们还没有做到。为什么？因为对于那些没有建立基础设施来支持定期指导对话的学校，他们仍靠听课者去教室听课进行一次性的绩效评估，这通常要求教师在课前或课后，以教案形式为课程提供一些背景信息。

虽然我理解，看教案可以让听课者了解课程的整个背景信息，以便对课堂情况做出可靠的评估，而不必再询问教师详细的教学计划，或任何有关的教学计划，那么为什么不确保教师也能从听课中受益，而不仅仅只是听课者受益呢？确保教师和听课者都能受益可以通过教师和听课者之间的定期讨论来实现。首先，应当认真筹划听课活动：

1. 听课者和教师面谈以商定听课重点。

2. 教师必须设定自己的听课重点。

3. 听课者也许会引导教师提出建议，该建议是通过简单的提问技巧从一系列选项中选出来的。

4. 商定听课的确切地点和时间。

利用保罗·班布里克–桑托约在《构建杰出学校的7个杠杆》（*Leverage Leadership*）中提出的PPIPL技术，可以在5分钟内完成上述四个步骤：

P=表扬：首先，肯定教师之前的努力。

P=探索：问一个探索性问题来缩小听课范围。

I=识别：确定问题是什么，需要采取什么行动，包括可能提供的支持。

P=提前计划：设定时间表，使听课活动适应未来课程。

L=锁定：教师应该在结束谈话时对接下来会发生什么心中有数。

听课当天，可以遵循以下简单步骤：

1. 听课者带一张白纸来听课。这样能保证他们抬头听课，并将视线停留在课堂的教与学上，而不是转移视线的，在满是表格的纸上写下详细的评语。

2. 事先商定好一系列问题，这样教师就知道听课者要问学生什么了。这可以避免教师感到无能为力，还可以大大减少"猜猜我在想什么"的情况，这种情况会使听课者记录下证据，导致教师们分心。

3. 在听课过程中收集资料。我指的是最广义的资料，包括照片、声音文件和视频记录，或者学生对商定问题的回答。（最好使用设备，以加快进度，并确保听课者保持抬头听课状态。）

4. 课后，听课者应当使用辅助文件去询问教师决策的相关问题。这些问题应引导教师对教学方法进行反思，以提高教学效果。

5. 对于时间紧张的教师来说，课下的对话不需要超过15或20分钟。任何时间过长都会造成认知超载。

这种方法使教师能在听课中建立和发展自己的优势，而不是感觉自己受到评判或批评。英国特许人事发展协会（CIPD）的研究表明："这种能够促进形成基于优势的绩效对话的干预措施，可以对管理者和员工之间的对话，以及一对一会议对员工学习、发展和绩效的有效性产生可衡量的影响。"我敢打赌，在你们学校采用这种方法听课，不仅能提高学生的成绩，还能节省教师大量的时间，减轻教师压力和焦虑（因为教师要为听课准备详细教案，既费时又费力）。

提前进行课程规划

当一个学期走向尾声时，你需要给自己一些时间向前看，确保自己知道下一步需要教授的内容，以及计划怎样传授这些内容。

期末可能是展望未来的最佳时机。在休假前花点时间为下学期做个计划，会让假期更轻松愉快，因为这样，你会对即将到来的学期信心倍增，也知道无须在恐慌中度过假期的最后几天！如果你不能在休假前完成所有的事情，那就在工作日的晚上加班，以避免在家里做计划。

1. 了解你所授的课程

在你的长期课程计划上花点时间。如果你要教一个新年级或新班级，知道他们在年底需要达到什么目标，将有助于规划每月所教内容。

2. 了解你的班级

查看学生资料。你需要了解谁？在未来的学期中，谁需要特别支持或干预？现在知道这一点将有助于你制订中期和短期计划，也将使你能够决定分组相关事宜，以及时间表的制定。如果你是小学教师，了解是否有新生入学；在他们来报到时准备好他们的座位，以让他们感受到自己是受欢迎的。用简单的排练记住学生的名字，进行简短的课后谈话，以及有针对性的座位安排是每个教师工作的基础，我认为它们是日常卓越教学的重要组成部分，即使对有经验的教师也是如此。

3. 备好第一周课

这听起来不费吹灰之力，但是日子一天天过去，在你意识到这一点前，新学期就要开始了，你就要给孩子们上课了。如果你所在的年级组或部门有同事，请确保每个人都清楚自己所教的班级，这样你们就知道自己必须要做什么。在休假结束前，信心的树立会帮助你和你的学生在新学期拥有一个良好的开端。

4. 创建知识导图

最近，许多教师一直在创建知识导图，以帮助学生学习。如果你以前尚未发现这个概念，那么从本质上讲，这是一种学生友好型的工作方案，涵盖了整个学期或学年学生将要学习、掌握的关键概念、知识和技能。这些资料可以用彩色大号字体印刷，叠层摆放在每个学生的课桌上。这不仅对缺课的学生有用，而且知识导图也可以成为上课期间的自我调节工具，以便学生参考之前的学习方法。

知识导图为学生需要了解的内容提供清晰、连贯的关键信息摘要，并有条理地向他们介绍这些信息，这有助于学生的长期记忆，并对学生成绩有积极影响。正如马克·米勒所说，"我们的工作记忆容量是有限的，因此通过在长期记忆中储存更多内容，我们可以释放工作记忆容量。通过精心设计和使用知识导图，我们可以构建基模，即存储在长期记忆中的复杂知识架构，从而实现知识使用的自动化"。有一些教学方法可以更进一步，必须把这些方法与教师使用知识导图的习惯结合起来，例如提供检索式练习（见第三章）。

然而，请注意，知识导图不是万能药，尽管它们对任何课程都有帮助，但我确实担心，在某些情况下，它们会重蹈覆辙，成为考试规范、全校课程计划、部门或年度工作计划等的翻版。我们应该注意，不要简单地重复同样的信息和工作来增加教师的工作量，所以最好是协调整个部门的知识导图来分担工作量，并向学生提供关键概念。

5. 订购你需要的任何文具

正确掌握基础知识对所有教师来说都是至关重要的。尤其是在你刚进入一所新学校的时候，很容易忽视这一点。但是知道什么文具是可用的，对你的备课至关重要。找不到你精心策划的小组活动必须使用的彩色钢笔，是每个人在课前五分钟都可能出现的状况。

如果你是新教师，或者要教授新课程或有新的教学计划，你需要尽快弄清楚是否有预算，需要做什么，以及在学生到来之前办公桌上应备什么。没人想在上课时因到处寻找铅笔而惊慌失措！没有基本教学工具，课程内容的传授就会受到阻碍。

学校案例分析

学校名称：伊斯戈尔·亨利·理查德学校

地点：特雷加伦，锡尔迪金，威尔士

背景：伊斯戈尔·亨利·理查德是威尔士的一所双语公立学校，位于威尔士西部美丽的锡尔迪金地区的特雷加伦。在该地区，讲威尔士语的人占一半以上。特雷加伦主要是农村地区，拥有优美怡人的海岸线。2011年英国人口普查，当地人口为75 900人，覆盖面积为688平方英里。简言之，你可以把卡迪夫市和它的一百万居民挤在同一个地方……12次。想像一下漫步在乡村，周围小山若隐若现的场景。

你很难在附近找到另一所学校。并且对教师和学生来说，这里一下雪就意味着"要停课"（snow day）。这所学校的学生年龄在3至16岁，学校新建了一座小学教学楼，将3个校区集中在同一地点。该校目前有314名在校生，其中131名小学生，183名中学生。57%的学生来自讲威尔士语的家庭，88%的学生的授课语言是威尔士语。英语是少数学生的另一种语言，10%的学生有资格获得免费校餐。学校有29名教师，其中一些是兼职教师。伊斯戈尔·亨利·理查德面临的挑战是，如何用有限的资源使课程变得生动有趣。

为什么这个领域是你们学校的强项

鉴于目前的财政状况，较小规模的农村学校越来越难为学生提供广泛、均衡和丰富的课程，尤其是在关键阶段4。作为学校，我们成功地在各主要阶段提供了广泛而宝贵的学习经验，并确保安排的创意性和灵活性，以便学生能从符合他们兴趣和能力的大量学习渠道中获益。我们可以与外部供应商、

附近的学校和当地的大学进行有效的合作，以满足所有学生的职业需求，例如，提供铁匠和农业方面的认证课程。学生有机会学习这些课程，并在农场和当地发廊工作，这体现了我们对就业能力的重视与支持，也加强了社区之间的联系。

2014年，改革势在必行。刚开始，主要的重点就是找到一个既能满足每个学习者需要，又能满足学校需求的解决方案。除了教育体系不断要求学校进行改进和发展外，另一个推动变革的关键因素是，威尔士学校检查员埃斯廷的建议，即"提供性价比更高的课程和时间表"，从而确保这所学校的长期可持续性和成功。其他需要考虑的重要因素是，政府的法定指导，即所有学校必须为学习者提供至少25种课程选择（包括3种职业课程），供其在关键阶段4学习。学校会在"威尔士职业在线"登记这些信息。

在一个小的农村学校提供这25门课程困难重重，尤其是在当前的经济环境下。这导致在六年的时间里，教师就业人数下降。在这种下降趋势下，保留和谨慎替换教职工变得至关重要，以确保教师有必需的专业知识来高效地传授这25门课程。

另一个有助益但也有难度的因素是，要确保每个科目有足够多的学生（总体上讲，这通常不是一个重要的考虑因素），以便开设课程，并提供与我们的教学实力和学生需求相匹配的资金。然而，在一所只有32名学生的农村小学校里，每年都有课程被取消；这导致了教职员工和学生的离开，形成了恶性循环。

在学生的中学学习之旅中，学生做出的第一个关键决定往往是学习哪些普通中等教育证书考试的科目。在大多数学校，这一决定是在九年级结束时做出的；不过，也可以在八年级结束时做出决定。从一开始就让学生清楚自己的决定，将是我们的目的所在，因此，我们需要考虑一下提前向学生解释这一决定会产生的影响。年轻人在16岁和关键阶段3结束时，在学校做出的选择，可能对他们未来的受教育、实现抱负的机会和职业机会产生重大影响。因此，应该重视学校领导团队和课程设置在确保学生有公平、广泛的选择机会方面的重要性。

规划

要建立有效的课程模式和时间表，重要的是要从一开始就考虑学生的看法。每一个学生群体都是不同的，他们对某些科目的偏见也年年不尽相同。在可以调节的地方，灵活调节这种偏见很重要。

一旦课程和时间表已经制定，从一开始就咨询学生和教师的意见，也能尽量减少问题和冲突。一个好课程的标志是，学校没有物过其用或物未尽其用的情况；班级规模平衡，教师工作富有成效。如果事情进展不顺利，你很快就会知道。

课程的成功依赖于每个利益相关者对提议变更背后基本原理的认同。确保学生积极参与的关键因素之一是，仔细规划选项模块——确保每个模块中包含各种学科，学术学科和职业学科都不例外。与此同时，我们为帮助学生决策提供了一种支持机制。例如，与就业指导员会面，填写问卷，并留出时间以便学生与教师讨论他们的选择。

课程设计

考虑到这些过程，我创建了一个初始的关键阶段4课程模型。尽管为了适应现在必修的威尔士中小学学分体系，大多数学校缩减为三个选项模块的模式，我们还是选择了四个选项模块。然而，如图所示，第1块（B1）和第2块（B2）将为两年选择块，而第3块（B3）和第4块（B4）仍为一年选择块。这使得所有英国普通初级中学毕业课程得以交错完成，能够灵活适应任何课程改革。

一年一次和两年一次的全新选项模块

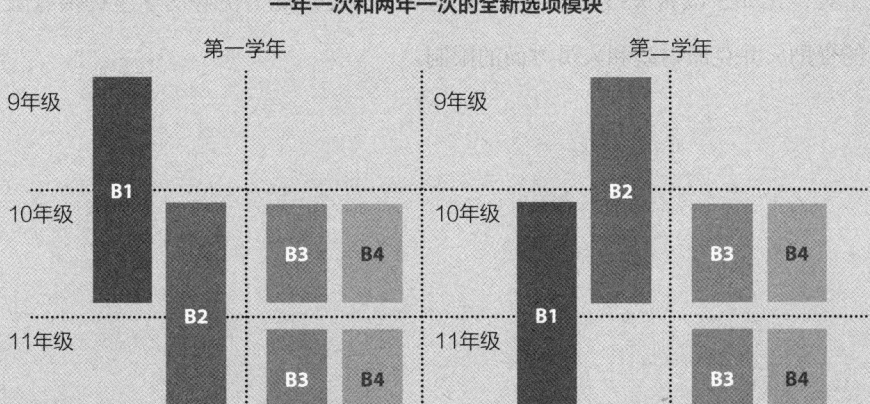

▲ 课程模型

该课程设置方式的好处之一是，比较有能力和天赋的学生可以尝试交叉课程，以便提前一年完成英国普通中等教育证书考试的课程，同时为学习能力较差的学生提供了一个为期三年的学习机会。在这个阶段，另一个重要的考虑是，这个复杂系统的可持续性和长期性；需要避免置另一类学生于不利的情况。因此，我们对2015年至2022年的每个年级组的可用选项进行了全面分析。到目前为止，修订后的课程仍然是成功的，使我们能够持续地在关键阶段4开设25门课程。

其他教师和学校领导如何将此应用于他们自己的实践和学校环境

尽管我们只是在必要时部分采取这种模式，尽管这种模式是根据我们学校的环境而形成的，但其他学校仍可以把这种模式当作应对各种棘手问题的工具，比如：改善关键阶段4的低出勤率；为经济能力更好的学生提供有限的资助，并克服财政和人员方面的限制。

为什么这会起作用

——拉杰·昂斯沃斯

本章通过解释为什么备课（作为教学的一个重要方面）已经成为一个影响教师幸福感，并最终影响教师的表现的工作量问题，为之后的论述设定了背景。罗斯讨论了常见的做法，特别是在课程和备课方面，并与大家分享了5个以研究为指导的想法和很多实用技巧，以促进学校的有效备课，我们都知道，这有助于高质量教学。

教育是学校和家庭之间的合作，所有参与教育的人，包括家长、管理者和受托人，都能从了解学生的学习方式中受益。了解学生的学习方式使家长能够更好地理解如何帮助子女，使管理者和受托人了解教学决策。

在教师工作量极高、教师招聘面临挑战的时代，集中备课是一个特别能引起共鸣的想法。好学校鼓励和支持合作，支持教师自主，同时减少遵从性或严格追求一致。无论你是一个拥有十所学校的多学院信托机构，还是在一所学校工作，都可以在这里找到一些有助于员工协作的好方法。这其中还包括经常被忽视的技术领域。通过购买合适的教具来减少教师工作量并帮助进行课程规划，有助于学校吸引和留住教师。

罗斯对用于听课的详细课程计划的必要性提出了质疑，相反，他主张所有的学校都应在辅导文化的支持下，迅速采取循序渐进的方法进行听课活动。这种方法如果实施得当，将有助于教师反思、进步，而不是感觉自己被"评判"。

由于教师幸福感是重中之重，那些没有真正实现工作与生活平衡、没有为教师和学校领导制定保障教职工幸福感政策的学校，很快就会"落单"，并将很难招聘到愿意来这些学校工作的人。研究告诉我们，教师工作量过重是很多人离职的主要原因，想要避免日益严重的教师招聘和人才保留危机（这个危机只会加剧本书中强调的很多问题），我们必须解决这个问题。

拉杰·昂斯沃斯是一位经验丰富的管理者和受托人，她在处于不同环境和结构下的教育部门工作了23年。她热衷于让每个孩子都能接受良好的教育，并利用她在人力资源、商业和IT方面的专业知识帮助学校。拉杰也是校长圆桌会议智囊团的顾问。

Chapter 3

第三章
教与学

　　改善教学的方法往往很简单，而教室里的复杂世界却很难捉摸。我不想假装知道答案，但却要在这里和大家一起探讨这个问题。我一直认为教学是一门艺术、一门手艺、一门科学，需要很多年才能掌握。1990年，时任芝加哥州立大学课程与教学系助理教授的亚历山大·梅克登撰写了一篇研究论文，旨在厘清"艺术"和"科学"这两个术语在定义教学时的含义，并指出这种讨论所涉及的难题。我同意梅克登的说法，即"教学是艺术还是科学，取决于我们采用的教学定义"。

　　正如梅克登所说，如果我们把教学定义为"帮助学生学习的一种尝试"，那么教学就可以理解为学习研究的应用。鉴于目前采用研究和循证方法的氛围，试图根据我们观察到的学生学习的方式来帮助他们学习，使教学更像是一门科学而不是艺术。另一方面，如果我们所说的教学只是指"传递信息的行为"，而没有特别强调学生学习的好坏，那么，教学本身就更倾向于让教师表达自己的感受——不考虑学习效率的问题——因此，此时的教学就是一种艺术形式。教师决定使用一种或另一种教学方法，可能取决于他们在某一特定课程中的整体教育目标或教学目标。安迪·哈格里夫斯教授对此表示赞同。2019年4月，在阿尔伯特·申克研究所的一次座谈会上，他讨论了教学是一门艺术、手艺还是科学，得出的结论是，教学是三者兼而有之，不仅如此，它还是"一种服务""一种职业""一份工作"。

"你必须克服种种困难，尽你所能给教师留出时间，让他们讨论学与教并进行反思，因为这绝对是学校的首要任务。如果不是的话，要把它放在第一位。"

——阿拉斯泰尔·阿姆斯特朗，校长助理，爱丁堡费蒂斯中学

当然，教学比两种二元定义要微妙得多，无论是"艺术"与"科学"，还是"递进式教学"与"传统教学"。事实上，它是一门极其复杂的艺术、手艺、科学、服务、职业、工作或任何你想称之为的事物。本章将着眼于当前教与学的一些争论，包括循证教学法（如认知负荷理论）的兴起、批判性思维教学的重要性，以及通过学生进步数据和课堂观察来"证明"实践有效性的需求的日益增长。然后，我将讨论五个想法，我相信这些想法可以帮助教师们应对这些问题，同时确保他们的所作所为是适合学生发展的。

为什么这是一个问题

教与学是一项复杂的工作。问责制标准的日益提高和教师"展示进步"的需要，意味着教与学也正变得越来越有压力。再加上认知科学领域的发展，尤其是认知负荷理论，以及教师教授批判性思维技能的压力，很明显，近年来，教与学对学校和专业人士来说变得更加复杂和微妙。让我们看看下面的问题。

问责制：证据和进步

毫无疑问，教育工作中最充实的部分就是课堂本身。但是，由于对教师在一个学年中展示教学证据和学生进步的要求变得不可持续，复杂的教学任务变得越来越具有挑战性。我们面临的关键问题是，尽管许多影响学习成果

的因素发生在校外，但人们仍会根据教师在课堂上的表现对他们进行评判。一些学校可能会根据个别课程给教师评分，而另一些学校则会根据整个学年的教学质量和考试成绩评分。在更高层次上，很多学校的评估体系仍严重依靠数据来确定教学质量，虽然学生人均教育经费投入在减少，教师招聘也很困难，但问责制目标似乎保持不变，甚至比以往要求更高。多年来，我认为，由于外部框架对教师和学校的评估方式，教师和学校将饱受磨难，这可能会影响他们的课堂教学质量，当然也会增加他们的工作量。

无论背景如何，我亲眼看到"证据"和"进步"这两个简单的词，在每所学校都变得越来越具有挑战性。在学校问责制中，这两个术语都是系统化的，并由学校外来访问人员推动，目的是收集尽可能多的信息，以便能够撰写一份关于其有效性的报告。我们先从这两个词的定义开始：

进步：牛津词典中的定义是"前进或朝目标前进"，或"朝着改善状况或更高级的状态发展"。你绝对找不到不想变得更好的学校，也找不到教师不努力工作的学校。但在任何情况下，这都不能简单地等同于在一节一个小时的课上的进步，或者一个学生从D等级升到C等级。

证据：牛津词典中的定义是"表明某一信仰或主张是否正确或有效的事实或信息"或"某事物的迹象或征兆"。在证据很重要的时期，为什么还让教师们为自己被要求做的每一个决定和干预寻找证据？很少有其他工作要求所有员工向另外30个人展示证据。

> "我个人认为，这绝不是口头上的政策文件，而是真正努力创造一种实践者乐于探究的文化和环境，让尽可能多的员工对教学问题感兴趣，并鼓励教职工在教学中反思、进步和提高。"
>
> ——阿拉斯泰尔·阿姆斯特朗，校长助理，爱丁堡费蒂斯中学

　　2018年，全国教育研究基金会，发布了一份全球问责制审查报告。有趣的是，那些经常被我们的政治家举例为表现比我们更好的其他经合组织国家，实际上在评估和学校评价方面比我们做得更少。芬兰和新加坡等在国际学生评估项目测试（PISA）中排名相对靠前的国家有外部评估，但它们选择不公布检查结果。在英国，至少在英格兰，我们似乎已经形成了一种观点，即公立学校的教师必须进行回顾，并证明他们在这一年中所做的所有工作。这是为了证明绩效薪酬的合理性，或者更糟糕的是，为了向可能会在课堂上逗留20或30分钟的来访者证明"他们一直在做什么"。这样一来，我们就把自己推入困境。我们什么时候接受了允许其他专业人士进入教室，并在片刻间评判自己多年的教学经验？学校发生的很多事情都是很难评价的。

　　教师们在教室里做出成千上万个不同寻常的决定，其中很多都没有被注意到。在整个学校层面，这些决定对孩子们的生活产生了整体影响。然而，我们的系统却选择通过评估个别教师，来分析复杂的教学、邮政编码人口统计、资助和问责制。如果我们认为学校的问责制是最无私的，那么教师和学生在课堂上的对话就是证据，但是教室里成千上万的日常对话却被遗漏了。学生可能会根据教师的反馈采取行动，然后立即取得进步，但这很少能与最终的数据采集直接联系起来，而且这种"我找到了！"（发现）的时刻往往会被错过。

　　教师"证明"他们一学年所做的所有工作，以防检查员可能谈及、收集或查看所需的证据。英国教育标准局指出，检查员将使用大量的第一手证据来确定教学质量，例如观察学生、与教师们交谈、审查工作，以及评估领导们如何确保教学的持续改进。然而，他们也将会错过大部分内容。

　　我们对"证据"和"进步"的过度重视，给教师们带来了巨大的负担，使他们无法专注于课堂上的核心职责，增加了他们的工作量并影响了他们的

> 97%的教师和学校领导对教与学有信心或信心十足，55%的教师和学校领导仍认为，这是他们日常实践中一个极具挑战性的方面。

工作积极性。如果取消对教师的问责，我们还剩下什么？很久前我就主张，所有教师在日常工作中只需关注：评价、备课和教学三个部分。当然，我们确实需要让学校对它们为孩子所做的工作负责，但是我们必须探索一种更可靠、更智能的方式来评估工作。在每所学校，我们都需要一个通用框架，以便学生在班级之间流动，并与整个学校的价值观保持一定程度的一致性，但我认为，成功在极端的高风险问责制与什么都不发生的松散模式之间。

认知负荷理论

随着认知科学的发展，以及学校对教育心理学的兴趣日益浓厚，认知负荷理论已经成为教学中的"下一个大事件"。就连英格兰的学校审查框架现在也受到了认知负荷理论，以及认知负荷理论如何影响课堂学习（特别是记忆和大脑）的启发。认知负荷理论本质上是指，工作记忆一次只能处理有限的信息，如果需要处理的信息量超过了工作记忆的极限，学习就会受到负面影响。

当然，我们知道，只教授教学内容，简单地将过多信息灌输给学生，并不可能让学生熟练掌握这些内容。正如基施纳等人所说："当过多信息对学习既不必要又有害的时候……所产生的认知负荷可能会对学习产生负面影响。"教学效率最高的教师要做的是，分解信息并定期检查学习情况。我们也可以教学生一些元认知策略，帮助他们科学地思考自己的学习和进步。

在1997年发表的一篇文章中，巴拉克·罗森海因教授讨论了"明确的、以教师为主导的认知策略教学案例"，研究了1970年至1990年的认知策略。

在具体指引和框架的支持下，教学程序支持这样一种观点，即教师应该用启发式方法，使自己和学生发挥最大潜能。正如罗比·科尔曼在教育捐助基金会发表的一篇博客中写的那样，基于罗森海因对56项研究的评论，将思维策略作为一种显性教学方式似乎是成功的；然而，这种显性的教学方式只会告诉学生应该做什么，它并不提供实际操作的知识。因此，很明显，人们绝不能"回避教学事实"。

我们不能质疑认知负荷理论的作用及其在课堂上的影响——仅在2019年上半年，谷歌学术上就有超过8 000篇关于它的影响的学术论文。然而，评估30名学生的认知负荷，对教师来说是高度复杂的，对检查员来说也同样困难。英国教育标准局强调，认知负荷理论作为英国学校新框架的一部分，已被用于其研究方法，但还有很多其他方法也有助于学生上课，例如双编码（本章想法2）及帮助改善记忆和信息检索（本章想法3）；我们应该假设，在不同学科、不同教与学年级组中，认知负荷理论的作用是不同的。这非常有用。如果我们把认知负荷理论放在政策和证据的核心位置，它就有可能对国家教育产生重大影响。正如英国教育标准局所指出的那样，"经典学习测试（CLT）并不规定具体的教学方法"。

尽管我支持任何监管机构进行研究，但令人担忧的是，英国教育标准局是否会将这一理论作为所有学校应采用的教学方法加以提倡，以及它是否会在检查中成为影响"教育质量"的一部分。每个人面临的另一个挑战是，如何将这些方法转化为教师的实际想法（我们都知道教师时间有限，并面对着30名富有挑战性的学生）——以及这对教师所从事的广泛的教育工作意味着什么。当给那些被学校永远开除而现在却在学生收容处进步显著的4岁或15岁的孩子上课时，认知负荷理论在课堂上是什么样的？我们需要了解认知科学，但最重要的是，我们需要知道如何真正地把这些理论运用于教学环境中。

批判性思维

批判性思维使我们能够做出困难的决定，并解决复杂的问题，因此，企业雇主和高等教育招生教师，要求学校想方设法改善这一技能的教学也就不足为奇了。教师在培养学生批判性思维方面承受着越来越大的压力，但众所周知，这很难教给学生。

认知心理学家丹尼尔·威廉厄姆曾在《美国教育家》上发表了一篇论文，提出了一个问题："为什么（批判性思维）这么难教？"在论文中，威廉厄姆对是否可以真正教授批判性思维提出了疑问。他回答说："几十年的认知研究得出了一个令人失望的答案：不一定。"学生也许能够回答一个特定的科学问题，但却不能回答下一个，即使在科学上这两个问题是一样的。知道人们应该批判性地思考跟人们能够批判性地思考并不一样。威廉厄姆认为"领域知识和实践"是必需的，例如在恰当的时间部署正确类型的行动（或思维），但这对希望培养学生"批判性思维"的教师意味着什么？

首先，教师必须教会学生"什么是批判性思维"，然后提供大量实践。就像教与学其他所有方面一样，明确学习内容很重要。我们必须明确所教授的批判性思维的类型，例如分析、推理、解释、决策或问题解决。教授学生这些元认知策略，为"如何批判性思考"提供了明确的方法，但这与能够进行批判性思考并不相同。因此，教师不仅要教会学生各种技能，还要教会他们如何在恰当的时间选择恰当的思维方式。

要做到这一点，学生们必须在课程主题的背景下学习批判性思维。有两个简单的例子：一个学生为一个关节炎患者设计新的厨房用具；一个小组练习中学生们只能用一定量的材料，在规定时间内解决过河问题。对于第一个例子，确定此人所需材料的大小，使得这个学生能够通过分析来进行定制设计。在第二个例子中，学生可能需要一起使用所有类型的批判性思维，并决定何时使用哪种类型。在我看来，秘诀在于让学生知道他们在使用什么技能，以及为什么使用，这样他们就可以在需要的时候恰当地选择这些技能，而不需要教师的提示。

在我走访过的学校以及贯穿本书的案例研究中，你会发现各种各样的学校，每一所都有自己的挑战，而不管教学环境如何，他们都在努力实现高质量的课堂教学。当然，有人会发现这比其他方面更难实现——拥有10名或100名教师本身就会使这成为一个有趣的讨论。每所学校的每一位教师面临的挑战是，如何提高效率，在不影响工作量、心理健康和幸福感的情况下，在整个学年提供高质量的课程。我希望本章的这些观点能给你一些关于如何实现这一目标的建议。

我们该如何解决这个问题

卓越教学的标志

什么是卓越教学？根据巴拉克·罗森海因教授的研究，以及我自己对教室里每天发生的事情的观察，我提出了有效教学的八个特点。

在我25年的教学生涯中，我观摩了数千堂课。为了教师的利益，培养有效做到这一点所需的技能，已经成为我的一条连续的学习曲线，尤其是在做我的专业以外的工作时。自从10多年前开始写博客和写作以来，我还一直研究教与学，试图理清各个部分的研究，这些研究不仅影响教育政策，从学术角度对有效教学的特征进行探索，还将其转化为什么在课堂上对教师有影响。所有这些结合在一起，让我对卓越教学的特点有了更全面的了解。

对我想法影响很大的一篇论文，是巴拉克·罗森海因教授发表的《教学原则》(*Principles of Instruction*)。在这篇论文中，罗森海因根据他四十年来的工作经验，发现了有效课堂教学的特点。他在研究中观察了大量的教师，以发现最有效率的教师和效率较低的教师之间的区别。

将罗森海因的学术研究应用到我自己的实践经验中，我认为卓越教学的标志是：

1. 首先，教师必须对自己所教学科和学生充满热情。

2. 他们必须掌握最新的教学方法、研究和课程内容，并对自己的学生了如指掌（见第一章）。

3. 高效的教师拥有自己的课堂领域，并能够通过良好的纪律、教学常规和严格管理打破学习障碍。这可以通过同理心来实现，但明确的界限也需要贯穿于日常教学中。

4. 成功的教师具有良好的组织能力，这样他们就能独立思考，预防潜在问题发生。他们会问很多有针对性的问题，且从不假设学生知道什么。他们还会定期评估。

5. 好教师敢于在自己的课堂上承担风险，不接受任何借口。他们尽职尽责，并希望学生也能做到这一点，他们通过建模和脚手架练习给学生提供了大量材料。

6. 为了获得较高的成功率，这些教师具有较强的反思能力，勇于挑战并乐于接受反馈。他们通过系统反馈和纠正，以及监督学生独立完成任务，使学习变得可行。

7. 最重要的是，他们善于将主题与新旧材料完美地结合起来，在构建知识联系和如何应用这些知识之间形成一个故事。在这方面他们始终如一，学生经常为此感谢他们。

8. 他们在拒绝学生和对学生说"不"方面也很有成效。

我相信你认识这样的教师，甚至可能就是你自己！如果你不是，今天就去和那个这样的教师谈一谈。我坚信教学非常复杂，但是从表面上看，它似乎像是一只天鹅在水面滑行：它平静，能够掌控并熟知周围环境，但在幕后，有许多决策是在我们看不到的地方做出的。为了给彼此提供认知支持，当我们观察彼此的行为时，阐明决策过程至关重要。

如果所有的教师都想掌握这些有效课堂教学的特征，那么合作、反思的教学方法必不可少。南安普顿大学发表过一份报告，此报告调查了教师如何在阐明科学思想时，树立和保持学生的自信。该研究聚焦于英格兰一所男子综合学校的科学系，其中一个重要的发现是，该系的成功取决于团队如何在"协作和支持的氛围"下合作。这使教师"可以根据个别班级的需要，发展和调整自己喜欢的教学方式"，以及"调整商定的方法，以符合自己的个人风格"，对减轻教师的压力，以及"保障教学内容和教学方法的所有权"具有重要意义。

运用双编码有效传授知识

每个教师都在传授知识，但几乎没有人教过他们如何最有效地教授知识，以便学生能够理解和运用。了解双编码有助于解决这个问题，并使你成为更好的教师。

什么是双编码

双编码理论（一种认知以及思维方式的理论）最初是由艾伦·佩维奥于1971年提出的，它采用了这样一个观点：心理图像的形成，以及语言和视觉编码的使用有助于学习。请注意，这不是学习风格，学习风格仍然很普遍，但实际上它与学习没有直接关系。根据这一理论，大脑只对写出和说出的单词进行一次编码，而对单词的图像进行两次编码——视觉上的和口头上的。这种语言和非语言处理"使你获得更多的工作记忆容量"。它还会增加这些信息在你的长期记忆中的痕迹，因为"两个有关联的痕迹比一个单一的痕迹更稳固"，并且你可以用两种不同的方式来记忆或识别信息。

举个例子，想像一下，有一次你离开家两分钟后，走在路上一直怀疑"我锁门了吗？"而下次你离开家，锁门的时候，大声地喊："我正在锁门。"你可能觉得这很傻，但是语言和身体信息的双编码功能，会帮你更清楚地记住做某事。

为什么双编码对教师很重要

我坚信，教师需要少做而不是多做，才能更有效地工作，这可以通过提高对认知科学的认识，以及各种方法（如双编码等）对教与学的影响来实现。在工作量巨大、教学默认模式既永无止境又兼顾不得时，这点尤其重要。我们应该让教师不断学习认知科学原理以得到全面发展，这将不断改善课堂教学。

在教学中认真使用双编码方法，可以使教育者使用学生更多的工作记忆容量，并增加信息进入学生的长期记忆以供回忆和识别的机会。尝试采用双编码方法，以更加有效和有意义的方式调整学习内容和课堂授课。考虑空间和语言的工作记忆，以及这些记忆如何转化为学生的课堂资源，这些信息如何影响你的教学风格。例如，在为一些简单的任务提供认知支持时，比如在黑板上写字，所有教师都应意识到的一种简单技巧是，应尽可能多地面对学生并大声朗读单词，以便学生唇读并学习关键术语如何发音。这是一个微妙且极其简单的技巧，然而这种方法却给我们提供了和语言交流（我们听到的东西）一样重要的非语言线索（我们没有听到但看到的东西——嘴和唇的位置）。

　　对所有教师和学校领导来说，为了更有效地工作，简化思维过程是很重要的。对一线教师而言，这个过程对于实现教学内容的有效传授至关重要，甚至更为关键，特别是在每天只有很短的时间进行备课和传授有意义的课程的情况下。在备课时，试试这个简单的衡量标准："是什么、为什么、怎么做、如果不起效怎么办。"想想你正在分享的信息，以及应该如何用语言、视觉和文字将它表达出来。

　　下面的解释展示了它（这个衡量标准）在实践中是如何操作的。

　　1. 是什么：我想让学生学习X。

　　2. 为什么：他们需要了解X，不仅仅是为了考试，还因为他们必须知道X是什么，X为什么对ABC很重要，这样我们才能联系W，然后继续学习Y。

　　3. 怎么做：我将和一个学生一起做456。对于所有30名学生，我将使用123，并用456提供支持。

　　4. 如果不起效怎么办：如果456不起作用，我计划用789作为帮助W联系Y的替代方案。

　　举个例子，如果你想让学生学习光合作用，你应确保学生a）知道如何拼写这个单词；b）知道如何大声说出来；c）理解它的意思。将这些信息与言语，和物品，诸如向日葵或照相机（或者至少是一个表示"拍照"的手势），以及太阳、水和光的图像一起编码，将有助于学生更容易地检索这些信息——当然，这需要练习。

　　然而，需要注意的是：工作记忆很容易超载，而且已经一次又一次地证明，当这种情况发生时，即使是你和我，也会在学习时遇到困难。这称为"冗余效应"，例如，当黑板上的文字被大声朗读出来时，这种现象就会发生。如果一个学生的大脑必须同时以两种不同的方式解码相同的信息，工作记忆就会超载。因此，这要求我们只提供"有用的"信息；额外的图片或声音只会分散注意力。

运用检索式练习巩固学生所学

检索式练习可能是你在课堂上使用过的最有效的策略之一。问题是你是否感觉到你正在有意识地这样做。它帮助学生把他们学到的东西更持久地储存在长期记忆中。

检索式练习应成为教师专业技能的常规组成部分，也应成为教师专业发展的常用术语。简单地说，检索式练习就是在信息不出现在你面前的情况下试着记住它。想像一下，在一个动态的课堂环境中，学生定期接受测验，以及在一个阶梯教室中，只和学生进行简单的交谈，你认为哪种环境更有助于记忆呢？这两种环境可能都有作用，但所使用的策略至关重要。

学习过程的一部分是关于评估以及信息遗忘的，以便更深入地挖掘短期（工作）记忆和长期记忆。教师必须尽其所能地保持学生的参与度，并为所有这些习惯的养成提供机会。这有点像骑自行车：想要更平衡，骑得更快，甚至想要知道如何在它坏掉时修理它，需要所有部分都参与其中并定期练习。

有很多方法可以将检索式练习融入到日常课堂练习中，其中包括简单的提问和复习策略。

提问

你永远都不应该假设学生已经掌握了你教给他们的知识和技能。定期测试他们，确保你拥有广泛的提问技巧，可以在任何时候使用，并能使30名学生都参与进来，确保一切都在你的掌控之中，随时准备好提供答案！

普贾·阿加瓦尔教授和帕特里斯·贝恩教授合著的《强大的教学》（*Powerful Teaching*）一书，使用诸如思考—配对—分享以及无风险测验（意味着对最终成绩没有影响的测验）等提问技巧（这是两种有效进行检索式练习的形式），向学生展示了检索式练习的效果。

思考—配对—分享

我相信你已经知道了这个备受欢迎的策略，不过以防你还没听说过，我会简要概述一下，而且其中还有一些新内容需要思考：教师提出一个问题，每个学生首先独立思考他们如何回答这个问题，然后和另一个学生进行配对讨论，最后在全班讨论中与同学们分享想法。虽然这种策略非常有效，但确保学生确实是在思考你的问题很重要。不管学生是坐着还是站着，是在大声说话还是安静地坐着，你怎么知道他们是在思考问题呢？针对这种情况，一个简单的策略是，让学生把他们的答案写在纸上，然后与其他学生分享。这听起来很简单，却是确保所有学生都已思考过答案，并准备把答案提交给你的直接方法。

测验

你可能想用像Kahoot（课堂问答平台）、Quizlet（在线记忆卡）、Memrise（忆术家）和Socrative（课堂互动软件）这样的软件进行无风险测验。或者，使用技术含量较低的方式，比如让学生用大拇指向上或向下来回答问题，或让学生在小白板上写下他们的答案。这些都是很实用的策略，你可以在你的课堂上快速而有规律地使用它们，以帮助学生记忆课堂内容。

复习策略

几十年来，教师们一直在用复习技巧，因此在某些方面，检索式练习并不新鲜。然而，随着社交媒体、教师博客和各种研究方法的出现，教师现在可以用科学研究支持他们可能一直在使用的策略。这使教师在课堂上处于更有利的地位。

让我与你们分享一组复习策略，这些策略都有我们本章中探讨过的认知心理学的支持。

1. 建议学生在备考前使用自评分复习网站，并把这作为家庭作业的一部分。

2. 找到一些特定主题的YouTube教程——当然是指正确的教程！

3. 指导学生如何有效地安排时间，制定复习时间表，把复习分成更易处理的小模块。

4. 让学生就某一特定主题的关键概念画一张框架图。

5. 学生可以大声地对自己或朋友说出关键概念和信息吗？更好的做法是，他们可以自己录音，并定期给自己回放。

> "我们进行了全校问卷调查，询问学生我们做得好的地方，以及可以改进的地方。问卷结果显示，他们想要了解更多的复习技巧和学习技巧，我们对此采取了行动。我们已经在各系做了大量工作，研究针对特定学科的复习方法，特别是对于内容丰富的学科，比如历史或地理，我们发现低风险测试对内容学习并记忆非常重要。"
>
> ——阿拉斯泰尔·阿姆斯特朗，校长助理，爱丁堡费蒂斯中学

三次原则

关于检索式练习最后一点：不要只测试一次你传授给学生的知识或技能。事实上，该研究主张，如果不检索三次信息的话，也至少检索两次，这样结果会更好。卡皮克和格里马尔迪发现，检索信息两到三次"能使长期记忆率提高150%"。所以，教师们，就同一个主题测验你的学生三次吧！

制定明确的教与学政策

制定明确的教与学政策，评估某一个班级或整个学校的授课质量，对于确保教师提供始终如一的、高质量的教学至关重要。

许多学校目前制定和实施教学政策的方式——包括学习走访和数据分析（见第一章）——可能会给教师增加难以估量的压力和额外的工作量。更糟糕的是，这些过程很少能被严格执行，其中也没有运用任何有用的研究方法，只有一句"我们已经把它从名单上划掉了"。教与学是每所学校都必须做好的一个方面；作为教师和学校领导，它绝对胜过我们所做的任何其他事情。那么，我们应该做些什么不同的事情呢？

制定简明扼要的教与学政策

如果你担任领导职务，那么制定简单、循证的教与学政策非常重要，这可以减少教师的工作量，并使学生取得最大的进步。简明扼要地列出教师可以在每个教室实施的一系列策略，将可以保证所有孩子需要的一致性。

这样做的好处显而易见。我发现，把高质量的教与学政策放在首位的学校是最高效的。这样一来，教师、家长和学生们都清楚地了解了教学与学习。它使每个人都处于符合学校期望的公平竞争环境中。教师的工作要求一定程度的严格性、公平性和纪律性，但这最终使教师可以教书，学生可以学习，并实现发展。在这些学校里，教师们会经常感谢彼此对政策的坚持，也会感谢领导团队提供的明确指导。明确的政策还有助于对所有教师进行一致性培训，并带来集体教师效能（见第八章），使教师能够运用自己的教学方法，以及了解它如何在专业上影响学生和自己。

然而，如果教师得不到支持，仅在纸上写出政策并不能在课堂上创造奇迹。你可以制定一项政策，该政策具有与你的情况相关的最佳循证思想，但是如果学校教师没有能力运用到教学实践中，那它就一文不值。在气氛最和谐的学校里，教与学是所有教职工的日常对话。在这些学校的工作人员简报会、教师培训会、集会和其他会议中，教与学每天都会被提上日程，并且在学校内形成了一种合作和反思实践的文化。校长也会参与到此过程中。

如果不是每个人都遵循教与学政策会怎样

我还没有在达到100%一致性的学校工作过，在每一所学校，都会有一两个教师采取可能不利于整个学校一致性的方法。这会向学生传递含混不清的信息，而且这也是中学领导一旦遇到就必须解决的问题。需要对这些教师给予长期支持，以带来改变，这包括找出原因并提供帮助。

如果学校的教与学政策受到了某个年级组，或某个部门的反对，那么重要的是，中层领导首先要做点什么以免让其他人为难。教师通常会把目光放在负责教与学的人身上，他们的参与可能会有所帮助，但解决问题至少应该从教师周围的人开始。例如，一个部门的负责人可以在其上级领导的帮助下带来改变。如果最薄弱的环节是中层领导本身，那么显然我们有麻烦了。

评估教与学

在过去的十年里，我在成千上万的教室里进行过学习走访。我很荣幸能够观摩这么多课，并看到无数教师向广大的学生教授不同学科和各种策略。我也与其他教师一起观摩了很多课，这些教师包括学校检查员、高层领导、访问者以及在同一所学校工作的同事。

我经常想，这个过程对我、对参与的同事、对教室里的教师、对学生会有什么影响。我还更深入地思考了，学习活动对提高教与学质量的实际影响。作为一名学校领导，我过去常常认为，从最广泛的意义上讲，数据可以让学校确定有关教与学的理念和研究在我们的课堂上是否奏效，以及学生的需求是否得到了满足。但另一方面，我想问的是，学习走访经历对教师来说究竟有多大的价值，对学生个体有什么影响（如果有的话）。

学习走访可以让你对日常实践有所了解，从而发现教学行为中的关键点，或者让你了解如何在整个学校推广想法。然而，它们经常被用来评估教学质量，这让我不寒而栗。现在仍有很多学校使用勾选框、检查表和数字指标来评估教学质量，很少针对个别教师、班级和环境进行调整。学习走访很少能够反馈给我们即时的教学质量。所得数据完全不可靠，因为它们很少会涉及教学前、教学中和教学后的全部信息，且数据常常像实时快照一样片面。可能会得出一些可靠的结论，但这绝对是罕见的情况，而且往往取决于时间和教学环境。

除非我们放弃这种评估方法，否则我们将继续在这个行业中贬低彼此，用一些盲目的练习来"记录"正在发生的事情，而不是发展高质量的教与学。我们需要努力用更好的指标来评估教与学的质量，使用结构化和半结构化的方法来探索学习的某些方面，同时这样做时也要为教师个人提供支持。

作为起点，任何观察都应该在检查员和教师的参与下仔细计划，并且应该包含定期的一对一辅导性对话（见第二章）。另一种选择是，在全校范围内推行正式的辅导计划。这将在下一个想法中进一步探讨。

发展教师间的相互辅导与学习

为确保整个学校的高质量实践，辅导是一种发展教与学的极好的方法。在这个想法中，我分享了辅导的五个关键原则，以帮助你把它运用到自己的学校中。

多年来，我一直主张把辅导性对话作为教师专业发展的替代方法。在我的研究中，我很高兴地报告，英国各地越来越多的学校正在认真考虑或已开始用辅导性对话提高教学质量。然而，并非所有地方都这样。在苏格兰工作的教师会发现，辅导性对话是他们日常工作生活中不可或缺的一部分，但对其他地方的教师来说，辅导性对话并不常见。

当然，所有学校面临的难题都是资金缺乏。如果校长有足够的可用资金，他们就可以使教师进行互相指导、互相学习。然而，如果撇开背景、资金和学校后勤不谈，我们仍可以从那些建立了辅导模式的学校那里学到很多东西，无论教师们处于职业生涯的哪个阶段或者在哪个学校工作，这些辅导模式都可以为他们带来改变。

1. 避免主观或情绪化的决定

在辅导性对话中，不存在主观或情绪化的决定，比如分数，或者恕我直言，一句简单的"……进展得顺利？"或者"如果……会更好"，甚至这两句简单的话语也会引起情感反应。

我曾有幸与富有魅力的克里斯·莫伊斯合作过，他是一位经验丰富的学校领导，主张学校在观察教师时采用一种极端的替代方法：表面上使用打钩表和观察核对表，然后教师们在一致性的幌子下自由上课。当时我是一名副校长，和学校里100多名教师一起工作，这是克里斯第一次建议我取消所有观察课中的主观决定。

就背景而言，当时学校正面临着巨大的挑战，在我到来后，学校取消了课程评分——包括检查表、评价表，也不再有把评价当成荣誉徽章的教师——我们正慢慢取消一年三次的正式检查。在不到一年的时间里，我们完全取消了该体系，转而使用了一个简单的方法，但是仍有一些主观陈述，例如"……进展得顺利？"和"如果……会更好"。克里斯首先提出了辅导的想法，然后我们开始朝着一个空白（陌生）的领域迈进，在那里，训练有素的合格教师扮演教练的角色，通过提出一些探索性的问题，帮助引导教师找到解决方案，从而使隐含的信息变得明确。对于辅导而言，这并不是什么激进的做法，但在学校里——尤其是那些繁忙而富有挑战性的学校——要让这种做法在实践中奏效非常困难，但却极具价值。

2. 发展辅导文化

说到辅导，关键是要改变整个学校的对话方式，把辅导作为一种文化，渗透到教师拥有发言权的所有教与学对话中。应该把教师的角色确定为教练，以帮助促进教师讨论，并以此为起点，开展培训和辅导工作。这里的阿喀琉斯之踵是如何在不增加偏见或不刻意选择那些愿意与他人合作的、称职的、敏锐的教师的情况下，选择教师担任教练。最大的文化转变将是学校努力改变与"接受指导"相关的刻板印象。每个人，甚至是你自己，都需要一个教练！

3. 规划后勤

在后勤层面，学校需要考虑如何让每一位教师接受辅导。从根本上说，所有教师都应该参与到定期的教与学对话中，而不是把它当作孤立的一次性活动，否则将得不到任何改善。辅导可以在课堂之外进行，但挑战在于如何把它纳入排满活动的时间表内。因此，辅导谈话应该每周进行一次，以便教师形成他们自己的重点。当然，对教练的培训必须严格并提供资格证书，因为质量控制和质量保证至关重要。我与本书的其中一所学校——斯劳和伊顿英格兰教会商业和企业学院合作开展辅导活动有一段时间了（见第八章），刚开始只有一小部分教师参加，现在99%的教职工都报名接受辅导。尽管这一转变是一个巨大的成就，但100%才是我们所有学校的目标。

当然，对大多数学校来说，难题在于创造每周辅导的机会，还有就是拥有足够资金使一小部分教师成为合格的教练，并让他们有时间观察其他教师，定期见面。我认为辅导性对话可以在5到15分钟内完成，每周在教室内外都可以进行。

4. 嵌入愿景、价值观和共同的行话

在所有这一切中，愿景、价值观和共同的行话应该得到认同，并通过观察、教师讨论和其他各种方式在学校里不断推广。如果这不是一个寻求服从的过程，那么一致性将是自然而然的事情。

5. 确保所有部门和团队都有辅导活动

最后一点：考虑到多元化、平等性、学校管理以及学校领导角色，所有部门和团队中必须有辅导活动。例如，没有什么可以阻止一位副校长接受另一位教职工的辅导，而后者恰巧是一位出色的倾听者和优秀的学科实践者。这位教师也许可以向高层领导提供他们没有的学科知识，这在高层领导编排课程表时尤为重要。这是一个简单而明显的例子，说明一个经验较少的员工能够与更有经验的教师进行扎实的辅导性对话。我们每个人都可以互相学习，在有时间进行有意义的对话时，我们经常这样做。那些极力保证这一时间的学校正在做一件正确的事。

学校案例分析

学校名称：费蒂斯中学

地点：爱丁堡，苏格兰

背景：想像一下《哈利·波特》，你就能很好地想像出费蒂斯中学的样子，它地处爱丁堡中心，宏伟庄严。费蒂斯是一所男女混合、全日制的私立寄宿学校，超过三分之二的学生住在校园里。费蒂斯中学最初是一所只招收男生的寄宿学校，1983年变成招收7至18岁的学生的男女混合学校。该学校自1870年建立以来，已有10位校长先后任职，这座学校建筑是"苏格兰最伟大的建筑"之一。该学校因一些著名小说而出名：伊恩·弗莱明的《雷霆谷》，描述了詹姆斯·邦德和他的父亲如何进费蒂斯中学上学。而现实中的校友包括托尼·布莱尔、安格斯·迪顿、洛拉·肖尼宁和罗恩·巴尔夫（巴尔夫曾为电影《功夫熊猫》和《乐高蝙蝠侠》作曲，为数百万儿童带来了欢乐）。每一所学校都有其独特背景，但费蒂斯中学确实有其神奇之处。

为什么这个领域是你们学校的强项

我们学校强调用教学研究和讨论提高课堂学与教的质量。分享想法、讨论最佳实践，并允许教师自由尝试新技术，这些都是我们教与学理念的核心。

理论上听起来很简单的东西，却是所有学校的最高目标。培养一种由实践者主导的调查和反思的环境和文化，说起来容易做起来难，而且远不只是发布一些通常置于文件夹中未读的标准政策文件那么简单。我们绝不是在开辟新天地，但我们的确正朝着正确的方向前进，朝着一个希望讨论教育研究，并改进教学方法的教师团体迈进。我们一直努力促进这一进程，并努力确保课堂上发生的事情仍然是我们的主要关注点。

你们学校是如何做到的

几年前，我们确保了每个学术部门都有专门的教与学会议，这些会议与那些经常被行政政治事务占用的传统部门会议大有不同。这使部门负责人有机会带领大家解决有关其需求及学科需求的学与教问题。同时，它也使每个部门的年轻教师和新教师学习相关理念、分享实用经验，并感觉到自己在团队中的存在感和参与感。每个院系都有一名代表参加全校教与学委员会，该委员会在周三举行会议，给各院系交流想法创造机会。通常情况下，在整个学校学与教会议上提出的问题，如巧妙的提问技巧、评估方法或改进家庭作业的方法，都会在部门会议上再进行探讨或进一步成为全校观察的基础。

将学习和教学作为优先事项纳入学校时间表，确保它得到应有的关注，并将其置于部门讨论的核心，而不是议程上的最后一点。

至关重要的是，学术领导团队也应与后勤领导（非学术领导）团队密切合作，以推动进步。作为寄宿制学校，我们视后勤服务和全天候照顾学生为工作中心。过去五年，我们的确意识到，学术成就与高质量的后勤服务息息相关。我们举办的"认知周"主题活动，强调了快乐充实生活的特点，也发现高压的学习生活并不利于幸福。不管喜欢与否，考试成绩仍然被视为高等教育的通行证，尤其是对那些花了很多钱把孩子送到我们学校读书的、雄心勃勃的父母来说。然而，我们已经非常清楚地看到，学术成就不仅仅是课堂上发生的事情的副产品。我们的个人、社会、健康和理财教育课程（PSHE课程）及导师制确保了学生获得更广泛的支持，以促进他们进步，并培养他们离校后取得成功所需的主要品质。

因此，寻找课堂之外培养学生的方法，仍然是重中之重。当然，这在寄宿制学校要容易得多，因为在寄宿制学校，传统的课外活动在教育中扮演着重要的角色。长期以来，体育、戏剧、爱丁堡公爵奖和音乐，都为学生提供了机会，在课堂之外找到自己的定位，以及培养特定技能。我们日益重视为外部社区提供服务，最近的一项倡议让六年级以下的学

生在住校假期内，为有学习障碍和身体残疾的学生提供志愿者服务。在暑假期间进行志愿者服务有利于培养领导能力和应变能力，同时在默启通培训（Makaton培训）中提高技能的机会也给学生带来了别样的体验。默启通是一个用图标和符号帮助人们交流的语言程序。它旨在促进口语交流，这些图标和符号按口语语序和言语结合使用。更多信息请访问www.makaton.org/aboutMakaton。

的确，通常情况下，学生并不总是出身优越，但我们学与教目标的核心是培养全面和有责任感的年轻人，他们善于独立思考并能够为他人、为社会做出贡献。这同样听起来很容易，而且可能是大多数学校招生简章中的核心内容，但除非提供实现这一目标的机会，否则你只是口头上说说而已。一个充满不确定性和不可预测性的世界正等着我们的学生，而当前的教育体系似乎只能部分地为他们做好迎接未来挑战的准备。

其他教师和学校领导如何将此应用于他们自己的实践和学校环境

创造一种教师愿意参与到教育研究与理念中的文化需要时间，而且必须承认，有些教师并不想与这种文化有任何关系。您必须接受这种情况总是会发生的，但是与此同时你也可以尝试听听这些教师上的课——他们反倒能上出最精彩的课！没人想要一个由机器人组成的教学机构，尽管所有机器人都

有最新配置。多样化是教师队伍成功的关键，而学生因风格多样、种类丰富的经历茁壮成长。只要每个人都认同教学、学习和评估等关键领域良好实践的总体标准，教师就必须有一定的自由按照自己的方式教学。传统和创新可以共存，所以我建议大家：不要尝试在不需要的地方实施全面改革。在真正需要的时候做出改变，这才能对教师和学生产生影响。

为什么这会起作用

——卡罗莱纳·库珀–特泽尔博士

最近出现了这样一种运动，该运动用认知心理学的研究成果指导教学实践，它在原则上是受欢迎的，但与此同时，它也会给工作量已经过多的教师带来额外的负担。好消息是，大多数教师已经在课堂上以不同形式实施了各种有效的策略。小的调整通常足以优化或持续改进教学实践。想知道要进行哪些调整，就要了解为什么某些学习策略有效。用认知心理学的术语来说：你可能想要了解使策略有益的认知过程。了解这一点有助于优化教学技巧。

以检索式练习为例。大多数教师可能已经在课堂上使用了测验和提问的方法，甚至有可能让学生在家做测验。如果你现在问教师为什么使用测验、问学生为什么参加测验，大多数人可能会说，这是一种评估对材料了解程度的方法，它能够帮助教师了解学生已掌握的知识。虽然这是完全正当的理由，但它忽略了测试的另一个功能：对于材料的记忆。

因此，测试不仅能够评估成绩，更重要的是，通过强化对学习内容的记忆来提高成绩。思考一下这个问题，尝试从现实生活中找一些例子，即你因为反复回忆某事而更好地记住了它。同样的过程也适用于课堂，了解这一点可以帮助你更好地进行检索式练习。另外，你要确保留给了学生足够的时间记住信息。因此，在提出问题之后、答案揭晓之前稍等片刻，以便所有学生都可以进行有益的信息回忆。或者，当学生使用抽认卡时，确保他们不只是翻看卡片，而是先从记忆中检索信息。最后，避免通过重新教学或展示旧幻灯片来回顾以前的材料，而是向学生提出他们在课程开始时要解决的问题。

从记忆中引入有效的检索的方式还有很多。教师希望在教学中做出的调整有多大并不重要；他们需要有时间参与研究策略、探讨实施思路、准备工作表、幻灯片和课堂活动，并与同事讨论教学实践。

卡罗莱纳·库珀–特泽尔博士是邓迪大学的讲师，也是将认知科学的研究成果应用于教育的专家。她是学习型科学家的成员，也是教学创新、学习提升（TILE）网络的创始人。可以在推特@pimpmymemory上关注她的动态。

Chapter 4

第四章
教师幸福感

2017年，我第一次见到杰米·巴里校长是在他就职的布里斯托尔小学。他支持教师幸福感的精神和热情令人难以忽视。杰米认为，由于员工招聘和留任的重要性，以及教师每天要面临各种各样的要求，教师幸福感是学校不可或缺的一部分。如果没有这些在学校工作的人，学校将一事无成。对杰米来说，教师的幸福感"既关乎所有人也关乎个人发展"。他说道："你不能以一种方式看待孩子，却以另外一种方式看待教职工——他们同样也是人。"

尽管这一重点将成为很多学校的口头禅，但从员工招聘和留任的统计数据可以明显看出，教师作为一种职业，在幸福感方面正面临重大挑战。在本章中，我们将更详细地研究这些统计数据，以及与数据相关的因素是如何与幸福感密切联系的，无论是工作量还是问责制和学校检查的压力。

当然，重要的是要记住，学校环境可能会加剧这些挑战，尤其是考虑到检查评分、资金短缺、高员工流动率以及学生行为，但即使在这种情况下，教师幸福感真的是不可能实现的吗？我希望本章为教师个人和学校领导提供的干预措施和方法，将有助于支持和促进所有学校员工幸福感的提升。

为什么这是一个问题

教育政策研究所在2018年发布了一项有趣的研究，揭示了英格兰教育目前面临的挑战：

1. 与2017年相比，2018年申请参加教师培训的人数下降了约5%。

2. 在数学和科学方面，教师培训目标一直未能实现。

3. 自2010年以来，由于各种冻结和限制公共部门工资增长的措施，教师工资的实际价值下降了约10%。（一般来说，大学毕业生的工资因所学学科的不同而有明显差异，但在教师行业，教师的工资受所教学科的影响很小。这似乎是可以按学科招聘教师的一个主要原因。）

4. 自2010年以来，学生人数增加了10%，因此教师与学生的比例现在是1∶17，而不是1∶15.5。

在2018-2019年度，英国教育部需要招聘32 226名新教师。这相当于英国海军的总人数！由于预计学生人数将会增加，最新数据表明，到2024年，中学教师缺口将增加至47 000名。我不确定教育部将如何在当前背景下实现这一目标。英国每年都有教师短缺的报道，政府对这一问题的回应主要集中在招聘上。然而，教师短缺难道不是错误判断和错误计划的结果吗？我认为真正的问题（和解决方案）在于教师留任。

> "我来这所学校的原因之一是，这里有家的感觉，而且教职工、家长和孩子，还有我，都想在以人为本的地方工作。"
>
> ——杰米·巴里，校长，布里斯托尔帕森街小学

教育政策研究所的同一项研究发现：

1. 教师离职率随着时间的推移而逐渐上升，从2011年到2017年，小学教师的离职率从8%上升到9%，中学教师的离职率从9%上升到10%。

2. 在教师职业生涯初期，辞职率特别高；接受培训的五年后，只有60%的教师留在英格兰的公立学校工作。

从2017年1月到2019年5月，有关"英格兰教师流失"（基于谷歌学术的研究结果）的学术文章超过8 900篇，但我们仍没有找到解决办法。

关于教师留任，我想向教育部提出几个具体的需要研究的问题：

1. 是否有更多的教师在学校检查后离开这个行业？

2. 我们是否知道现行的检查制度是否公平地适用于所有学校？

3. 为什么有许多合格教师不从事教学工作？

4. 为什么没有足够多的校长？

5. 为什么劳动力严重缺乏多样性？

6. 为什么世界第五大经济体，a）有400万儿童生活在贫困中，b）没有足够的医生、教师和警察？

7. 关于有效的教学方法，认知科学和神经科学的发展能带给我们什么启示？那么，这些技术如何能够继续提升教师幸福感呢？

8. 可以建立一个跨党派的组织来保护教育政策吗？如果可以，它如何运作？

我们可能还没有关于教师留任的所有答案——远远没有——但我们确实知道了一些事情。我们知道了，教师真正离开教学岗位并非一时兴起，我们还知道了教师离开学校的原因是什么。教师离开学校往往是因为这所学校的领导，特别是他们对于教师工作量和教职工压力的影响，而不是因为学校本身。在（学校或政府）采取一些重大措施减少教师工作量和减轻工作压力之前，将会有更多优秀教师继续离开学校，这将继续对孩子们的教育产生负面影响。每一位校长——即使

> 54%的教师和学校领导表示，教师幸福感是他们学校的弱势，只有26%的教师和学校领导认为这是他们学校的优势。

是在最稳定、最具领导力的学校——都会告诉你，这是一个多么大的挑战。

财政激励是留住教师的解决方案吗

教育政策研究所在2019年2月发布了一项研究，分析"分期发放教学补贴是否能解决教师留任危机"，其中重点关注英国公立学校，尤其是合格教师严重短缺的中学。学生人数在上升，而教师总数却在下降。一个令人担忧的趋势是，处于职业生涯初期的教师的留任率是问题的核心部分。正如教育政策研究所的研究报告显示，"每一批新教师似乎都不太可能留在教师行业"。

随之而来的是贫困地区学校面临的特殊挑战，教育政策研究所认为，财政激励可能会对这里有所帮助。他们肯定了研究员萨姆·西姆斯博士（Sam Sims）的工作，他发现对于美国佐治亚州、佛罗里达州和北卡罗来纳州的教师而言，"紧缺薄弱科目教师的工资每增加1%，辞职教师的人数就减少3.1%"。然而，教育政策研究所相关的研究也的确表明，对于那些教师工资低于其他可选择职业工资的，接受过教师学位教育的毕业生来说，任何教学补贴对于促进这些毕业生进入教师行业都可能是最有效的。

因此，很明显，作为留住教师的一种解决方案，财政激励是值得探索的，但当我回顾过去30年的教学生涯，我根本不相信仅仅为各科教师提供奖金和丰厚的离职金就足以让大量的教师继续留在学校。正如执行校长斯蒂芬·蒂尔尼所说，"与其试图复苏当前的体系，我们更需要一种复兴的心态；我们的教育体系需要新的活力，而不是一成不变"。

工作量

问任何一个教师他们是否不忙，你可能会看到他们困惑的表情。在过去的两年里，我在英国采访了15 000多名教师，"你最大的工作量问题是什么？"我从来没有遇到过无事可做的教师。事实上，我发现这份工作已经变得如此难以为继，以至于许多教师为了跟上工作量，在周末至少要工作一天。对教师离职原因的研究表明，工作量是一个关键因素，也是教育中一直存在的问题。早在2003年，史密瑟斯和鲁宾逊就发现，超过一半的离开这一职业的小学教师将工作量列为他们离职的最重要原因。

根据英国教育部的劳动力普查，2017年兼职申请比以往任何时候都多，恐怕这种增长与工作量有很大关系。英国国家教育联盟联合秘书长玛丽·鲍斯特德谈到，越来越多的教师开始兼职来平衡他们的全职工作量。她曾说过："所以他们所做的就是'每天工作8小时'（每周4天），在周五做完所有的工作，这样他们就可以有一个自由的周末。"现在似乎越来越多的教师要求做兼职，这样他们就可以在家中完成任务，以便与家人共度周末。

为什么教师们工作这么努力

教师一直以来都是努力工作的专业人士，但我认为，如今教师在工作量上如此吃力是有一定原因的。教师花在烦琐、不必要的非教学任务上的时间越来越多；为了证明自己的职业价值，他们承受着巨大的压力；学校经费削减也带来了严重的影响。让我们依次仔细研究一下这些影响因素。

非教学任务

教师在非教学任务上花费的时间越来越多。教师做一些基本的准备工作，例如计划和安排课程资源的时间是给定的，而提供引人入胜的、有趣的课程则是需要花费其他时间的。但是，英国教育部的《工作量挑战》报告中的分析表明，有56％的教师认为加重他们负担的非教学任务是"记录、输入、监测和分析数据"，有53％的教师认为"过分强调细节和频率的评分"占用了他们太多的时间（有关更多信息，见第一章）。当所有这些费时的任务加起来时，工作量将变得难以应付。这些额外任务可能还包括：

• 必须经常在多个平台上输入评估数据

- 以不同格式复制数据，供州长、学院领导、校长或检查员使用

- 过多、不必要的"深度"评分以遵守"学校政策"

- 不必要的行政任务或文书工作

教授关键阶段2的教师所罗门·金斯诺斯表示，他每学期都要对每个孩子在阅读、写作和数学方面的93个目标做出判断，相当于一个学年做出8 000多项进度判断。正如所罗门所说，"如果教师预计每年要做出8 000个进度判断，你就不能说教师的工作量在减少"。对于中学教师来说，情况可能更糟糕，他们可能要上5至10节课，并且可能被要求提交优良成绩（例如一个由三部分组成的细化后的A级表）。金斯诺斯写道："不能过分强调电子表格中那些闪亮的绿色单元格的重要性，在许多学校，它们只不过是一个过度劳累的教师在半学期结束时疯狂地点击或突出显示的内容，通常基于教师的直觉或最近教过的课程内容。"

有趣的是，在公立学校工作的教师和在私立学校工作的教师的情况是不同的。在一些有趣的研究中，剑桥大学的博士候选人[①]裘德·布雷迪对这两种学校的工作条件进行了比较研究。研究发现，尽管为了跟上工作进度，这两种环境中的教师每周工作时长都超过55小时，但私立学校的教师比公立学校的教师表现出更高的工作满意度。造成这种差异的最初原因是公立学校的教师比私立学校的教师需要更频繁地完成毫无意义的任务。

至少从2012年开始，英国政府开始在解决教师工作量方面发挥更积极的作用，因为教师们在非教学任务上花费了太多的时间，尽管并非在英国各地都是如此。例如，在北爱尔兰，教师们告诉我，对于如何提高学校教师幸福感，国家缺乏有关的全国性知识，而近年来缺乏运转良好的政府更是进一

---

① 博士、博士候选人、博士生是三种不同的称谓。博士生只有完成所有博士期间的课程并通过了博士资格考试，开始进行研究并撰写论文，才可称为"博士候选人"。——编者注

步加剧了这种状况。各种咨询团体和教育科技公司正在研究并提出更有效的工作方式，同时也在打破与教育有关的幻想。找出学校的工作量问题，并利用有效的工具来精简、改进工作量和充分发挥教师的作用，这一点至关重要。英国教育部的《减少工作量工具包》是一个不错的起点（如果忽略在暑假发布这一工具包的决定所具有的讽刺意味，它确实是个不错的起点）。

证明职业价值

瓦尔基基金会发布的全球教师地位指数，报告了英国独立调查公司Populus在35个国家/地区收集的深度数据，以探究教师在一系列问题上的态度。在这项研究中，接受调查的英国教师表示，他们每周的工作时间（50.9小时）比除新西兰、新加坡和智利外的世界其他任何地方都要长。这也许并不足为奇，但我们可能没有意识到的是，英国的教师们认为他们没有得到英国公众的尊重，而事实并非如此。换句话说，教师们比他们想像的更受公众重视！总的来说，这可能是一个乐观的发现，但是当涉及工作量时，这种看法是否会影响教师的看法呢？

我担心的是，我们的教师队伍处于这样一种情况，即教师和学校领导认为他们的专业智慧不再有效。由于商业资本的流入影响了政府政策并增加了学校预算，学生的考试成绩以及体现物有所值的愿望（至少在英格兰是这样）正变得至关重要，我们的学校正逐渐变成"营利性"组织。有些人会很高兴，学校必须证明物有所值，特别是在做出艰难决定的时刻（更要证明这一决定物有所值），但如果这些决定中的任何一项对你的孩子有影响呢？不要以为这些压力在私立学校和国际学校都不存在；在这些学校中，这些压力非常真实，因为资金不是通过政府而是由家长直接上交给学校的。这些学校非常注重物有所值，所有决定都很重要。在公立学校，我们错过了这种讨论的"原始状态"，因为我们并不直接处理来自父母的钱，但在这两种学校中，这就是现实。

教育行业内部的竞争日益激烈，这意味着教师"要更努力、更快、更好地工作，这是我们自我价值感的一部分，也是与他人价值相关的一部分"。虽然直接规定的工作时间可能不会太长（不过我并不否认这种情况会发生），但当我们面对成绩目标和家长期望的挑战，以及与绩效挂钩的薪酬和工作保障时，这（长时间工作）往往是我们给自己施加的压力。这些隐蔽的威胁使教师无法逃避繁重的工作量。

> "最大的挑战之一是政治参与……这总是会给教师幸福感带来巨大的挑战。"
>
> ——杰米·巴里，校长，布里斯托尔帕森街小学

在《把最好的给我的孩子：学校市场是否有效？》（*The Best for My Child: Did the schools market deliver?*）一书中，记者兼家长菲奥娜·米勒强调了学校和"家长选择"的市场化：

"家长选择的出现带来了学校绩效问责制的加剧，学校成了'准市场'。这是为了鼓励家长利用他们从新的检查报告和足球风格的'排名表'（这些排名表根据学校成绩对一个地区的每所学校进行排名）中所了解到的信息，避开一些不太满意的学校。"

你能想象父母对医生最终决定从孩子的胸部取出受感染的肺，或者飞行员如何在猛烈的暴风雨中降落飞机，或者是否应该起诉罪犯这些事有专业的看法，仅仅因为他们可以选择医生、航空公司或希望聘请哪位律师做代理律师吗？父母当然可以选择，但他们不一定在相关领域有很多专业知识。

如果我们真的希望减少教师工作量，那么该部门以外的人必须对教师

的专业智慧有信心。旅行教师海维尔·罗伯茨，在2018年11月于科隆举行的"实用教学法"主题演讲中，分享了一个希腊语单词：实践智慧（phronesis）。从那时起，这个单词就一直让我难以忘怀。在第三章中，我谈到了教师们每天使用的内部数据库，这些数据库可以计算出成千上万个不同寻常的决策，这些决策虽未被察觉，但却会对课堂上发生的事情产生巨大的影响。这就是实践智慧或专业智慧。教师所做的许多事无法被记录在电子表格或观察中，但一些学校忽略了这些决策，或坚持要求将其记录下来，这对教师幸福感产生了不利影响。有这样一个例子，中层领导被要求提供他们所主持会议的详细会议记录，以证明每周都在召开直属管理会议。作为专业人士，我们选择这样对待彼此，却没有意识到这是在贬低我们的专业智慧，这也加剧了教师的心理健康问题，并将教师的注意力从重要的事情上移开。

学校经费削减

"实际"经费削减是学校面临的另一个挑战，它对教师的工作量产生了巨大影响。英国财政研究所的分析显示，2009–2010年和2017–2018年间，英格兰学校培养学生的人均实际投入下降了8%。此外，超过三分之二（69%）的中学校长不得不裁员以节省开支。随着教师数量的减少，留任教师的工作量自然会增加。北爱尔兰的情况更糟，自2017年以来，北爱尔兰一直没有运作良好的政府。5年来，学校预算一直保持不变，没有增加以适应通货膨胀，这导致了罢工行动，因为教师的工资没有增加，但班级规模却在扩大，特殊教育经费在减少，还出现了裁员。这导致北爱尔兰学校的教师工作量和幸福感问题比以往任何时候都更加严重。

随着时间的推移，在历届政府的领导下，现在我们终于建立了这样一个体系，在这个体系里，人们做事情仅仅是因为他们"认为这是正确的事情"，因此，我们陷入了相当混乱的局面，我们对实际上应该用预算做什么已经摸不着头脑了：什么是法定的，什么不是？什么是最佳实践和循证实践①，什么不是？没人知道这些钱应该如何用来帮助学生，教育学家和政策制定者们都在努力寻找良方，所以教师们就被拉向了不同的方向。由于可用的资源有限，家长现在开始越来越多地形成自己的看法，即学校应该提供什么和教师应该做什么，这进一步加剧了学校因"家长选择"而面临的压力。最近伯明翰市的家长抵制改革性教育课，抗议学校将LGBT②的有关内容加入教育课程中就是一个例子。

英国教育标准局在2018年4月委托开展了一项关于教师幸福感的调查。在研究结果中，"缺乏"这个词反复出现，因为他们"发现受访者提到的影响教师幸福感的负面因素包括：

- 缺乏对行为管理的支持
- 缺乏时间
- 缺乏资金/预算/经费
- 缺乏资源
- 缺乏沟通
- 缺乏工作和生活的平衡"。

把所有这些"缺乏"都归结于学校实际资金减少，当然不是一个很大的飞跃。缺乏现金肯定会使工作变得更加困难，并对教师薪资待遇，以及养老金缴款、职业发展等条款和协议的履行产生影响，同时也使教师的晋升机会变得更少。由于教学本身就不容易，缺乏投资将使这项工作难以为继。

---

① 循证实践，Evidence-Based Practice，即以证据为基础的实践。——编者注
② LGBT是女同性恋者（Lesbians）、男同性恋者（Gays）、双性恋者（Bisexuals）与跨性别者（Transgender）的英文首字母缩略字。——编者注

问责制与学校检查

2017年6月，英国下议院发布了一份题为《英格兰教师招聘与留任》的简报。在教师离职的诸多原因中，排在首位的不仅是工作量，还有与英国教育标准局有关的压力。教师工资和学生不良行为是教师离职的共同原因，但并不是教师离职的主要原因。

> "有时我们不得不为员工而战。员工们真的很值得我在需要时对抗这个体系。他们知道我会尽我所能地支持他们，当某些事情最终以某种原因传到他们耳中时，至少他们会明白，我这样做，并不是因为别人的要求。"
>
> ——杰米·巴里，校长，布里斯托尔帕森街小学

在英格兰，问题越来越严峻，许多人都在问，"现在是不是到了改革英国教育标准局提出的学校评分制度的时候了？"英国学校总督察阿曼达·斯皮尔曼获得了修改2019年9月学校检查手册的绝佳机会，但她没有抓住这个机会勇敢地作出明显修改。政策制定者的双手似乎被他们自己也无法控制的立法束缚住了。2019年6月，迈克尔·戈夫的前顾问萨姆·弗里德曼表示，他"非常"后悔自己帮助引入了英国教育标准局的政策（该政策旨在让"优秀"学校免于检查）。到这本书出版的时候，我怀疑我们仍将在一个熟悉的框架中苦苦挣扎，而解决教师留任问题最明显的方案之一就在我们眼前。

英国各地的学校检查是什么样的

在苏格兰，苏格兰教育局是负责教育质量和改进的机构，"独立、公正"地运作，并对苏格兰政府负责。32个地区的所有教育机构均采用质量指标以6分制接受评判，并且苏格兰教育协会保留了合格教师的教学名册。经过非常严格的教师注册程序后，我对苏格兰维护职业合格的决心尤为敬佩。

在威尔士，教育标准办公室（Estyn）是负责教育质量和标准的组织，每七年进行一次所有学校的检查，并提前三周通知学校，提前八周通知职前教师教育（ITE）提供者。作为其通用检查框架的一部分，Estyn在五个关键领域做出了四个关键判断。2018年，Estyn委托格雷厄姆·唐纳森教授思考检查的改革方向，唐纳森教授为威尔士体系提出了32条建议。他说："这是一种基于压力的体系，为了变得更好而向学校施加压力，注定不能长久。"总体而言，他的主要建议是将检查系统暂停一年，直到他们找到最佳方法为止。根据唐纳森教授的报告，Estyn提议在未来几年内分三个阶段对检查进行改革，咨询学校，并试行不同的方案，例如更加重视学校自我评估。

在北爱尔兰，教育和培训署（ETNI）管理所有阶段的检查和自我评估框架，对教育的整体质量、学习者的成果、供给的质量、领导与管理、治理、关怀与福利，以及保护措施作出评判。总共有6个绩效等级，并使用了诸如"强项"和"需要改进的领域"之类的附加术语。然而，在过去的几年里，关于教师工资的工会行动使得ETNI很难对学校进行检查。

我们还必须考虑学校检查对校长留任可能会产生的影响。尽管关于是否有越来越多的校长离职的研究很少，但英国国家教育研究基金会（NFER）的研究表明，相对于评为"良好"或"优秀"的学校，在被评为"不合格"的学校，校长留任率明显较低。研究还表明：

"起初，有些校长喜欢在有挑战性的环境中工作，因为他们认为这是一个产生积极影响的机会。但是，如果他们的学校表现不佳（在弱势学生较多的情况下，这种现象更为普遍），那么由此产生的提高教学水平以应对问责制和检查的压力，就可能会导致一些校长离职。"

这一点尤其令人担忧，因为来自低收入家庭的学生已经不太可能拥有合格的教师。正如克洛特费尔特等人所说，"相对于那些来自弱势背景的学生，大家通常认为更具优势的学生更好教，更容易出教学成果"，这就鼓励了高质量教师和学校领导"离开有大量弱势学生的学校"。缺乏明智问责制的学校检查制度只会使这一情况进一步恶化，因为糟糕的检查结果给高质量的专业人员带来了提高教学水平的巨大压力，使他们不愿在这些环境中工作。

显而易见，当这些学校的学生最需要高质量的教学时，这种情况尤为不利。美国心理协会发表的研究报告探讨了无形的贫困链，称"社会经济地位不仅包括收入，还包括受教育程度、经济保障以及对社会地位和社会阶层的主观认知"。在正式学校教育开始之前，孩子间就存在着读写差距和阅读技能习得、语音意识、词汇和口语方面的差距。英国儿童贫困行动组织发布了一份全面报告，对教育、学校和人生际遇进行了深入分析：

"早在22个月大的时候，贫困就会对孩子的发展产生明显的影响。仅靠良好的教育并不能消除贫困儿童和非贫困儿童之间的差异。然而，良好的教育很重要，学校和其他伙伴的干预可以改善低收入家庭及其子女的生活。"

我们需要问责制，且竞争（在一定程度上）可以改善工作条件、提高工作效率和提升学生体验，但一定有更好的方式。我们必须迅速转向一种更复杂的模式，既要求学校承担责任，又能确保其提供高质量的教育，同时不会妨碍专业人士希望在具有挑战性的环境中教学。

就目前而言，不幸的是，这超出了教师个人和学校领导的能力范围，但我们都可以采取行动，以确保我们为年轻人提供最好的教育成果，同时也为我们自己和同事提供一个更加可持续的职业选择。在接下来的部分，我将分享教师如何管理自己的幸福感，如何控制自己的工作量，如何学会拒绝额外的任务，以及一些改进政策和实践的策略，以提高整个学校的幸福水平。

我们该如何解决这个问题

向自己做出承诺

承诺每天做一些保障自己的时间和身心健康的小事，为自己的幸福负责。

尽管人们可能会觉得，工作量是由上级下达的，保障幸福感政策是由上级领导制定的，但教师个人仍可以做一些小事情。给自己一个幸福的承诺，以确保你尽可能地提高效率，保持自己的身心健康。这里有一些建议：

1. 我不会在员工会议上无所事事。我保证有礼貌地、建设性地拒绝任何看起来对学生没有好处的额外工作。

2. 我会想办法解决问题，努力成为一个寻求解决方案的人，进一步提高工作效率，并在此过程中节省时间。

3. 我会把自己放在首位。我将确保自己身心都足够健康，能够有效地帮助我所照管的学生。

4. 当我的工作和生活不平衡，导致工作压力或类似情况时，我会寻求帮助。在问题变得严重之前，我会得到帮助或做出改变。

5. 我会记得，孩子毕竟是孩子，然后会在课程中加入一些有趣的元素（尽管是受限制的乐趣！）。

6. 我可以理解有些家长并不总是有能力在情感上或基本生活技能上帮

助孩子。我会在适当的时候提供帮助,但我也会记住,这些方面中有许多超出了我的职责范围,并且我会一如既往地保护我在学校所做的其他一切事情。

7. 我会在工作时间以外,通过短信和电子邮件来对抗我的全天候待命要求(一周七天,一天24小时),因为我需要无工作无沟通的时间,而且对于那些可以等到第二天早上再做的事情我也不会很快回复。

8. 我会记得,那些备课比授课需要更多时间的课程,通常是不值得付出努力的(见第二章)。

9. 我将采纳建设性的反馈,并拒绝那些作用甚微的或对我的职业发展没有帮助的反馈。

10. 我将继续花时间做我喜欢做的事情,计划周末外出、水疗旅行、晚上去酒吧,而且不会感到内疚。

11. 我会照顾我的同事,检查他们是否有压力或感到倦怠,并帮助有需要的同事。

关注自己的心理健康

如果我们想在教师这个职业中长期发展,必须对自己的心理健康和幸福负责。这个想法将提供一些建议,帮助你优先考虑自己的心理健康和幸福。如果你正在苦苦挣扎,可以与其他人私下交谈你的问题。

心理健康问题会在我们职业生涯的任何阶段影响每个人。在我的职业生涯中,我经历过三四次重要的时刻,我也曾在人生的大部分时间里经历过个人创伤,直到最近我才有勇气谈论这些。男性更不愿意谈论他们的心理健康,而且,对男性来说,公开谈论或让男性聚在一起讨论自己的难题——无论是在教学方面还是其他方面——仍然很让人难为情。

我们工作的时代要求我们做更多的事情，承担更多的责任，并且24小时待命。工作量往往与教师的心理健康状况有关，而学校领导要求教师每周做的事情，在某些情况下，可能会加剧教师的心理健康问题。2017年，英国国家教师联盟对3 000名年轻教师的调查显示，45%的教师计划在未来5年内离开教师行业，其中一半的教师表示，这么做的原因是他们担心自己的心理健康。在英国教育资助伙伴关系组织的调查中，令人震惊的是，76%的教师称他们存在焦虑或抑郁等心理健康问题。

把心理健康放在首位

正如罗伯特·萨顿在他的书《混蛋生存指南》(*The Asshole Survival Guide*)中所说，"在你判断自己是否感到沮丧或自卑之前，首先要确定自己并没有被混蛋包围"。这对每个人来说都是一个很好的建议。有时候，正是工作环境导致了我们糟糕的心理健康状况。萨顿分享了一份"霸凌标志"清单，旨在帮助人们识别某个人是否是"混蛋"。我根据萨顿的观点设计了我自己的列表，以帮助那些在学校工作的人，因为学校的诸多事情可能并不尽如人意。你能从下列事例中看出多少不好的品质？

1. 大喊大叫或插嘴。

2. 消极的攻击行为，例如把别人当隐形人对待，无视别人的要求。

3. 选择同类人，也就是有共同爱好的人。

4. 问："你做完了吗？"

5. 仅仅为了开会而召开强制性会议（有时是在午餐时间！）。

6. 被嘲笑工作"太努力"。

7. 辱骂或不断取笑。

8. 怒目而视或总带着虚伪的假笑。

9. 把每件事都当作紧急事件或小题大做。

10. 大声敲打东西，像达斯·维德（《星球大战》系列主角，其服装是一个"铁肺"，帮助自己的肺部呼吸）那样呼吸，或者在每句话中使用脏字。

如果你在日常工作中发现了任何上述信号，那么你可能是在和混蛋一起工作。是时候叫他们出去或者去找一份新的工作了！

但如果不是他人的行为导致了问题，那么是时候开始优先考虑自己的心理健康和幸福感了。以下是一些你可以在整个学年中使用的小技巧：

- **只做那些有意义的事情**：当我们感到不堪重负时，很容易忽视哪些事情是重要的，因为我们觉得它们都一样紧迫。确定你的优先级，只做那些对学生进步有帮助的任务。

- **少做选择**：我们拥有的选择越多，我们就越觉得自己幸福，但有时恰恰相反：选择越多，期望就越高。选择太多的问题在于，我们可能会觉得自己做出了错误的选择。正如心理学教授巴里·施瓦茨所说的那样，尽量减少你的选择，因为你脑子里的选择越多，你就会越不满意。这可以应用于教学策略或课堂上可使用的资源，以及你的个人生活。

- **制订一周计划（并坚持下去！）**：有时候你需要抛开工作，把时间花在自己和家人身上。你百分之百有权利这么做，你的工作单位不应该让你为此感到内疚。计划能让你更有平衡感的一周，把与你个人生活有关的、能开阔你的视野的活动和任务纳入其中，比如参加慈善活动或参加会议。

- **注销**：至于社交媒体，学会注销。参与长时间的辩论、浏览别人对你所说的事情的批判性评论、或者当你陷入困境而别人却一帆风顺，这些都会对我们的情绪和应对能力产生影响。要知道，每个人都有自己的观点，你永远都跟不上网上分享的内容。

- **主动出击**：如果你发现自己在苦苦挣扎，一定要记住，你并不孤单。如果你正在经历这样的事情，那么至少还有一位别的教师也在经历着同样的事情。可以在社交网络上或向慈善机构寻求建议。找他人诉说也很重要；这个人可以是朋友、精神领袖或专业治疗师。

• **花点时间反思**：当我的学校被特殊管理，并被空降进来一家多学院信托基金接管以拯救命运时，我基本上把学校的最终裁决归因于我的工作，而不是基本上不受我控制的外部力量以及糟糕的代理人。亚当斯等人的研究表明，当你经历人生中非常困难的时期时，很容易从幸福的时期迅速进入到绝望的时期，然后过渡到潜在的重建和恢复阶段，这一切很正常。在经历了最初的震惊和调整后，我们不得不与内心的矛盾作斗争，比如不确定性、信心缺失、困惑和沮丧，最终到达一个我们可能会就此消沉或奋力挣扎的潜在危急时刻。我们可以选择放弃、放手或接受现状，以等待重建和恢复，或探索和培养新的信心。当然，在并不困难的时期，对人们来说把这些想法写在纸上并进行反思并不难，困难的是，当我们面对压力和心理健康问题时，我们怎么有力量走出困境，并意识到到底发生了什么？在这种情况下，做出理性的决定需要真实、深刻的意识和坚韧的性格。下一页是一张不错的图表，可以帮助教师反思实践。这张图表是为辅导性对话设计的，对于自我反省和批判性评估工作，该图表大有所用。当你身处困境时，我建议你使用以下问题来帮助你冷静、理性地思考正在发生的事情：

1. 我知道什么？

2. 我不知道什么？

3. 我知道我不知道什么？

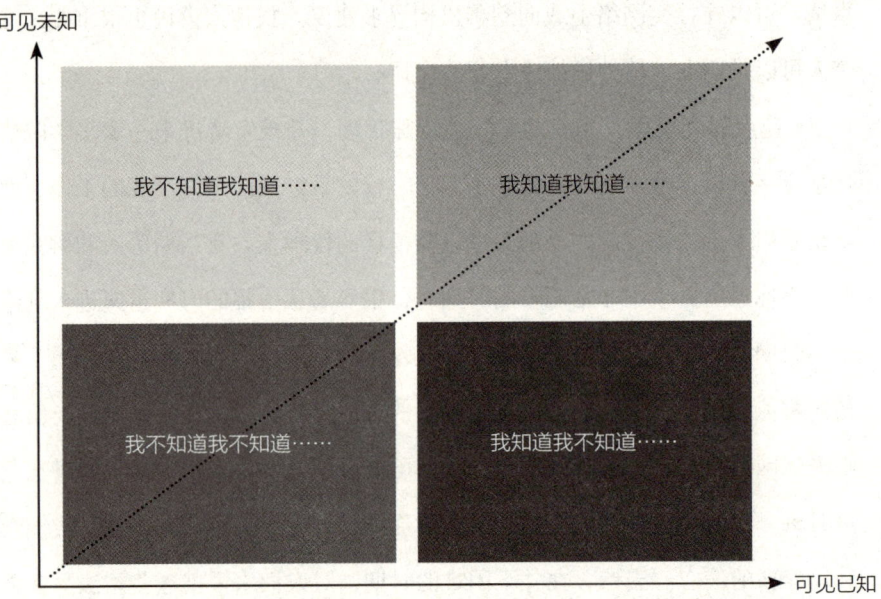

让学习在辅导性对话中可见。基于洛夫特豪斯等人2010年的研究

如何告诉直属领导你精神不适

如今，心理健康问题已经超过背部问题，成为医生开病假条的主要原因，因此，管理心理健康是所有雇主都必须注意的事情。令人担忧的是，64%的教育专业人士表示，他们"没有信心"向雇主透露自己正遭受心理健康问题或难以应对压力，这一比例远高于英国整体劳动力，后者为44%。这一定意味着，很多教师和学校领导都在默默忍受着痛苦，这也向我表明，"出勤主义"在英国的学校里很普遍。

"出勤主义"（presenteeism）是科学家们给因病而本该在家里休息却不得不工作的状态所起的名字。在工作的时候出现心理健康问题会使情况更加严重，还会导致更长期的问题，其影响可能比任何一次直接缺勤都要大。遗憾的是，你毫不费力就能找到教师们更愿意硬撑的原因：学校逼着教师在病榻上完成工作，或者诉说着教师们离开教室的巨大罪恶感。但这是不对的。《2010年平等法案》（*Equality Act*）保护任何因心理健康问题而导致疾病的人，并明确规定雇主必须采取何种措施来照顾任何透露这一点的人。他们有法定的义务去倾听并采取行动。

如果你的心理健康问题影响了你的工作，和你的直属领导谈谈是非常重要的。我知道这对一些人来说并不容易，因为我们并不都在给予支持的学校工作，但是，如果可以的话，让他们知道你的感受。如果你对和你的领导谈话没有信心，这里有五个步骤可以帮助你。

1. 检查

检查你的特定心理健康问题是否可以归类为残疾。根据英国《2010年平等法案》，如果你有身体或精神上的障碍，对你进行正常的日常活动的能力产生"实质性"和"长期性"的负面影响，你就是残疾人。

由于残疾标准范围非常广，你可能会对你的情况被包括在内而感到惊讶，即使你不认为这是残疾。如果你发现由于心理健康问题而被归类为残疾人，你不必告诉单位里的任何人，但如果你愿意，你有残疾人的权利。参阅www.gov.uk/rights-disabled-person查找更多信息。

2. 获取医学意见

如果你的心理健康问题不包括在残疾内，但是你在处理日常生活方面仍有困难，那么征求医生的意见可能会帮助你的雇主更清楚地了解你的情况。

请记住，三分之一的人在工作中遇到过心理健康问题，所以你肯定不是第一个。英国国家医疗服务体系报告称，在任何时候，六个人中都有一个人有心理健康问题。

3. 一对一会谈

如果你决定告诉你的直属领导，你可以要求一对一的私人会谈，诚实地告诉他你现在能做什么，不能做什么。这次会谈应该是就如何帮助你处理工作问题交换意见，而不是你为消耗学校资源而道歉。你应该得到同情和专业对待。

4. 适当的调整

一所学校可以有很多选择，来帮助有心理健康问题的同事。它们的第一个行动应该是做出"适当的调整"来帮助你适应，这样如果你觉得可以的话，就可以继续工作。比如可以通过工作共享使工作时间更灵活，提供课堂上的额外帮助和更多的PPA时间，或者从外部资源或内部指导计划中获得具体咨询或监督。

没有两个人以同样的方式经历心理健康问题，所以在咨询时，问一些你认为对你的情况有帮助的问题。你才是最了解自己的情况和需求的"专家"。

5. 向教师工会寻求建议

如果你发现你的直属领导或其他高层领导对你的情况漠不关心或不予支持，那么工会也可能会有一些有关帮助你在工作中维护自己权利的好资源。不要害怕说出来。作为一名教师，你的心理健康是你能力的一个至关重要的组成部分，应该当作优先事项来处理。

学校应该提供更广泛的支持，确保心理健康问题得到认真对待，并通过具体的在职培训和职业继续教育进行讨论。学校社区是所有教职员工的集合，因此教师心理健康和幸福感应该被视为重中之重。你们学校上次谈论教师的心理健康是什么时候？

全校福利政策

　　如果一个学校要认真对待员工的幸福感问题，那么绝对有必要制定健全的全校福利政策。在这个想法中，我分享了两个在英国运行良好的福利政策的好例子，并提出一些反思性问题来帮助你制定自己的政策。

　　大卫·洛布里奇–埃利斯是英国沃尔萨尔市的一所混合中学的副校长。在他职业生涯的早期，他把自己逼到了极限，他比任何人都清楚教师幸福感的重要性。大卫说："我认为我必须为我的学生和教师做一切事情，甚至牺牲我自己的幸福和家庭。"一天晚上，他甚至为备课熬夜到凌晨两点，结果只上了一节60分钟的课。他发誓说："再也不会了。"这段经历让他明白，在课堂之外为工作付出这么多，"在课堂上就没有什么可以奉献的了"。

　　如今，作为一名学校领导，大卫十分重视员工的幸福感，以至于他们学校的员工福利政策被用通俗易懂的英语写在他们学校的网站上：www.barrbeaconschool.co.uk/47-things-we-do-staff-well-being。大卫说："我不希望给任何人以错误的印象：我们教师工作得非常辛苦"，反之，政策的核心是确保教师只做那些对学生真正有影响的事情，他们正在"尽可能以最精简、最有效的方式"做这些事情。

　　该政策的十个重点是：

1. 无须写任何形式的课程计划。

2. 上课就是上课。没有呈现一场秀的压力，不对上课进行评分。

3. 任何教师都没有义务每半学期代替他人上一节的替补课（实际上，对于任何一位教师来说，一学年替他人上三节以上的替补课极为罕见）。

4. 不期望教师在课余时间回复电子邮件（实际上，我们强烈建议不要这样做）。

5. 不给家长或看护人提供书面报告。

6. 评分只面向一名受众：学生。永远不要为检查员、家长或看护人评分，或做其他任何事情。

7. 不得重复输入任何数据。

8. 持续职业发展（CPD）课程，下午4点15分之前必须结束，且中间需要间隔几天。

9. 学校每年都会提供压力管理方面的CPD课程，并明确传达以下信息：将事情留给自己并不是能力的象征。

10. 敞开大门的高层领导——没有什么事情是微不足道的，随时可以找到高层领导。

类似地，"教育联盟"—— 一个由赫尔市和约克郡东赖丁市的六所学校组成的多学院信托机构，发布了一份"工作量宪章"，以信任、教师自主权和循证实践为基础向他们的雇员做出了承诺。他们保证：

1. 创建一种由道德目的驱动的信任文化。

2. 允许教师自由选择在一年中的何时使用其1 265小时的工作时间。

3. 员工不需要每天或每周提交课程计划。

4. 没有需全员认可、打分的机制。

5. 会议从来不会因为它们在日程表上而召开（不为开会而开会）。

6. 附加数据由非教学团队收集。

7. 员工不用在工作时间之外回复邮件。

8. 没有模拟检查。

9. 所有的新举措都以证据为基础。

我怀疑，围绕着工作量和幸福感展开的对话在很多学校都有，但这种对话并不是在所有地方都很普遍。如果你的学校尚未制定福利政策，希望以上两个例子对你有所启发。如果你是一名一线教师，希望从根本上有所作为，请向高层领导团队提出一些想法，看看你是否可以在提高教师幸福感方面起到带头作用。

如果你的学校已经制定了福利政策，请根据上面的两个示例再次进行研究，并思考以下问题，看看是否还有改进的空间。

• 你能保证你制定的福利政策不是纸上谈兵吗？

• 后勤人员每天与同事一起工作时，感觉如何？

• 教师能在下午3点半从容地走出校门吗？

• 当教职员工离开学校时，他们在离职演讲中是否流露出真挚的情感？

• 中层领导为彼此或全校同事设定最后期限时，他们是否会互相追究责任？

• 所有教师的最后期限都由一个人监督吗？

• 你的团队或学校上一次取消会议是什么时候？

• 员工在学校工作的动力是什么？你不能回答"这所学校是我们的孩子"或"它是我们的社区"。请更深入地寻找答案。

• 每所学校都有一位愤世嫉俗的教师，他们上一次在全员工作量战略中做出贡献是什么时候，或者对你们学校的福利计划真正满意是什么时候？我们该如何改变这种情况呢？

控制教师的工作量

我希望这个想法能够鼓励学校领导在对教师的工作量影响最大的两个关键领域——评分和会议，重新思考他们制定的政策。如果你还不属于领导层，请用此方法与你的领导进行讨论。你永远不知道种下的这些种子会长出什么树。

大多数教师都是殉道者。我知道这一点，因为我是其中之一，多年来与数百名教师一起工作。教师已经非常努力地计划并提供对学生学习和进步有帮助的高质量课程，那么，为什么有些人仍然坚持把时间花在不必要的事情上，花在评分和数据收集上，花在制定冗长、过于复杂的学校政策上，花在总是超时的会议上？这肯定会使教师的工作变得更困难，而且这些任务中的大多数肯定不需要启发能力强的、受过学位教育的专业人士来做。

为了更好地发挥教师的作用，我们必须简化教学工作，使其回归基础，并允许我们的员工专注于他们工作中真正有意义的方面。在这个想法中，我们尝试更详细地了解两个具体任务——评分和会议，以及简化它们的方法，这两个任务往往会占用大量的非教学时间。有关改进数据收集方面的政策和实践的更多信息，请参阅第一章。

免费提供反馈

正如第一章所写，评分是教师工作量的头号负担。如果我们想要真正解决教师幸福感问题，必须将保证反馈政策的正确性作为首要任务。当我们的100多名教师团队创造了一个"评分、备课、教学"方法时，我以为我在这所学校的工作已经完成得很出色了。但，在过去的两年里，我走访了英国各地、欧洲其他地区和中东的学校，我发现其中一个最好的反馈政策来自海威科姆市大金斯希尔CE联合学校（Great Kingshill CE Combined School）的小学校长苏珊娜·贝斯特和她的同事们。他们的政策主张，全校所有与学生一起工作的成年人都将向学生提供有关他们在校表现的反馈，但这里有一句妙语：

"教师可以自由决定课堂反馈类型。"

在我的全国之旅中，我问过成千上万的教师，他们感到最沮丧的是什么，以及他们自认为什么能够提高效率。猜猜他们的反应？教师们只是希望得到信任，继续工作，并有时间去工作。我们必须给予教师足够的信任，让他们能够做好自己的工作，而在大金斯希尔的评分政策中，这关键的一句就是一个很好的起点。

此外，该政策旨在将"学生与教师的关系放在反馈的中心"，使教师成为专业人士，使学生取得进步。更具体地说，该政策旨在：

• "向学生提供准确、有用的反馈，这些反馈将会对他们的学业、个人生活、情感和社交起到作用。"

• "让学生获得帮助他们进步的反馈。"

• "允许专业人员（教师和学习支持助手）决定向学生提供反馈的最有效方式，从而控制教师的工作量，并确保政策得到一致实施。"

班主任有责任向学生传达反馈方法，并确保所有学生都了解他们将如何得到反馈。所有在学校与学生一起工作的成年人将向学生提供有关学生个人、社会和情感需求的反馈；他们将确保在课堂环境中为此分配时间，以支持学生的情感发展。没有人期望口头反馈会被记录下来。

所有员工都要对此政策的有效执行负责。请注意，这并没有规定只学校领导负责！通过学生和班主任对话来对该政策进行监督，学生作业，不仅仅指课本，将成为监督过程的重要组成部分。但是，这将始终与学生一起进行，以使他们能够对反馈过程提出重要的意见。希望学生们能够解释他们是如何从班主任那里获得反馈的，而反馈将直接影响学生的学习成绩。作为一名一线教师，这是我想工作的学校。

重新思考学校评分的重要提示

我希望大金斯希尔的"反馈政策"能够为你提供灵感，让你重新思考自己学校的评估。如果是这样，下面是我的一些建议：

1. 审查评分政策，清除"不必要的"评分过程。

2. 去掉所有教与学政策的数字特征，而将重点放在影响上：

a. 教师能处理好工作量吗？（先从教最多孩子的教师开始，然后由多到少地实施这些政策。）

b. 教师的反馈是否对学生有激励作用？

c. 这会让学生有更多的作业要做吗？

3. 另一个简单的解决办法是取消"评分"这个词，代之以"反馈"。这可能是指书面的、口头的和非口头的反馈，这些反馈一般优先重视质量而非数量。

4. 想想教师们应该做什么，尽量减少或取消他们所做的行政工作。考虑过这一点之后，真正地去做一些这方面的事情。

5. 减少教师第二天的工作量，他们会感谢你的！请记住，教师也是人，减少工作量会使教师变得更快乐。这种工作量的转变将使教师有更多的时间专注于他们要做的事情——教学，并鼓励教师思考未来。

6. 通过真实、真诚的认可来培养积极的职业认同。学校领导的表扬可以让你干劲十足，也会让你感觉工作负担变小了。研究表明，"已经辞职的教师和那些在未来两年考虑辞职的教师表示，最能鼓励他们留下来的是受到表扬和认可"。

7. 无论你选择做什么，都要与家长分享做事过程，尤其是背后的研究，询问他们对有效反馈的看法。向他们提供示例性材料，证明相比于通常在时间响应和细节方面受到限制的传统评分，"反馈"会带来什么影响。

会议

会议在每个学校都是必要的，但它们也浪费了教师们大量的时间，我认为我们所有人都可以更有效地利用这些时间。设想一下，教师工作时间表上的时间，相当于一个有经验的教师每学年2 000英镑的工资。现在想一想，用这种对等方式，每周一次例会的成本是多少。你的员工会议有多大的影响和实用价值？你应以此来判定你的员工会议是否能充分利用每个人的时间。

以下是一些简单的解决方案，解释我们如何通过改变政策，减少工作量，使会议更有意义，从而解决学校的会议文化问题：

- 站着开会比坐着开会更节省时间，尤其是在涉及艰难的对话时。

- 把会议变成职业发展会议。与其"信息接收"，倒不如让参会人员通过信息共享带来并"炫耀"一系列想法。更重要的是，利用这段时间**真正地**为你们正在谈论的事情做些什么。

- 如果只有几个人参会，试着一边行走一边开会。这对你们的身心健康都有好处，还能激发新思维。

- 更改场地或轮流主持会议。改变和休息一样行之有效，如果你在一个健康的环境中工作，你的领导或校长将会乐于让其他人轮流当主持人。如果没有，至少每周搬到一个新的地点（记住保密和保护措施）。想像一下，放学后，你走在学校的走廊里，发现领导团队在教室里开会、大笑，或许正在参加他们自己的职业发展会议。难道不会让你眼前一亮吗？

- 计划一个一小时的会议，但只让人们聚在一起30分钟，然后给他们30

分钟的自由时间，去做你们讨论过并同意的事情。这使他们可以在指定时间内完成布置的工作。

教师幸福感和职业发展

采用以研究为指导的方法，围绕教师幸福感探索相关且有效的职业发展机会。

当我问杰米·巴里，如果他能"掌控幸福感文化"，他会给其他学校领导提供什么建议时，他说了以下几句话：

> "第一件事是倾听。你必须与为你工作的人交谈，因为他们的环境、经历、背景都会对他们的压力和幸福感产生影响。第二步是一起做。我知道你们会有想法，但你们必须一起做。第三步是正式化。不要碰运气。将想法正式化，并将其纳入你的专业发展中，因为如果教师们已感到压力并筋疲力尽，那么让他们在员工会议上讨论教师幸福感又有什么意义呢？"
>
> ——杰米·巴里，校长，布里斯托尔帕森街小学

我同意杰米的观点，如果我们真的想改变教师的工作生活，我们需要寻找一种正式的方法，在学校建立并嵌入教师幸福感。我相信，如果我们想要发展一种有关幸福感的文化，我们必须以对待理论和实践的方式来对待它。参与研究应该成为教师职业认同和实践的一部分，我们可以利用这一点，采取一种基于研究的方法，在全校范围内提高教师的幸福感。

开放大学开发的"研究人员开发框架"（RPDF）为新研究人员提供了一

个有用的方法。我相信，所有有兴趣开展以研究为指导的实践的学校和教师都可以从中学到东西。该框架分三个阶段，每一阶段都可以采取明确的步骤：

1. 担任研究员：

• 人员之间建立相互支持的关系

• 培养研究和学习技能

• 理论与实践相结合

2. 发展思维方式：

• 反思理论与实践

• 发展个性

• 增强抗逆力

3. 继续研究：

• 把握新机遇

• 有所作为

• 将研究结果广为传播

学校可以使用此框架来定义和培养任何旨在建立幸福感文化的职业发展机会。首先，要像研究人员一样去工作：了解你的学校目前的情况，哪些方面需要改进；发现对其他学校有效的方法和技术；并相互支持以实现这一目标。然后，反思所发现的内容，并形成自己的思维方式，发展对你和你的学校有用的策略。最后，你可以将所有这些付诸实践，以便在学校中有所作为，并将你发现的内容传播给也可以从该方法中受益的其他学校。

当然，找到时间，保证所有员工都能参加培训课程是成功实施此策略的关键。根据学校的规模，你需要考虑如何向所有员工传达培训和活动即将开始的信息。这可能很简单，比如在会议期间发布通知，发邮件或找很多人帮忙在一段持续的时间内推进活动。你也可以尝试第九章中的有关持续职业发展的想法。

　　重要的是，你的职业发展目标必须与学校的愿景保持一致，并且所有员工都能感到自己的能力和价值。当这一点实现时，他们可能会更快乐。并且随着幸福感的加强，学校员工将发现越来越舍不得离开学校。对于现在来说，那真是一个幸福的烦恼！

学校案例分析

学校名称：帕森街小学

地点：布里斯托尔，英格兰

背景信息：帕森街小学是一所位于布里斯托尔南部贝德明斯特区的每年级有两个班的小学。这所小学的周围环绕着75英里长的埃文河，它为一个多元化的社区服务，该社区在二战中遭到了严重的轰炸。学校设有52个托儿所，满员时有近500名学生。学校有一个混合社区，但服务于高度贫困地区；符合小学生资助资格的儿童百分比始终高于全国平均水平。帕森街小学以其包容的特性为荣，并一直在为越来越多的有额外或复杂需求的儿童提供帮助。另外，因其在促进平等和庆祝多样性方面所做的工作，它还是布里斯托尔第一所获得"教育与庆祝实践奖"的学校。

与所有学校一样，由于经费削减，在过去几年里，帕森街小学的教职工人数有所减少。然而，学校雇用了大约60名员工，他们扮演着不同的角色，从教师和助教到行政人员、午餐时间主管、总览人员、场地和牧区人员。2012年，学院决定成为一个独立的学院，并于2016年9月加入了Trust In Learning（学校组织）。

帕森街的愿景是"生活与学习"——培养孩子，让他们学习在生活中获得成功所需的技能；教授学生生活在一个人人平等、人人受到重视的多元化社会所需要的技能和品质。学校里每个人的使命都是使每年都成为"最佳学年"。

为什么这个领域是你们学校的强项

我们一直非常重视员工的幸福感。为什么不这么做呢？员工是我们最大的资本，他们对孩子的表现和组织的成功都至关重要。

在帕森街小学，我们努力使员工的幸福感成为我们文化的一部分。我们不希望将其视为我们所做工作的附加内容。它是我们学校运营不可或缺的一部分。想要就此取得成功，那么幸福感必须为每个人所有，并应该被优先考虑。在过去的几年中，我们以不同的方式来提高教师的幸福感。其中一些有效，一些则没有。但是，这是我们学校的一项优势，因为我们一贯致力于提高教师幸福感并承诺继续思考这一问题。我们很现实，我们无法消除工作中的所有压力和烦恼，但是当收到员工的积极反馈时，我们感到非常高兴，他们认为我们重视他们的幸福感。

你们学校是如何做到的

将教师幸福感作为一种优势来发展的关键是将其嵌入学校文化，确保每个人都承担起共同的责任。如果仅由一人应对，或者只是在一次性或特别事件中重视它，那么它将不会以可持续的方式产生影响。员工可能会在一段时间内感到更快乐或压力更小（或实际上相反），但这并不会持续或达到想要的变化。

作为我们长期战略的一部分，我们利用审计工具和资源（包括"投资于人"组织，请参阅第九章）来审查策略。这有助于我们考虑将从哪些领域发展中受益，哪些领域将成为我们的强项。这些信息在与员工（甚至州长）进行对话方面很有价值，这样他们就能把教师幸福感作为一个重要的问题来对待。

我们还努力为全体员工（不仅仅是教师）发声，让他们有机会分享他们对工作量和幸福感问题的看法。我们一直非常仔细地考虑如何构建这个平台，才能使它不仅是一个释放压力的论坛，而且是一种提升教师幸福感的积极方式，例如通过组织活动和带头制定相关策略。

我们已进行的部分工作包括探索减少工作量的方法，例如减少评分和反馈，取消正式的观察，以及设法减少文书工作。随着时间的推移，我们购买了课程资料、互动网站以及可访问的资源，节省了教师的时间。值得指出的是，我们的方法并非总是正确的。有时，我们的努力会产生工作量，因此，重要的是要有机会让不同的人进行反思和评价。

除了工作量策略外，我们还把员工视为"普通人"，观察他们为什么想要改善幸福感，以及他们想要如何提高幸福感。这包括为员工幸福感、社交活动分配一些职业发展时间，以及为员工争取优惠，比如降低健身房会员费用等。我们也应尽可能多地说"谢谢"，包括定期的优秀员工提名（每个被提名的人都会得到一份奖励，获胜者可以选择带薪休假一天）、员工答谢周和每周的欢呼活动以及生日庆祝活动。

其他教师和学校领导如何将此应用于他们自己的实践和学校环境

根据我的经验，对于学校而言，发展一种适合学校情况的提升员工幸福感的方法非常重要。学校需要让员工发声，并就他们需要什么、想要什么进行讨论。什么会对他们的幸福感产生影响？当然，我们在帕森街小学进行的某些活动在其他地方也会成功，但这需要考虑实际情况，进行个性化分析。

我鼓励其他学校将员工幸福感视为一项需要投入的持续战略。其中一些是以人的形式出现的（需要人工操作），例如我们学校有两个负责人专门负责员工幸福感方面的问题，帮助协调这项工作。有些工作需要资金，我们已经设法将其纳入今年的预算中，而有些工作需要时间并配合职业发展。

所有学校都必须认真考虑自己的组织架构，并确保在正式的有关幸福感的策略中考虑到所有员工。在我们的团队中，有清洁工、午餐时间主管、行政人员、现场团队和厨师，以及教师和助教。所有这些工作人员的幸福感都很重要，必须仔细考虑（因为他们各自都有不同的压力）。最初由我自己来主管员工幸福感工作，在这之后，我把所有权交给了员工（在高层领导的参与下），以确保共同承担责任。在这种情况下，高级员工不会"决定"有关工作量和员工幸福感方面的任何问题——应该是大家一起推动这项工作。

重要的是，每个人都要客观对待幸福感问题。如果在你的学校里有这样一种感觉，大家都认为只需一些事件甚至一个长期的战略就可消除所有的压力和焦虑，那么你们就错了。在现实世界中，教师工作在一个充满压力的环境中；我们在生活中有自己的考验和磨难，但必须继续反思并调整我们自己的计划，以适应员工的需要和当时的要求。

最重要的是，学校领导必须友善，并建立一支人们互相关心的团队。我的经验告诉我，如果员工知道你关心他们，而且他们很感激你，你就能从他们那里得到更多尊重。简单的不费力气的事情（比如说声谢谢）就能让世界变得不同。

为什么这会起作用

——阿德里安·白求恩（Adrian Bethune）

　　我一直认为，学校不一定需要花很多钱来提升教师的幸福感。本章的很多观点都证明了这一点。减少不必要的会议是不需要成本的。让员工自主决定他们如何提供反馈，并把他们当作可信赖的专业人士来对待，也是不需要任何成本的。对员工的辛勤工作说声谢谢同样不需要任何成本。但回报却可能是巨大的。大量研究表明，快乐的员工更有工作效率，更有创造力，病假时间更少，对雇主更忠诚。我们也知道教师的心理健康会影响学生的心理健康，所以更快乐的教师可能意味着更快乐的学生。所以，真心实意地致力于提升教师的幸福感对我来说是明摆着的事。

　　本章的想法之所以有效，是因为提出了许多有助于人类幸福感的基本问题——即增加花在愉快和有意义的活动上的时间，增强团队的归属感，并对生活的重要方面有控制感。举个例子，当一所学校让教师自主决定如何在课堂上给予反馈时，他们会立刻增强自己的能动性和控制感，这对幸福感来说非常重要。然后，这些教师可以选择少花时间在毫无意义的评分和评估上，而把更多的时间花在他们认为有用和有效的反馈方法上，从而增强他们从事有意义的工作的意识。此外，如果学校认真对待员工幸福感问题，并积极让所有员工参与政策的审查、设计和实施，那么员工团体的集体工作将促进牢固的人际关系，这是员工队伍更加幸福的另一个基石。在这里，教师和高层领导可以很快地获得成功，至少，人们可以简单地反思他们身上有多少"混蛋"的特征，并致力于改变他们的方式！

　　最后，罗斯指出，教师有很大的责任照顾以及优先考虑自己的幸福感和心理健康，这是正确的。我曾在一些令人愉快的、人与人之间互相支持的学校里教过书，但是仍有一些员工休了长期病假，因为他们为了服务他人而把自己弄得一团糟。学生需要的教师应该是幸福生活的良好榜样——那些表现出像关心他们的班级一样关心自己的教师。当教师照顾好自己，当学校照顾好员工，每个人都会做得更好。学校里有快乐的教师好处多多。

阿德里安·白求恩是赫特福德郡的一名小学教师，也是正念倡议教育政策的联合负责人。他是2018年出版的《小学课堂幸福感》的作者，同时也是www.teachappy.co.uk的创始人。

Chapter 5

第五章
学生心理健康

　　我们在第四章中了解了维持教师心理健康和幸福感的重要性，那我们学生的呢？在英国各地的学校里，越来越多的学生正在与他们自身的心理问题作斗争。教师并不是心理健康问题方面的专家，我明白，我们需要政府投入大量资金来支撑学生们在这一复杂层面上的需求。在这样一个学校负担不起专业支持，教师的工资被冻结，越来越多的教师正在离开这个行业的情况下，这似乎不太现实。尽管如此，我相信，作为教育者，我们仍然可以发挥作用，促进有关心理健康的公开对话，通过一些迹象判断学生是否遇到了困难，并帮助他们获得所需的支持。这一章将为教师和学校领导提供一些可行的方法，这样我们的学生就不必独自面对这些困难了。

为什么这是一个问题

　　大部分学生都很享受学校生活，但GL评估在2018年进行的研究结果显示，还有大量的学生正在苦苦挣扎。该评估对超过85万名年龄在7至14岁之间的英国学生进行了数据分析，研究他们"对自我和学校的态度"。近五分之一的学生在感知学习能力、自我评价和对学校的感受方面表现出"低或中低等的态度"。每20名学生中至少有一名被评估为"学习态度极其糟糕，对学校的感觉消极，自我评价非常低（这使得他们极易受到伤害）"。来自英国国家医疗服务体系的数据同样令人担忧：2017年，12.8%的5至19岁的少年儿童至少患有一种精神疾病，患病率已从1999年的9.7%上升至2017年的11.2%。情绪障碍是导致这一增长的主要原因，患有情绪障碍的少年儿童的比例"从1999年的4.3%和2004年的3.9%上升到2017年的5.8%"。其他类型的障碍，包括行为障碍和多动障碍，大致保持不变。

GL评估的研究结果显示，教育工作者和政策制定者都越来越认识到儿童心理健康和幸福感的重要性。例如，经合组织现在开始衡量学生的幸福感，部分原因是他们意识到学生的满意度会影响他们的学业表现。政府也更加关注年轻人的心理健康，因为"相比不快乐的孩子，快乐的孩子更有可能成为满足和多产的公民"。

因此，很明显，在我们生活和工作的时期，儿童的心理健康问题正达到创纪录的水平，如果我们不仅想要为他们提供良好的教育，还想要确保他们成为快乐和成功的成年人，那我们就需要正面解决这个问题。

为什么年轻人在苦苦挣扎

我们中的一些人很快就会做出假设——单亲家庭的孩子在心理健康和幸福感方面更差。然而，谢菲尔德大学的一份报告重塑了这种说法，它"破除了有关单亲家庭的误区，而且重要的是，它表明，即使由单亲抚养，孩子也不会受到负面影响"。这项研究调查了27 800多个家庭的经历。研究发现，在六年的时间里，每三个有孩子的家庭中就有一个是单亲家庭，但没有证据表明，生活在单亲家庭对孩子的幸福感有负面影响，无论是在满意度、同伴关系质量还是对家庭生活的积极性上。政策制定者和研究人员是时候采取更多行动来挑战盛行的成见了，并且我想知道，作为教师，我们是否也可以从中学到一些东西。

那么，是什么在助长年轻人的心理健康问题呢？虽然这是一个非常复杂的问题，有许多不同的因素需要考虑，但我认为至少有两个因素可能在起作用：过度测试和社交媒体。

过度测试

我记得，2018年夏天，我曾和一位校长谈起她的儿子，他参加了33次普通中等教育证书考试（GCSE）。是的，33次！我通过在2018年进行的社会研究发现，有6%的家庭的孩子在同一年参加了不下30次的考试！那么，学校是不是对孩子们的测试太多了呢？这一争论经常登上新闻头条，甚至连政客们也参与其中。在2019年4月的国家教育联盟会议（NEU）上，工党领袖杰里米·科尔宾以廉价的宣传噱头宣称，如果当选，他将"取消主要的标准成绩考试"。与此同时，英国教育部国务大臣尼克·吉布说："取消标准成绩考试将是一个可怕的倒退。"

作为教师，我们知道考试有它的价值。测试知识是有必要的。无论问哪位教师是否认为评估是有用的，他们都会说是的。真正的问题是我们给测试施加的压力，尤其是在学校的问责措施方面。对教师和学校进行如此高风险的评估可能会给我们的年轻人带来压力。我知道事情没有那么简单，除了学校之外，还有很多外部因素需要我们花一辈子的时间来分析，以确定为什么我们的年轻人面临着越来越多的心理健康问题，但可以确定，过度测试必定会对年轻人的心理健康产生影响。

我们知道，儿童的认知发展很像一块海绵，不断从周围的环境中吸收信息。这些年轻人缺乏必要的批判性思维，无法将细微差别和背景应用到他们所看到、听到或正在做的事情上。当然，他们正在培养这一思维，教师也在课堂上帮助他们，但我们要考虑高风险测试可能产生的影响。让我们来了解一下11-Plus测试，英格兰地区用其决定学生是否可以从小学升入初中。LKMco智库在2016年发表了一篇文章（该文章后来在2017年3月的一个教育特别委员会上影响了下议院会议的内容），其中曝光了一些关于11-Plus测试的令人震惊的统计数字：

• 在重点地区中，78%的校长认为，在孩子11岁时就判断其能力并不合适。

• 96%的校长认为，辅导对通过率有影响。

• 92%的校长认为，未能通过11–Plus测试可能会对孩子的自尊产生负面影响。

• 83%的校长认为，由于有特殊教育需求的学生比例较高，而且这些学生的第一语言并不是英语，所以，非选拔性学校（招收所有学生的学校）在重点地区的工作面临额外的压力。

• 51%的校长认为，测试对社会流动性有负面影响。

• 69%的校长认为，不应该增加择优选拔。

一些证据表明，选拔是好事，特别是在年龄较大的时候，对于一些来自弱势背景的孩子来说，上文法学校也可以是一张通向未来的门票，可以帮助更多的家庭摆脱贫困。我同意这些观点，但我们如何才能在不损害他人利益的情况下做到这一点，同时又不影响儿童的心理健康呢？这是整个英国教育的一个更深层次的问题。和其他学校一样，文法学校也面临着同样的心理健康问题。我们这一章中的案例学校，玛丽女王文法学校，因其在学生心理健康方面的出色工作而获得了全国的认可。

对于所有教师来说，无论他们所在的学校是什么类型，都有必要留意孩子在考试期间可能的自我挣扎迹象。莎拉·沃拉博士的《儿童和青少年心理健康》（*Mental Health in Children and Young People*）一书，针对6至16岁孩子的心理健康问题，为家长、教师和学校提供了发现和解决问题方面的专家建议。她的指导基于她的临床实践背景，以及她在学校、监狱和其他环境中与儿童打交道的经验。下次你的学生参加考试时，请检查以下可能的焦虑迹象和症状：

- 紧张性头痛或头晕
- 注意力难以集中
- 身体上的不适
- 易怒
- 睡眠问题
- 口干或喉咙哽咽
- 肌肉疼痛、颤抖或呼吸急促
- 手心出汗或腹泻
- 焦躁不安或紧张地走来走去

84%的教师和学校领导认为，对他们来说，帮助学生解决心理健康问题是一项挑战。

在这样一个要求教师在工作期间要做更多的环境中，重要的是让这些问题回到根本上来。进行面对面的交谈；注意听孩子在说什么；报告任何可能的安全问题，并为学生提供你或学校所能提供的任何帮助。

同时还要记住，即使这些症状恰巧发生在考试期间，学生出现心理健康问题也可能是其他潜在的原因导致的（并非只有考试这一个原因）。英国教育部的《心理健康与在校行为》一文提醒我们，"在某些情况下，心理健康问题可能是一个指标，表明孩子曾遭受或有遭受虐待、忽视或剥削的风险"。这篇文章还表示，"考试前后孩子感到紧张或压力大是正常的"，但其他因素会使一些孩子的心理健康问题成为长期的难题。2019年6月，即将离任的英国首相特蕾莎·梅要求英国的每一位新教师都接受"如何发现精神疾病早期预警信号的培训"。尽管我对这一消息表示热烈欢迎，但随着资金的减少和压力的增加，教师越来越难以为学生提供帮助。我们都知道，资源紧缺时，我们无法做好工作。我们需要做的是向政府和决策者发起挑战，让他们尽可能多地投资于我们的服务，确保我们的教师可以继续在课堂上发现和解决这些问题，并向具备资格的心理健康专家提供反馈建议。

社交媒体

随着社交媒体的兴起，人们都渴望呈现完美状态或者分享激动人心的经历，所以，越来越多的人认为"每个人似乎都比我过得更好"。我们当中理智的人明白这是没有根据的，但我们所有人都会遇到一些屈服于社交媒体"完美生活"诱惑的学生。由于无论白天还是夜晚，都有成千上万的应用程序可以被随时访问，人们很容易让自己的故事被别人听到——或者至少可以在多个地方分享同一个故事，更新自己正在做的事情、去过的地方和遇到的人的动态。作为观察者，我们对他人的生活形成了一种看法——形成了一种对成功的看法，或许还形成了一种与我们自身生活状态的比较。

现实中，我们大多是在做同样的事情：结识志同道合的朋友、分享想法和事情，但我们都会下意识分享"完美时刻"——通过大量的转发、点赞和评论来重新定义一天——尽管我们知道这张照片至少进行过四次甚至十一次的修改，而且会在发出前进行内容编辑。

关于社交媒体影响的研究仍处于初级阶段，因为社交网络成为现代生活不可或缺的一部分刚刚只有十年。教育政策研究所于2017年发表了一份报告，反思了社交媒体与年轻人的心理健康和情感健康之间的关系。报告称，一些研究表明，社交媒体可以对年轻人产生非常积极的影响：可以让他们与朋友保持联系，帮助他们完成作业，培养他们的兴趣、创造力和个性。有心理健康问题的年轻人也可以利用社交媒体寻求帮助、建议和咨询。然而，报告还指出，现有的研究也发现了年轻人使用社交媒体的一些风险，包括上网时间过长、分享过多信息、网络欺凌、对自我形体影像①的影响和一些有害

---

① 心理学方面的专有名词，指人们通过外界对自己体形及性别特征吸引力的评价而形成的自我感觉。——编者注

网络信息的影响，如宣传自残等信息。

> "我们已经在WhatsApp上看到了一些欺凌的例子——这些事情本来是开玩笑的，人们并没有当真。在一款线上游戏中，一个男孩被另一所学校的一些人欺负，他们对他表现出种族歧视。我们有一些学生曾散布令人讨厌的网络段子，每晚在YouTube上花费5个小时，还因为不交作业而惹上麻烦。"
>
> ——索菲·麦克菲，个人、社会和健康教育协调员，
> 沃尔萨尔玛丽女王文法学校

英国学校及院校领导人协会（ASCL）的研究表明，社交媒体并非没有风险。2018年1月，ASCL对英格兰、威尔士和北爱尔兰的460名中学校长进行了调查。这些学校领导被问及在过去12个月里社交媒体的使用对学生的影响。调查发现，95%的校长认为，社交媒体的使用正在损害年轻人的精神健康和幸福感，93%的校长希望出台新的法律法规，保障儿童的网络安全。77%的校长认为，政府和社交媒体公司应该为家长提供更多信息。ASCL的其他发现包括：

• 除了一名受访者外，其他所有受访者都表示，学生们都经历过社交媒体欺凌。40%的人表示，这种情况每天或每周都会发生。

• 除了三名受访者外，所有受访者都表示，学生在社交媒体上看过令人不安的内容，包括淫秽内容、欺凌、仇恨言论和与自残有关的内容。其中27%的校长表示，这种情况每天或每周都会发生。

• 89%的校长表示，社交媒体上有陌生人接近过学生。

• 93%的校长表示，由于社交媒体上理想化的形象或经历，学生的自尊

心较低。并有22%的校长表示，这种情况每天或每周都会发生。

• 96%的校长表示，学生因使用社交媒体而失眠。并有32%的校长表示，这种情况每天或每周都会发生。

有趣的是，在最后一点上，西雅图学区认为他们可能找到了解决办法。他们的学校现在上课时间推迟55分钟，让学生有更多的睡眠时间。他们发现，"理科班的考试分数和其他分数每年都有小幅增长"。

为了对抗社交媒体的负面影响，牛津大学发起了一项研究。该研究发现，社交媒体对青少年生活满意度的影响是"微妙的"和"很小的"，而家庭、朋友和学校生活等其他因素对幸福感的影响更大。然而，研究人员承认，"社交媒体影响的未知因素仍然远远多于已知因素"，因此，在这个复杂的领域还需要更多的研究。

尽管存在潜在风险，但很明显，社交媒体仍将继续存在。教育政策研究所的报告分享了一些数据，显示了社交媒体在英国年轻人中的流行程度：

• 37%的15岁青少年周末上网时间超过6小时。他们被经合组织列为"极端的互联网用户"。在所有经合组织国家中，英国的极端互联网使用率排名第二（仅次于智利）。

• 27%的15岁青少年在6岁或更小的时候就开始使用互联网。

• 95%的15岁青少年在上学前或放学后使用社交媒体。

• 在10至15岁的女孩中，有11%的人在上课日花费3小时以上在社交媒体上；在相同年龄段的男孩中，这一比例为5%。

• 在9至16岁的青少年中，56%的人每天都在使用智能手机。

• 我们同样要认识到，由于突飞猛进的技术发展，年轻人使用社交媒体的方式也在不断变化。最近流媒体直播的发展就是一个例子，另一个例子是即时通讯服务的兴起，比如WhatsApp，这意味着对话越来越多地在私人群组中进行，而不是在公开主页中。

当涉及年轻人的心理健康和幸福感时，社交媒体显然有它的风险，但它在年轻人的生活中占据了非常重要的一部分，因此，解决办法肯定不能是限制学生在家的上网，但在我们的学校呢，要不要限制？年轻人必须发展数字技能和适应能力，才能在网络世界中茁壮成长，所以我们需要找到一种方法，帮助年轻人安全地、建设性地使用社交媒体。如果学生想要在学习上取得成功，我们需要在课堂上控制它对年轻人生活的潜在影响。正如英国学校及院校领导人协会秘书长杰夫·巴顿所说，"社交媒体可以是一股积极的力量……但它也有黑暗的一面……我们必须做更多的工作来保护年轻人，这样他们才能安全地享受社交媒体，做到心中有数"。

资金

在心理健康方面，如果学校要继续为学生提供帮助，甚至增加帮助，他们需要得到国家心理健康战略方针的支持，并获得必要的资金，以确保能够充分培训教职工并为其提供资源。教育部2017年委托开展了"支持中小学和大学心理健康"的研究，这很重要，这表明，人们意识到这是学校内部的一个问题，并且报告也承认，资金是一个严重问题：

"提供咨询服务的人中有超过九成（93%）的人使用自己的预算提供这项服务，提供其他帮助的人中也有类似比例（91%）的人使用自己的预算……中小学和大学也从专业人才那里获得免费或低成本的支持……然而……学校是否能维持未来的干预资金还不确定。"

这项研究还发现，71%的中小学和大学认为缺乏资金是"建立心理健康服务的主要障碍"。许多中小学和大学都面临着严重的资金削减，那么会有多少学校将不得不优先考虑其他领域，而不是学生心理健康问题？

教师和教辅人员需要获得资源，既可以用于支持低层次的问题，也可以从合作伙伴那里购得额外的服务，如学校咨询。在2019年，有太多这样的故事：在儿童和青少年精神健康服务（CAMHS）办公室外等待的学生排得太长，他们要么被命令离开，要么干脆被拒之门外。我们知道，由于服务削减，许多陷入危机的家庭无法获得所需的帮助。作为教育工作者，我们都有责任摒弃偏见，帮助有心理健康问题的学生和家庭，但在缺乏资金和外部服务支持这种具有挑战性的情况下，我们能做些什么呢？我希望本章的观点能对您有所帮助。

我们该如何解决这个问题

心理健康章程

在你的学校采用心理健康章程，以确保教师和学生减少使用以精神疾病为耻的语言。

作家和社会评论家娜塔莎·德文在2017年建立了心理健康章程，以支持媒体向公众负责任地报道心理健康问题。该章程肯定了语言和形象在塑造社会态度方面的力量，旨在教育并减少人们对精神疾病的耻辱感。

德文走访了英国各地的中小学和大学，为青少年、教师和家长授课，并开展有关心理健康、身体形象和社会平等的研究。她的章程提出了七个想法，我建议所有学校在与学生互动时采纳这些想法。

1. 措辞

千万不要使用"犯自杀罪"或"成功自杀"这样的字眼。"犯罪"一词意味着犯罪行为和责备。我们现在明白，当我们所经历的痛苦超出了我们应对痛苦的能力时，自杀就会发生。在英国，自杀不是犯罪行为，自1961年以来就不是。"成功自杀"违背了我们现在对自杀行为的理解——大多数自杀的人都是矛盾的，因为他们想要活下去。

更好的措辞包括"自杀未遂""自杀死亡""结束了自己的生命"甚至是"杀了自己"。

2. 图像

不要在饮食失调的故事或描述中展示"之前"的图像，这些可能会刺激自残的人。对于那些心态健康的人来说，看到患厌食症或自残的人"之前"的照片可以起到威慑作用。然而，对于那些正在经历或正在从饮食失调或自残中恢复的人来说，这些照片会成为"求而不得"的东西。

3. 术语

不要使用"厌食症患者""暴食症患者""抑郁症患者"或"精神分裂症患者"等术语。明白一个人与他们的疾病是不同的两回事，这一点很重要。例如，给某人贴上"厌食症患者"的标签，就意味着他们被他们的饮食失调所定义。这对他们被别人正确理解没有帮助，还可能阻碍他们的恢复过程。

更好的说法是"患有厌食症/暴食症/抑郁症/精神疾病的人"。

4. 少即是多

避免提供太多关于自杀、自残或饮食失调的方法。我们现在知道，提供大量关于人们如何伤害自己的细节可能会激发模仿行为。尽量避免过多的细节，关注"为什么"而不是"怎么做"。

5. 一概而论

在描述恐怖分子和其他暴力犯罪分子时，避免使用"心理健康问题"之类的通用术语。99%的心理疾病患者比其他人更容易伤害自己。在笼统的心理健康欠佳与恐怖主义或暴力犯罪之间建立联系，会导致他们耻辱感和恐惧感的增加。要具体来说——犯罪者有什么心理健康"问题"？它实际上是一种人格障碍吗？严格地说，心理变态者或反社会者并不是一种"心理疾病"。

如果你面临这个问题，可以加上一句免责声明："请注意，大多数有心理健康'问题'或人格障碍的人不会犯下这种性质的罪行。这些犯罪是由于各种情况的罕见结合而发生的。"

6. 了解区别

了解心理健康状况和心理健康欠佳之间的区别。每个拥有大脑的人都有心理健康状况，就像每个拥有身体的人都有身体健康状况一样。如果使用"心理健康状况"这个术语来描述心理疾病，会导致一个本可以影响到100%人口的重要讨论实际上被限制在人口的四分之一之内。因此，如果要描述心理疾病，与其说"与心理健康作斗争"，不如说"有心理健康问题"，这样更能帮助我们理解其中的区别。

7. 可靠的来源

当讨论心理健康时，提供高质量支持来源的链接。最好的慈善机构和支持组织能够确保他们的网络论坛中的一些具有诱导性的内容受到监控（例如，分享自残或自杀技巧的内容）。他们不会为了经济利益而推广一种治疗方法，而是会描述各种治疗方法。它们的内容以可靠的证据为基础，并与研究机构保持良好的联系。

理解Z世代[①]

随着科技和社交媒体的发展，我们这一代的学生，即Z世代，在成长过程中，面临着一系列非常具体的、影响他们的快乐与幸福感的潜在威胁。根据这个想法，我们将探索可以做些什么来减轻这些威胁，并帮助学生享受技术带来的好处。

---

① Z世代：1996年至2010年间出生的一代人。——编者注

年复一年，学校里孩子们的心理健康需求似乎在增加，但就总体幸福感而言，是每一代人都比上一代人更不满意，还是实际上他们更快乐？这是一个很难回答的问题，但对我来说，每一代人都面临着他们成长环境中的特定挑战。科技已经对英国过去三代人产生了影响：Xennials子世代，千禧一代和X世代。让我们依次看看每一代人，看看这对今天正在成长的年轻人意味着什么。

Xennials子世代①

在成长过程中，Xennials子世代的技术发展有限，调制解调器总是发出怪响。加载一个网页的时间比煮一碗面的时间还要长。然后突然之间，他们拥有了智能手机，整个世界都在他们的指尖上，而且他们仍然还很年轻，懂得如何使用智能手机，如何随着技术的发展而不断提升自己。

难怪（但也令人无法接受），许多Xennials子世代将成为我们这一代学生的父母，他们花在电子设备上的时间非常多，与孩子互动的时间却越来越少。最重要的是，Xennials子世代经常通过查看朋友们光鲜的社交媒体生活来比较自己。他们小心翼翼地描绘自己的生活，放大美好的一面，掩盖假笑背后的糟事。我们当中的聪明人知道实情：事情并不像看上去的那样，但对自己的社会地位不满可能会成为这一代人中一些人的问题。这会对"千禧一代"的孩子们产生什么影响呢？年轻一代又该如何应对社交媒体的雷区呢？

千禧一代

千禧一代可能是目前学校体系中学生的父母。他们和Xennials子世代有很多相同的特点，但程度更深。世界一直都在他们指尖上，也在手机上。在成长过程中，这一代人的青少年时期在社交媒体上被公之于众。大学似乎人

---

① Xennials子世代：出生于X世代和千禧一代之间的一代人。——译者注

人可上，不存在上不了大学的可能。这一代人中的一些人可能对生活方式和收入有很高的期望，但却无法实现。所有的东西都是现成的，第二天就会邮寄过来，可能是用信用卡支付的——我父母那一代都是存钱来买东西的；我这一代人和我的后代可以先买，后付。

Z世代及以后

Z世代是现在的一代，他们是Xennials子世代和千禧一代的孩子。他们对祖父母和曾祖父母战后的艰难困苦不过是道听途说。一些小学生甚至在三年级时就有了智能手机。他们可以接触到适合成人的游戏甚至内容。他们在自己卧室中扮演着网络欺凌的受害者或实施者的角色，甚至接触色情内容，对异性和两性关系产生不切实际的期望。

他们拥有的某些东西被破坏，被取代。这些东西既便宜又易得，很多孩子都拥有很多。能够享受到丰富经历和美妙假期的人群的年龄段越来越小。人们的期望极高，家长和学校都在宣扬"成为你想成为的人"和"只要你努力，一切皆有可能"之类的格言。关于自己和自己生活的不切实际的期望很普遍，这使得孩子们在学校里面临着越来越大的压力，导致一些人处在崩溃的边缘。超负荷的教师们正努力以他们所希望的方式有效地解决课堂上孩子们日益增长的社会和情感需求（但他们都只是在尽最大努力）。这种警告信号存在于许多小学适龄儿童中，并在整个中学阶段持续存在。

保护Z世代

那么，在这种充满挑战性的环境下，我们能做些什么来保护Z世代的心理健康呢？玛丽女王文法学校的理查德·兰顿和索菲·麦克菲开始通过在低年级组教授个人、社会和健康教育课（PSHE），解决有关社交媒体的问题，这些课程不仅谈论网络安全与网络行为，还谈论如何在生活中找到平衡。他们并不妖魔化网络游戏或社交媒体，而是让学生意识到这些风险，并帮助他们确保网络游戏或社交媒体不会占用他们太多的时间。

作为教师，我们必须记住，年轻人是我们的未来，就像他们之前的无数代人一样，只有当他们被重视和被倾听时，他们才能学得最好。花点时间和学生进行有意义的面对面对话，让他们明白现实生活中互动的重要性，同时也允许他们接触数字世界。

2019年4月，《网络危害白皮书》列出了英国政府的计划：制定了一系列全球领先的措施来保障英国用户的网络安全。该文件指出，"政府将规定新的法定注意义务，让网络应用提供商对用户的安全承担更多责任，并解决其服务内容或活动造成的危害"。我对2020年及以后的期望是，我们不会再有另一份政策文件，而是拿出一些具体的政策建议，让更多的年轻人能够安全地享受网络服务带来的好处。我希望看到学校和当地社区教大家学习使用社交媒体，学习有关安全性、假新闻、问责制和数字广告与真实性的对比等方面的知识。同时，我希望学校能像玛丽女王文法学校的理查德和索菲那样，把这一点融入到他们的个人、社会和健康教育课程中。

全校心理健康策略

为确保学生得到持续的帮助，学校能够针对心理健康和幸福感采取全校策略很重要。这个想法会提供一些指导，帮助你在学校建立这种机制，或者完善当前机制。

2018年2月，前卫生与社会保健大臣杰里米·亨特宣布了一项500万英镑的项目，致力于培训小学教师进行心理健康急救。该项目旨在帮助教师发现孩子心理疾病的早期迹象，类似的项目于2017年夏天在中学实施。然而，在英国，至少有85万儿童被诊断患有心理疾病，并且患病的耻辱感阻碍了他们寻求心理健康服务的帮助，一线教师们仍在大声疾呼，希望得到支持，帮助我们最弱势的学生群体。教师每天与心理健康欠佳的学生在一起，却看不到他们得到任何持续的或专门的帮助，这可能会令教师感到沮丧。为了解决这个问题，我们需要一个连贯一致、成体系的全校心理健康策略。目前的研究一致表明，使用全校策略是最有效的干预措施，尤其是在改善那些处于危险边缘的人的状况上。英国国家健康与保健研究所和英国公共卫生研究所都建议学校采用这种方法。

全校策略意味着你的学校需要做到如下几点：

- 确定学校内部的心理健康需求
- 在心理健康和幸福感方面发挥领导作用
- 围绕心理健康和幸福感提供高质量教学
- 拥有促进心理健康和幸福感的文化和环境
- 确保学生和教职工了解并能够获得一系列心理健康服务
- 保障教职工幸福感
- 积极促进学生和家长的参与

这些任务听起来可能有些艰巨，但你可以采取以下四个初始步骤，让这一切在学校成为现实。

1. 倾听学生

为了确定如何改善学校为学生心理健康和幸福感提供的帮助，首先对所有学生进行一项调查，让他们说出对自身心理健康的看法，以及他们目前感觉学校对他们的帮助如何。这将明确你需要重点关注的领域。之所以会有需要进一步重点关注的领域，要么是因为学生们正挣扎于你以前可能没有意识到的特定需求，要么是因为你的心理健康方法在某些方面需要改进。例如，我最近遇到了肖恩·德雷蒂，他曾是学校领导，也是"非异性恋者+包容"

的倡导者，他曾对自己的学生进行调查，发现75%的学生都遭遇过仇视同性恋的语言。他的《赞美差异》（*Celebrating Difference*）一书中对此有更具体的阐述。一旦你分析了调查结果，也可以举行学生意见会议，以更详细地讨论具体帮助。例如，我们的案例研究学校——玛丽女王文法学校——就通过学生意见会议让学生对自己的心理健康有了一个更准确的自我评估。

2. 指定心理健康主管

指定一名工作人员担任学校的心理健康主管，这一点很重要。他们的职责包括领导有针对性的干预措施的实施，与主要心理健康专家合作，培训教师和后勤人员（使他们了解不同的心理健康状况以及应对措施），推荐儿童和青少年心理健康服务，为有心理健康需求的教职工和学生提供帮助。

3. 成立心理健康工作小组

成立教职工心理健康工作小组，并鼓励所有教职工参与其中。最好在学年中制订一个滚动的行动计划，征求成员的建议来帮助制定议程。成员们要经常性提出有关参观学校、参加会议、可供学习的书籍或研究的建议，以帮助你改进工作。并且一定要平衡理论和实践。玛丽女王文法学校在成立他们的工作小组时，开会提出了几条建议，包括人员任命、课程改革以及通过学生心声找出可能对他们有用的压力点和机制。工作小组可由心理健康主管领导。

4. 对所有心理健康急救人员进行培训

所有教职工都需要接受培训，以便更好地满足学生的心理健康需求。正如玛丽女王文法学校的索菲·麦克菲的如下所说。

> "需要明确的是，每个人都在谈论心理健康，这不仅仅是负责学生生活的教职工的工作——任何教职工都可以听学生吐露心声。我们始终鼓励学生去找他们信任的成年人。学生很可能会找一位与心理健康没有明显联系的学科教师。"
>
> ——索菲·麦克菲，个人、社会和健康教育协调员，
>
> 沃尔萨尔玛丽女王文法学校

学校应确保心理健康问题得到认真对待，并通过具体的在职培训（INSET）和持续职业发展（CPD）进行讨论。学校社区是所有教职工的集合，因此身心健康应作为一个优先事项。所有的教职工，无论他们是否想要积极地参与到一个特定的心理健康计划或项目中，至少都必须知道，如果学生向他们寻求帮助，他们应该怎么做，以及如何引导学生获得帮助。

心理健康贯穿整个课程

对成年人来说，理解并做好应对学生心理健康问题的准备很重要。与之同样重要的是，我们的年轻人要对心理健康状况有所了解，如果他们担心自己或他人，知道要去哪里寻求帮助。

在开始教授年轻人心理健康知识之前，你需要对学生家长敞开心扉，告诉他们你在做什么。你可能教来自这种家庭背景的学生：精神疾病被视为一种耻辱或不承认其存在。告诉家长你在做什么以及为什么这样做，这一点很重要。

个人、社会和健康教育（PSHE）

一开始，你应该确保PSHE有充足的课程时间。对于中学生来说，Jigsaw

（www.jigsawpshe.com）和STRIDE（www.bristol.gov.uk/en_US/web/bristol–healthy–schools/topics/stride–lessons）上都有很好的心理健康教学资源，你可以用它们来设计PSHE课程。对于小学，可以试试安娜·弗洛伊德的"心中的学校"（www.annafreud.org/what–we–do/schools–in–mind）和教会提供的"网络工具箱"（www.ecclesiastical.com/risk–management/cyber–ready）。虽然心理健康组织提供的资源有用，但PSHE的领导者使用基于严格研究和最新新闻文章的课程与资源同样很有必要。玛丽女王文法学校的索菲·麦克菲在她的PSHE课程中就使用了来自可靠组织的资源（最好是那些被PSHE协会认可的组织）、基于持续职业发展培训的自制资源、新闻文章和更加广泛的专业阅读资源。在PSHE课程之外，也可以由在这方面有信心的教师教授心理健康知识，所以请想想如何把它带入其他学科领域或成为学校生活的一部分，比如辅导时间、师生会议或强化日。

心理健康认知周

鼓励学生公开讨论心理健康的一个好办法，就是在学校举办一个心理健康认知周。请注意，这并不是一个打钩练习，而是更为广泛的心理健康课程和帮助的重要组成部分。最好选择一个主题来组织一周的活动，并制定一个连贯的活动方案。玛丽女王文法学校在2019年的两周内举办了多项心理健康活动，其中包括卡玛·尼瓦纳举办的研讨会，《数字时代的抑郁》一书作者菲奥娜·托马斯的来访，以及"改变时刻"戏剧活动。

> "我试图打破这种耻辱感，让人们相互交流、分享和帮助。当我们第一次发起心理健康认知周活动时，我不希望这只是一个打钩练习；它必须是可持续的。"
>
> ——理查德·兰顿，校长，沃尔萨尔玛丽女王文法学校

在你开始计划认知周之前，花时间确保所有教职工都参与其中——使用学生调查数据或学生的意见反馈，帮助员工认识到这是一个问题，是作为一个学校都需要解决的问题。你也可以让学生家长参与进来，在认知周期间邀请他们参加晚间谈话和讨论。

一个根本的解决方案

心理健康是教育和教学的一个重要方面。政客们已经开始意识到这一点，但如果教师希望为我们的年轻人提供他们所需帮助的话，我们还需要政客们在学校资助方面做出根本的改变。

随着学校经费的减少，我们的教学压力越来越大。特雷莎·梅计划对英国每一位新教师进行培训，帮助其发现心理健康早期预警信号，人们对此反应不一。教师处在发现早期信号的最佳位置，在课堂上或在辅导时及时发现可以使一切变得不同。然而，由于专业知识和时间的限制，教师在帮助年轻人方面所能做的很有限。教师的时间有限，并且在默认情况下，评分、备课和教学优先于与我们的年轻人进行心理健康对话。那么，我们如何让政府机构为学校提供比以往更多的资金呢？如果政府能够为学校、教师、医生、医院和应急服务机构提供更多的资金，我们肯定可以减少不列颠群岛面临的许多问题。预防不是胜于治疗吗？请允许我提出一个根本的解决方案。

1. 资助所有的学校，这样他们就可以雇用更多的教师和员工来更好地完成工作。将要求教师保持联系的时间从90%减少到80%，并使这一措施在所有部门和英国司法管辖区内合法化。在这种情况改变之前，教育将始终靠微薄的资金勉强维持。

2. 在增加资金和减少教师保持联系的时间的情况下，坚持让所有教师

与每个学生互动，了解他们的学校如何才能最好地满足他们的个人需求。(见第八章)

3. 延长辅导或沟通时间，让教师有更多机会与学生讨论社会问题，并提供相关帮助。有研究发现，学校的课间休息和午餐时间已经减少，这个明显迹象表明，随着课程覆盖面越来越大，学生幸福感的获得正在受到阻碍。

4. 坚持要求所有的学校都有专门的学校顾问和心理治疗师，而不是靠当地的教育机构服务来解决问题。

学校案例分析

学校名称： 玛丽女王文法学校

地点： 沃尔萨尔，西米德兰兹郡

背景： 玛丽女王文法学校是一所重点男校（第六学级男女同校），共有1 090名学生。它是英国最古老的学校之一，建于1554年，位于伯明翰以北8英里的工业城镇沃尔萨尔。2018年，玛丽女王文法学校与其他四所沃尔萨尔学校一起，继2011年的单一学院转型之后，成为莫西亚多学院信托基金的创始成员。

玛丽女王文法学校的四大支柱是"学术宗旨""国际视野""宽容方法""进取精神"，学校生活在遵循"玛丽女王文法学校教区章程"的同时，也体现了这些特点。2018年，所有参加普通中等教育证书考试的学生中，有67%的人的成绩为A或A*，或7至9分，而在中学高级水平考试中，有70%的学生成绩为A*至B，其中大部分第六学级学生进入了高等教育。这所学校是英国教育学院汉语培优项目的一部分，并被《板球》杂志评为英国100所顶级板球中学之一。在课堂之外，该校还有位于威尔士的野外场地中心、联合学员队伍、远至美国和婆罗洲的旅行、"地平线"近太空计划以及大量的俱乐部和社团。学校定期募集资金，开展食品银行活动，并走访其他地方组织，如学校和养老院。学校的校训是"Quas dederis solas semper habebis opes"："你的给予将是你永远的财富"。

为什么这个领域是你们学校的强项

尽管玛丽女王文法学校的措施数目显示了全校教职工的决心，但心理健康作为全校优先事项的地位得以确立，还要归功于校长理查德·兰顿的热情和干劲。他决心提升学生和教职工的幸福感，这种决心已经渗透到学校各个层面的管理中：不是为了个人利益，而是出于一种真正的愿望，希望看到学校里所有的人都茁壮成长。他领导教职工和学生推进他们自己的心理健康项目，和高级领导团队继续倾听教职工对工作量、压力和学生心理健康的担忧，并始终采取相应的行动。

我们的成功可以从个人层面上看出来。举个例子，一个七年级的新生在我们的关爱小组的帮助下，终于在中学找到了自己的立足之地。许多家长在去年参加了查理·沃勒纪念基金会举办的信息晚会，以及越来越多的沃尔萨尔小学报名参观我们的"改变您的想法"团队，这些也是很好的证明。我们的努力获得了地方和国家的认可。

你们学校是如何做到的

2016年，校长成立了工作小组，鼓励全体员工参加。鼓励和支持员工访问其他学校，参加培训活动和进行广泛阅读，并随后与该小组分享研究发现。同年，全校所有学生都参与了一项调查，以确定在我们处理心理健康问题的方法中，哪些地方还存在缺陷，以及如何最好地填补这些缺陷。就在这时，项目和计划的数量开始上升。所有年龄段的学生都接受了戴安娜奖的培训（www.antibullyingpro.com），成为反欺凌大使。我们的六年级学生被"改变时刻"（www.time-to-change.org.uk）培训为心理健康大使，我们所有的教职工现在都接受了英国"精神健康急救"（MHFA）（https://mhfaengland.org）的心理健康急救培训。针对教职工的幸福感问题，当地一位正念教师为教职工提供了一节黄昏训练。目前，许多教师正在赫里福德学院攻读儿童和青少年心理健康二级证书。

2016至2017学年，一项由学生主导的项目："改变你的想法"启动了。这个项目包括六年级学生为六年级班级策划和举办心理健康讲习班。第一年，这个项目团队访问了6所学校，第二年，数字翻了一番，访问了14所。在2018至2019学年，他们访问了23所小学，为1 000多名六年级学生提供了讲习班。2019至2020学年，该项目将继续扩展，将在关键阶段

2的新的健康和人际关系教育指南的基础上，规划更广泛的讲习班，并提供给沃尔萨尔以外的中小学。中学教师如果想在自己的学校建立"改变你的想法"，可以接受一天的培训。你可以在Twitter@QMGS_CYM上关注这一活动。

此外，还在2017年2月和2018年2月为两个心理健康认知周提供了资金，其中包括儿童和青少年心理健康服务、多样性角色模型（www.diversityrolemodels.org）、英国国家医疗服务体系工作人员的访问——当然，还有罗斯·莫里森·麦吉尔的访问！尽管学校承受着巨大的财政压力，我们的校长兰顿先生还是兑现了他的承诺，将幸福感作为优先事项，不仅提供资金，而且还增加了5名教职工，以减少现有团队的工作量。

其他教师和学校领导如何将此应用于他们自己的实践和学校环境

不用担心——学校可以完全免费地做很多这样的事情。首先，确定是否有教职工或学生已经认识可以主动帮助他们的人。例如，玛丽女王文法学校的一位教职工的邻居是一家社区诊所的业务经理，她主动提出以顾问的身份参与到第六学级学生准备的一场关于英国国家医疗服务体系心理健康资助的辩论中，这也是我们2018年认知周的一部分。

其次，你可以在自己领域内建立互惠互利的伙伴关系。索菲·麦克菲与一家养老院合作，成立了一个"幸福感小组"，这个小组本身是不需要任何

成本的。每个月，学生们都会拜访当地居民，与他们聊天，从而建立代际关系，增进双方的幸福感。

再次，有许多组织免费提供培训和资源。"改变时刻"的心理健康大使培训是免费的，任何有兴趣学习如何传递"痴呆之友"信息的人也都可以参加免费的"痴呆之友倡导者"培训。我们的七年级学生在我们的个人、社会和健康教育课上都会有一个"痴呆之友"项目。儿童和青少年心理健康服务还将免费向学生介绍获得幸福感的五个步骤，并提供有关心理健康障碍的信息。

或许学生心理健康教育最有效的方法是提供学校课程——这也是完全免费的。确保个人、社会和健康教育有足够的时间和专业的人员配备，以便将心理健康作为一个明确的主题来教授。确保在个人、社会和健康教育的其他主题（如赌博、债务、营养和人际关系等）中也提及了心理健康。确保你的两性关系和性教育项目包容了同性恋、双性恋和跨性别者（LGBT），并且所有学生都能理解"LGBTQIA+某术语"（女同性恋、男同性恋、双性恋、跨性别、酷儿、间性人、无性恋；"+"表示其他的性倾向和性别认同）。在玛丽女王文法学校，我们还建立了"彩虹社"—— 一个学校LGBT群体。"巴纳多的真爱之石"（www.barnardosrealloverocks.org.uk）有丰富的资源，可以让这个群体的学生感到被理解，并成为更广泛的学校社区的重要组成部分。应鼓励部门主管也通过他们的主题来探讨心理健康主题，所以要抓住员工会议或培训这样的机会。

最后，也是至关重要的一点是，高层领导团队应该利用其影响力，确保建立一种文化，让所有人都能自在地谈论自己的心理健康，并在为他人的利益制订计划时感到被支持。心理健康认知不是一次性的集会、剧场表演或展示。它是发展繁荣的21世纪学校社区的基本组成部分。

为什么这会起作用

——萨拉·沃拉博士

作为一线的儿童精神科顾问医师，我评估和治疗出现各种心理健康状况的儿童和年轻人，其中包括抑郁和焦虑、注意力缺陷多动障碍、自闭症谱系障碍、饮食障碍、强迫症、自残和自杀意念等症状。我不仅考虑孩子说出来的困难，还考虑孩子周围的系统（家庭、学校和朋友圈），在某些情况下，时间长了，这些系统会使孩子的困难加剧；当然，社交媒体、欺凌和年轻人在学业上承受的压力是导致心理健康欠佳的常见原因。

我认为至关重要的是，在儿童和年轻人年幼的时候告诉他们保持良好心理健康的重要性，以及发现他们可能正在挣扎的迹象。我很高兴得知一些学校在这一领域掀起了一股浪潮，比如玛丽女王文法学校。玛丽女王文法学校采取各种措施确保心理健康教育嵌入到学校的方方面面，并将其作为个人、社会和健康教育课程的一条主线贯穿始终。将心理健康教育减少到仅仅一节课或一项打钩练习是不够的，这样将无法反映问题的严重性和影响范围。

改善内部沟通只是解决方案的一部分。尽管政府举措已将儿童心理健康确定为一项重点，并鼓励更开放、更诚实的交流，但心理健康问题仍存在一定程度的耻辱感；当然，娜塔莎·德文在心理健康章程方面的工作支持了媒体使用非污蔑性语言，从而促进更负责任的报道。耻辱感和羞耻感可能意味着年轻人在主动寻求帮助方面出现迟疑，而且往往是在他们达到危机点之后，其他人才知道他们的困难。

我鼓励学校采用红绿灯式的交流方式——在学生入学时给他们配备红、黄、绿三色的抽认卡、手环或代币。教师和学生就每种颜色所代表的含义和预期的行动达成一致；这可能要参考每个学生的个人情况。例如，一名学生将一张红牌滑到课桌前，可能是在向教师暗示，恐慌症即将发作，他们需要在休息室待上一段时间来缓解紧张情绪。这使学生们能够将他们的困难传达给教职工和同学们，也让他们周围的人知道可以做些什么来帮助他们。

萨拉·沃拉博士是儿童和青少年心理咨询师、畅销书作家和专栏作家。2016年，萨拉创建了"心理医生"（Instagram@themindmedic），旨在破除关于心理健康的谬见和常见误解，并以一种通俗易懂的方式分享实用建议。

Chapter 6

第六章
学困生

　　所有学校必须面对的最大挑战之一是满足每个孩子的需要。帮助学习有困难的学生是我们在教育领域最大的责任，也是我经历过的最困难的事情之一。了解学校内的支持结构如何运行最佳，这是一个比较复杂的问题，这涉及教师与学校如何在整个机构内部署有限的资源来支持教与学，并满足每个孩子的需求。

　　在我的职业生涯中，我曾帮助过许多弱势儿童。我相信你也这样做过，而且会有许多有关胜利和苦难的感人故事。学校必须为孩子们提供一个安全的地方供他们学习和茁壮成长，但我们都遇到过这样的一些学生：他们显然有复杂的需求，需要额外的帮助，但体制的不足却令他们失望。

　　我清楚地记得我教过的几个学生，其中一个患有严重的多动症，另一个患有先天性多发性关节挛缩症，这种病影响了他的腿——他需要腿上带着卡钳，才能在校园中行走（其中甚至还有三段楼梯）。在我的班级中还有一个视力受损的女孩，以及一个患有严重大脑性麻痹的孩子。这仅仅是来自英国教育体系的4名学生。在英国，每学年有800万儿童在32 000所学校就读。在这些学校中，大约有1 250所是特殊学校。到2019年1月，估计有35.4万名儿童和年轻人需要参与教育、医疗和保健计划，我们的学校体系该如何帮助他们呢？

　　当然，也有"有潜在特殊教育需要和残疾"的学生。这些学生似乎在苦苦挣扎，但可能由于偏见、协议和程序的限制，或者是缺乏科学的诊断，他们却没有我们大多数人习惯上认为的特殊需要和残疾。所有这些年轻人仍然需要额外的帮助，才能在我们的课堂上取得进步。许多人认为，我们应该增加对这些"有潜在特殊教育需要和残疾"的学生的关注，并促进平等。例如，学校提供的必要条款中，可能会承认，患有心理健康疾病和抑郁症，或患有未确诊病情（由于缺乏研究或认识不够）的学生，也可成为被帮助对象。

那么，你对特殊教育需要和残疾真正涵盖的内容了解多少呢？它所包含的困难、障碍和疾病的数量可能比大多数人意识到的要多得多。根据《特殊教育需要和残疾行为守则》，如果一个孩子"在学习上比大多数同龄人更困难"，或者"患有一种障碍，使得他们无法使用主流学校通常为同龄人提供的设施"，那么他或她就具有特殊教育需要，或身患残疾。因此，"特殊教育需要和残疾"包含了阅读障碍、运动障碍和计算障碍等学习困难，言语、语言及沟通需要，自闭症和多动症，社会、情绪和心理健康问题（也称为SEMH），以及听力或视力丧失等身体缺陷。

"特殊教育需要和残疾"的广泛定义，意味着在任何一间教室或一所学校中，需要教师特别关注的学生的比例可能比你最初想像的要高。这些学生可能会发现学习很困难，可能会表现出叛逆行为，并且他们肯定也可以从量身定制的策略和额外的帮助中受益。当然，至少在主流学校，在繁忙的课堂环境中提供这种帮助是一种挑战，要知道，课堂上会有30名学生在争夺教师的注意力。

为什么这是一个问题

帮助学习有困难的学生一直是教师和学校的首要任务，但现在比以往任何时候都更重要的是，所有教师和学校领导都要对"特殊教育需要和残疾"

真正涵盖的内容有一个扎实的认识，知道如何才能最好地在教室中帮助这些孩子。由于对特殊教育需要和残疾的评估空前高涨，以及外部服务机构能够提供的服务已经达到极限，培训、资金和资源的缺乏使得教师、学校和市政委员会无法满足日益增长的需求。现在，让我们进一步分析一下这些挑战。

越来越多的学生正在接受评估

> "我希望每个学生都能感到自己是独一无二的，他们是重要的，他们所做的事情是有价值的。"
>
> ——萨利·李，校长，坦特登霍姆伍德学校

通过教育、健康和保健需求评估来确定儿童或青少年是否需要特殊教育需求和残疾人教育方面的具体帮助。他们的父母或学校教职工（实际上，通常是特殊教育需求协调员）可以向地方当局申请评估。地方当局将根据所提供的资料决定是否着手进行评估。评估结果将决定是否向儿童或青少年提供教育、健康和保健计划。一项教育、健康和保健计划一旦发布，它将确定儿童或青少年在这三方面得到的帮助。教育、健康和保健计划是由地方当局与可能从事儿童工作的其他机构协商制定的，如那些专门从事教育心理学、言语和语言或社会保健的机构，服务于儿童学校、家长、儿童自身（最好是这种）的机构。

根据英国教育部的数据，2010至2019年间，英国参与教育、健康和保健计划（2014年以前称为"报告"）的儿童和青少年的数量每年都在增加。2019年，有约35.4万个教育、健康和保健计划被实施，而2010年有约22.5万个"报告"。这是一个巨大的增长。当然，学习困难、身体疾病和身体残疾的数量不大可能真的增加了；相反，部分出于对"特殊教育需要和残疾"的理解、

意识和开放程度的提高，评估变得更加普遍了。

让更多的学生享有教育、健康和保健计划，可以使每个与这些孩子一起工作的人获得更多信息，了解这些孩子取得进步所需的特定的帮助和帮助的频率。教师，尤其是特殊教育需求协调员，应该尽其所能为儿童提供正确的评估和专业服务，当学校的支持不够时，他们应该进行需求评估。然而，这确实意味着越来越多的学生在课堂上需要特定的帮助，教师需要知道如何确保他们的需求得到满足。人们认为"质量第一的课堂教学"就是解决办法，但很少有证据表明，如何设计这些策略来满足有特殊教育需要和残疾的学生，而在最初的教师培训课程中也几乎没有这类培训。

显然，并不是所有有特殊教育需要和残疾的学生都能享有教育、健康和保健计划，学校仍然有责任为这些学生提供帮助。重要的一点是，学校要为这些学生提供必要的帮助，以确保他们获得进步，取得指定的成果。总而言之，无论学生是否享有教育、健康和保健计划，教师都有大量的工作要做，以确保学生在学校得到充分的帮助，并能够取得进步和成就。一个显而易见的解决方案就是额外的教师培训，但这在实践中会是什么样的，还可以做些什么呢？

关于有特殊教育需要和残疾的教师

我记得曾与一位同事共事，她给人的印象是她在教学上真的很吃力。多年来，观察她的教学，我注意到，当学生指出黑板上的拼写错误或者问她问题时，她都会很为难。我观察到她要么无视这个问题，要么试图解读信息并做出回应。我们都知道，在紧张的课堂上，这可能是一件相当困难的事情，尤其是在被听课的时候，这位教师显然觉得这很具有挑战性。

在一次教师培训日中，我们决定讨论我们作为教师，自身读写能力的重要性。我们分享了对认知过载和信息解读的看法，以及课堂上一些教师可能有的特殊的学习需求，比如阅读障碍。培训结束后，我提到的那位同事来到我的办公室，并与我讨论她的阅读障碍问题。幸运的是，我可以使用学校资金来展开阅读障碍评估，以便在课堂上帮助她。这项花费并不高，英国阅读障碍协会和伦敦阅读障碍协会是两个非常有帮助的组织。

这位教师去赴约，经过各种评估后，上述组织的一个成员到她的学校探访她，观察她的教学，并进行各种活动，如评分和评估，然后向学校提出建议。我还买了一个录音机，一个电脑屏幕过滤器和其他一些资源来帮助她的工作，这也没花多少钱。此外还要强调的是，她应该在课堂上以及在批改学生作业时得到一些额外帮助。

现在回想起来，虽然我并不确定，但我认为这对这位教师的职业生涯意义重大。她50多岁了，在一所非常具有挑战性的学校工作，我怀疑她是否曾考虑过离开这个行业。提高整个学校的教学水平，并使所有的教师都能做到最好是我的责任。我很高兴听到她现在仍在同一所学校工作，我希望通过支持她的个人需求，能帮助她做出改变，使这位教师不仅留在课堂上，而且事业蓬勃发展。

致所有读这本书的学校领导：要有必要的手段来支持所有在学校工作的教师，并且尽可能地支持我们的同事。当他们似乎在苦苦挣扎或没有达到期望的标准时，可能是有潜在原因的。同时也要记住，根据《2010年平等法案》，学校有义务对教职工做出合理调整。通过一点点的挖掘和有针对性的教师培训，你真的可以改变一个教师的生活。

并致所有有特殊教育需要和残疾的教师：说出来，并确保你得到了需要的帮助，不必在沉默中挣扎。

有限的资金和资源

为了维持高水平的帮助，并确保每个学生不仅在学业上取得成就，而且能够在校内外成功地与同龄人相处并做出贡献，学校必须有充足的资源和资金。在需求不断增长的情况下，用于学校的资金支出减少，规模较小的地方服务被削减，导致服务紧张，弱势学生的需求得不到满足。有复杂需求的学生需要从另一个成年人那里获得额外的支持，这是毫无疑问的。但在英国各地的许多学校，当学校经费减少时，首先被裁掉的是助教。这给课堂教师带来了更大的压力，他们必须找到办法，与同事们一起在课堂上帮助孩子。同时这也使一线教师的工作量增加了两倍。

与我交谈过的一些特殊教育需求协调员也认为，由于资源和资金减少，他们的角色压力越来越大，许多人被要求进行"创造性"思考，并设计"创新"战略。特殊教育需求协调员在学校中分配法定经费已经费尽心力，更不用说进行干预和提供更全面的支持了。在我的记忆中，担任特殊教育需求协调员一直是具有挑战性的工作，在削减实际资助的情况下，想像一下现在我们不得不为那些弱势的学生做出哪些艰难的决定。

2018年12月，英国教育部宣布，他们将向地方议会额外拨款3.5亿英镑，用于资助有特殊教育需求和残疾的学生。政府说："通过额外的1亿英镑投资，在主流学校、大学和特殊学校创建更多的专业教育场所，让更多的孩子和年轻人能够进入满足他们个人需求的好学校或大学，家庭也将因孩子教育的更多选择而受益。"

这就足够了吗？全国校长协会和议会领导人都不这么认为。他们认为，这笔资金的注入不会解决学校和地方议会目前面临的"特殊教育需要和残疾"资金危机。根据地方政府协会的数据，他们认为仅今年就有5.36亿英镑的高需求资金缺口，加上议会在2010至2019年期间可能已损失60%的资金，

85%的教师和学校领导认为，帮助有特殊教育需要和残疾的学生是他们日常实践中具有挑战性的方面。

所以，这样看来有关特殊教育需要和残疾的资金问题不会很快被解决。

当然，有些事情不是我们力所能及的。首先，我们无法凭空产生额外的资金。但是，有些事情，即使是主流学校里压力很大的教师也可以做到。接下来，我们将考虑一些实用的方式来改善课堂教学，以提高有特殊教育需要和残疾的孩子的教育效果。本章的案例研究将着眼于在整个学校层面上可以做些什么，重点关注设计和实施更广泛的课程是如何产生影响的。我希望本章的观点能够对解决这些问题有所帮助。

我们该如何解决这个问题

帮助有社会、情感和心理健康困难的学生

任何年龄段的学生都需要帮助，以应对任何学校环境中学习的复杂性。然而，对于有社会、情感和心理健康困难的学生来说，在学校的挑战似乎是无法克服的。

什么是社会、情感和心理健康困难

社会、情感和心理健康困难是一种特殊的教育需要。由于潜在的心理健康问题，如焦虑、抑郁或多动症，有社会、情感和心理健康困难的儿童经常感到很难管理他们的情绪和行为。他们通常很难与成年人和同龄人建立关系，可能会孤立自己，显得孤僻，或表现出破坏性的、不合群的甚至伤害性的行为。

我们能帮上什么忙

教师可以做很多事情来帮助有社会、情感和心理健康困难的学生。以下是我发现的最有效的策略。

提供量身定制的时间表

考虑到学生的具体需求来定制时间表可以帮助有社会、情感和心理健康困难的学生。这可以包括允许他们不参加某些活动（如集会或特定的非核心课程）。也可以让他们在其他时间进行课间活动，以避开拥挤的走廊。对于有社会、情感和心理健康困难的学生来说，非结构化的时间也是一种压力，所以休息和午餐时间的活动可以被列入时间表。

提前提醒变更情况

对于孩子来说，即使是日常生活中一个看似微不足道的变化，比如一件新毛衣——如果他们有社会、情感和心理健康困难——也会引起巨大的反应。再比如一位新教师或一项新的日常工作，就可能会严重扰乱他们的学习。在任何变化或任何可能的异常发生之前，一定要给这些孩子明确的提醒，这有助于他们理解和处理这些潜在的棘手情况。

训练同事去了解孩子的诱因

首先，确保你对孩子的诱因有清晰的认识。如果他们的行为与性格不符，试着找出原因，并记下任何反复出现的原因。一旦你完全了解了这个学生，确保与你同时教这个孩子的其他同事能够意识到可能导致这个孩子行为失常的任何事情。

> "我们有一项政策，就是从不永久开除学生，而是找到一种方法来确保他们参与进来。我们有一处现场设施，叫作'生活中心——每个人都适合学习'，换句话说，我们不会放弃他们，而是与他们配合完成生活中心提供的其中一个项目。我们的想法是尽可能地让他们重新融入群体。这是一个可以满足他们需求的环境。每个人都有自己的路。"
>
> ——萨利·李，校长，坦特登霍姆伍德学校

为可能出现的问题制订一个积极的计划

当有社会、情感和心理健康困难的孩子遇到挫折时，求助于一个简易的应对策略列表，会产生不错的效果。给孩子机会和你一起讨论在特定情况下什么是有效的，这样列表中也有他们的投入。记住，当事情进展顺利时，不要忽略这个列表——这并不意味着不需要列表，只是意味着它正在起作用。

有一个安全的空间让孩子知道他们可以在这里冷静下来，这一点也很重要。这个空间应该能让学生安静地思考，并与成年人私下交谈。

帮助有运动障碍的学生

我们如何帮助有运动障碍的学生呢？每20个孩子中就有一个患有运动障碍，在你的职业生涯中，班上很可能至少有一个孩子患有运动障碍。有趣的是，男孩被诊断为运动障碍的可能性是女孩的四倍。

运动障碍是什么

有些人可能不知道，简单来说，运动障碍是一种特殊的学习困难，影响协调能力、运动计划和运动能力。运动障碍与智力无关，但它会导致以下困难。

• 言语及语言（语言障碍可由言语及语言治疗师诊断）

- 阅读和写作

- 遵循指示

- 组织技能

运动障碍是无法治愈的，也不是孩子们长大后就能摆脱的，所以有运动障碍的孩子长大后仍会有运动障碍。

运动障碍基金会给出了一个具有价值的定义：

"运动障碍是一种发育性协调障碍，是一种影响儿童和成人精细和/或粗大动作协调的常见障碍。……发育性协调障碍不同于其他的运动障碍，如脑瘫和中风，它发生在不同的智力范围内。"

有运动障碍的孩子经常感到学校生活的要求很难应付。例如：

- 他们可能在交朋友和维持友谊方面有困难。

- 笨拙的动作可能会被误认为挑衅。

- 他们不能遵循指示执行任务，这可能会被误认为懒惰或淘气。

- 学业失败和不擅长体育活动（包括在操场上），可能会造成自卑。

患有运动障碍的儿童很容易成为欺凌、嘲笑和社会孤立的受害者。

识别运动障碍

虽然不能"治疗"运动障碍，但教师可以帮助孩子们应对这些困难。有运动障碍的孩子可能有下列问题。

- 沟通能力差，说话不清楚

- 说话找不到合适的词

- 说话简短

- 语法上有困难

- 阅读有困难

- 以单一语调阅读

- 很难遵循或记住指示

- 注意力持续时间短

- 数学不好

- 拿钢笔或铅笔时显得笨拙

- 写字慢而吃力

- 不太会使用剪刀，剪不好，粘不好

- 坐立不安

- 在课堂之外动作显得不协调：例如，他们在学校食堂吃午饭时可能会掉东西；吃东西可能有困难；或者在走廊上走路的时候会撞到学校的设备或者不小心撞到墙上

患有运动障碍的孩子会发现体育课和体育活动非常具有挑战性，他们会逃避这些活动，因为他们可能遇到下列问题。

- 丢失物品

- 脱衣和穿衣非常慢

- 把鞋子穿错脚

- 无法执行指令

运动障碍是一种复杂的疾病，有些孩子只具备上面所列的部分特征和问题，而有些孩子却具备所有的特征和问题。有些孩子可能有其中一些特征，但不属于运动障碍。运动障碍是一种谱系疾病，因此一些学生将比其他人受到更严重的影响，并且个体往往倾向于几种症状混合出现，而不是所有症状都有。

我们能帮上什么忙呢

每个有运动障碍的学生都是独特的，有效的策略因人而异，但作为教师，我们可以做很多事情来帮助他们获得基本技能，并尽量降低运动障碍相关

问题的影响。

一次只做一件事

与其给孩子们一串指令，不如一次只给一个指令。两个或两个以上的指令会使有运动障碍的孩子陷入混乱。

重复

指令和信息的重复对所有的孩子都有益——尤其是有运动障碍的孩子。不断地确认孩子们是否已经理解了你所说的话以及他们需要做的事情。

列举并打钩

通过使用列表和日记来帮助孩子们记住信息，这样他们就可以一边做一边打钩。试试"反向链接"（或"反向推理"），这是一种推理方法，先教孩子最后一步，然后从目标开始往前推理。

避免比较

永远不要把有运动障碍的孩子与没有运动障碍的孩子进行比较，这会导致严重的后果。千万不要比较！学校要提高对运动障碍的认识，因为这是一种有时会被忽视的疾病。

策略性安置

患有运动障碍的孩子不应该置身于学生很活跃的环境中，而应远离干扰，让他们可以将注意力集中在教师身上。

材料

倾斜的桌面或角尺会有帮助，铅笔夹或专门为运动障碍学生设计的设备也会有帮助。看看网站www.fantasticdyspraxic.co.uk/shop里有什么。

赞美

为每一次努力和成就喝彩，无论它们多么微不足道。患有运动障碍的儿童会习惯于不断的失败，所以抓住每一个机会来提升他们的自尊，祝贺他们所有的成功。

分块

患有运动障碍的孩子会感到很难吸收和理解信息，所以要给他们充足的时间，分小段地教，把时间分成大块。

一对一

如果可能，试着一对一地对有运动障碍的孩子进行教育，不要把他们从课堂上赶走，因为这只会让他们感觉受到了侮辱。记住，他们在实践类课程中需要额外的帮助和监督，所以要鼓励团队合作。

帮助有计算障碍的学生

据估计，有3%到6%的英国人受到计算障碍的影响，但由于缺乏对这种特殊学习困难的研究，实际这一比例可能会更高。英国阅读障碍协会称，数学学习困难特别普遍，可能影响多达四分之一的人口。

什么是计算障碍

计算障碍（dyscalculia）这个词来自希腊语和拉丁语，意思是"计算能力差"，但它的含义远不止于此，还包括从空间意识到理解形状的各种困难。

研究表明，计算障碍是一种特殊的学习障碍或疾病，它会影响一个人的算术技能、理解数学概念和进行准确流畅的计算的能力。即使计算困难的学生使用了正确的方法或给出了正确的答案，他们也可能是机械地这样做，既不理解也没有信心。对许多学生来说，计算障碍使学习数学成为一种模糊的、充满焦虑的经历，并可能导致对数学的恐惧。

计算障碍有不同的严重程度，通常与其他特殊的学习困难一起出现，如阅读障碍、运动障碍和多动症/注意缺陷障碍，并与几种遗传疾病一起出现，包括脆性X综合征、顶叶综合征和特纳氏综合征。

有哪些迹象

计算障碍表现为一系列的困难，包括以下方面。

• 学习数数困难

• 较差的短时记忆

• 倒数和反转序列困难

• 理解位值困难

• 识别数字符号困难

• 心算困难

• 难以把数字和现实生活中的情况联系起来，比如不知道"5"可以应用于任何有5个东西的组合——5颗糖果，5只泰迪熊等

• 记不住数字和数字序列

• 难以识别图案并根据大小、形状或颜色对事物进行分类

• 不能清楚地书写数字，或不能将数字按正确的顺序排好

• 难以理解数学词汇，如"大于"和"小于"

• 难以学习和回忆数字事实

• 不能灵活使用规则和程序，例如，他们可能知道9+3=12，但没有意识到3+9=12

• 无法联结数字和符号，例如，不知道词语十、百和千等同于10、100和1000

• 看不懂测量数据，如看钟表、理财、读刻度、温度、质量和速度

• 左右不分，方向感差

• 无法识别+、-、×、÷等符号并正确使用

• 不能理解图表信息

如何诊断

觉得数学很难的孩子并不一定有计算障碍，原因有很多，但上述几个基本方面可能表明了计算障碍的倾向。目前还没有明确规定的计算障碍诊断测试，但侧重于算术、数字处理、工作记忆、空间技能、抽象推理和视觉处理速度的筛选测验会为诊断提供线索。有一本书可能会对判断是否有计算障碍有帮助——简·爱默生和帕特里夏·巴布蒂的《计算障碍评估》（*The Dyscalculia Assessment*）。

我们能做些什么

计算障碍并不是一种可以治愈的疾病，也不应该被当作一种用药物来治疗的疾病。计算障碍是一种需要，如果不及早干预，它很快就会成为一种特殊的需要。由于数学是一门发展性学科，任何焦虑或困难都很容易阻碍进步，成为学习的障碍。

与阅读障碍不同，关于如何帮助患有计算障碍的学生的研究很少，但教师可以使用一些常见的策略，使孩子们在日常接触数学时获得帮助。

- 使用具体的例子，将数学与现实生活联系起来，例如动手排序活动。
- 在解决问题时使用大量的视觉教具和操作材料。
- 使用聚焦于基本技能和适应学习需求的应用程序，例如DoodleMaths。
- 把课程分成小块，分配易控的任务量。
- 在学习新技能之前，复习一下最近学过的技能。
- 以解决问题的步骤来进行谈话。
- 在方格纸上做数学题，使数字保持在同一直线上。
- 留出额外的时间来完成任务。
- 列出多步骤问题的具体步骤。

想知道一些非常实用、简单和直接的想法，可以看看帕特里夏·巴布蒂的新书,《小学教师的100个想法:计算困难和计算障碍》(*100 Ideas for Primary Teachers: Numeracy Difculties*)和《中学教师的100个想法:帮助有计算困难的学生》(*100 Ideas for Secondary Teachers: Supporting Students with Numeracy Difculties*)。

帮助有阅读障碍的学生

根据英国阅读障碍协会的说法,英国有10%的人口患有阅读障碍。因此,作为教师,你很有可能会遇到几个有这种学习困难的学生,但你知道如何最好地满足他们在课堂上的需求吗?

什么是阅读障碍

对患有阅读障碍的人来说,挑战包括阅读、拼写和语言处理困难。这并不反映一个人的认知能力,也不反映他们在其他学习领域的表现。英国国家医疗服务体系确定了5至12岁儿童阅读障碍的几种症状,包括以下方面。

- 学习字母及其发音有困难

- 拼写不可预测,前后不一致

- 把字母和数字写反(比如把"9"写成"6",或者把"d"写成"b")

- 混淆单词中字母的顺序

- 阅读速度慢或朗读时出错

- 阅读时的视觉障碍(例如,孩子可能觉得字母和单词好像在移动或看起来模糊)

- 口头回答问题很好,但很难把答案写下来

- 难以执行一连串的指示

- 学习顺序时吃力,如学习星期几的排序或学习字母表

- 写作速度慢

- 字迹潦草

- 抄写书面语言有问题，需要花比平时更长的时间来完成书面任务

- 语音意识不强，猜词义的技能不佳

阅读障碍并不一定是在孩子上中学之前就被诊断出来的，所以中学教师也需要了解儿童阅读障碍的其他可能症状，这一点很重要。根据英国国家医疗服务体系的资料，这些症状包括以下方面。

- 书面写作表达不清，组织混乱（比如，尽管他们可能对某个主题非常了解，但在书面表达方面会有问题）

- 难以计划和撰写短文……

- 考试复习有困难

- 尽可能避免阅读和写作

- 记笔记或抄写有困难

- 难以赶上最后期限

我们能做些什么

有许多行之有效的策略可以用来帮助有阅读障碍的学生。我在下面列出了一些，但请务必选择最适合学生情况的策略。

培养阅读技巧

让学生对阅读感兴趣很重要，即使他们很难做到。刚开始的时候，试着经常读给他们听。如果他们喜欢听故事，这将鼓励他们更积极地思考阅读，而不是把它视为一项艰苦的任务。你可能会惊讶地发现，这对中小学生都适用。试着让你的辅导小组通过定期阅读来喜欢上书籍。一定要将故事留个悬念——他们甚至可能会去读图书馆的复本，因为迫不及待地想知道接下来会发生什么。如果有足够的勇气，你可以装扮一下，把故事表演出来，并鼓励

学生参与！

在小学阶段，试着和孩子一起读课文，一起解决生词问题，然后再让他们独立尝试，这是很有帮助的。有一个不错的主意，就是提前为孩子们提供一份有指导意义的阅读材料，让他们在家与家人一起阅读。在中学阶段，为有阅读障碍的学生提前提供课堂阅读材料，这样他们可以利用自己的时间事先阅读。

如果教师能在孩子入学时严格地教授单词拼读法（"看字读音法"），我们就能让孩子接触各种各样的文本来培养他们更深层次的理解力，从而培养他们对写作、阅读和讲故事（包括研讨会）的兴趣。积极鼓励他们书写和加深对语法的理解，但要一点点地来，发展有利于增加词汇量的认知方法，对于培养每个孩子对单词和阅读的热爱是至关重要的，对有阅读障碍的学生来说更加关键。

准备阅读材料

建议在浅色（而非白色）背景上使用深色字体，因为这在视觉上对阅读障碍患者更有益。尽可能确保讲义、活页练习题和演示文稿都遵循这个原则。同样值得考虑的是学生在教室所坐的位置。爱普生对300多名不同背景的教师进行的研究显示，40%的教师认为孩子看不清屏幕和考试分数低之间存在相关性。我能想像得到，对于那些在教室里被分配"最差座位"的有阅读障碍的学生来说，这些结果可能会更糟。

培养独立性

赋予学生自主权，让学生在最需要帮助的时候自助，这是增强他们能力的好方法。感觉被理解和支持对所有孩子都很重要，而对有额外需要的孩子更是如此。以下是帮助有阅读障碍的学生走向独立的四个步骤。

1. 与学生进行一对一的谈话，表明你理解阅读障碍会影响他们上课和学习，并表示愿意帮助他们克服一些困难。

2. 和孩子一起做笔记，列出他们在课堂上面临的挑战类型，例如不知道单词的拼写或含义，或者他们觉得很难理解或记住的信息。

3. 为孩子们组建一个在校学习设备（平台）。当与他们再次见面时，向他们展示如何使用一些应用程序来帮助他们学习。例如：

a. "如果不知道一个单词的意思，可以在词典应用里输入它。"

b. "把展示的幻灯片拍下来，这样就可以回头看了。"

c. "要检查拼写，可以使用拼写检查应用程序。"

d. "可以使用计算器应用程序检查计算结果。"

e. "用这个应用程序求助。"（如果学生认为他们会被同伴弄得很尴尬，这是非语言交流的好方法。）

4. 上课时，提醒学生独立使用设备。注意：如非必要，不要一直使用技术手段。

发挥他们的长处

患有阅读障碍的学生可能很有创造力。他们可能会提出创新的想法和解决方案，因为他们可以专注于"大局"，而不会陷入细节。找到发挥学生长处的方法，他们的信心和动力就会飙升！

> "一些学生可能会觉得英语、数学和科学很难，而且不得不学，因为这是他们核心课程的一部分。但是如果我们能给他们机会去学习餐饮、建筑、美容和医疗，或者健康和社会保健的知识，那么就能给他们提供一个能在其中找到真正意义的课程。关键是要找到他们能够出色完成的事情。"
>
> ——萨利·李，校长，坦特登霍姆伍德学校

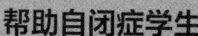

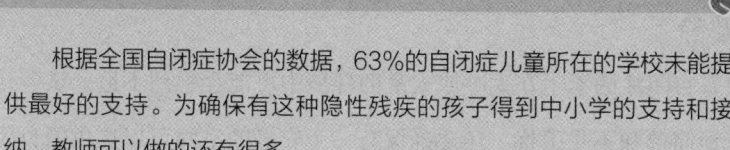

帮助自闭症学生

根据全国自闭症协会的数据，63%的自闭症儿童所在的学校未能提供最好的支持。为确保有这种隐性残疾的孩子得到中小学的支持和接纳，教师可以做的还有很多。

什么是自闭症

英国全国自闭症协会将自闭症定义为"一种终身发育性残疾，影响一个人与他人沟通和联系的方式，以及他们体验周围的世界的方式"。自闭症是一种谱系疾病，会以不同的方式影响人。自闭症学生可能有严重的学习困难，也可能非常聪明。他们可能沉默寡言，也可能十分健谈。他们可能非常喜欢社交，或者总是逃避社交。自闭症男孩和女孩的表现方式也存在差异。因此，了解个体差异以及如何最好地帮助他们是很重要的。

许多患有自闭症的学生将会有个人的教育、健康和保健计划，但有一些学生，尤其是女孩，则不会被诊断出自闭症。事实上，在2017年，在有"报告"或教育、健康和保健计划的男孩中，患有自闭症的占31.1%，相同条件下，患有自闭症的女孩占15.7%。女孩可能会被忽视或被延误诊断，因为"她们不符合刻板印象或其症状被误认为是其他情况"。"由于早期关于自闭症的假设主要涉及男性，研究通常只招募男性群体"，也就是正如弗朗西斯卡·哈佩教授所说，"我们自认为从研究中了解到的自闭症实际上只限于男性自闭症"。

我们能做些什么

在帮助自闭症学生方面，教师能做的最重要的一件事就是确保为他们提供一个能够满足其需要的环境。这必须考虑到一个事实，即自闭症患者通常对周围环境非常敏感，很难表达自己的感受。这里有一些建议可以确保自闭症学生在学习环境中感到舒适和受欢迎。

保持安静

患有自闭症的学生在太吵或太乱的环境中可能会感到不适。试着让教室尽可能地简单和不受干扰。还要确保有一个安静的空间可以提供给自闭症学生，这样他们就可以在其他学生过于吵闹时较少受到干扰。最重要的是，为学生建立一个清晰的日常生活框架，特别是在中学，你可能一周只和他们在一起待一个小时。

表达清楚且直白

自闭症患者很难理解讽刺、隐喻和惯用语。即使班上大多数学生都能明白你的意思，也要说得非常清楚，避免使用任何非字面的语言。也可以尝试使用视觉教具，如视觉提示、符号或真实的图片，在一年内不断重复这些指令。在开始发出指令之前，确保学生注意力集中，给他们足够的时间来处理信息。

15年前，我攻读符号学硕士学位时，研究了罗兰·巴特、费迪南德·德·索绪尔、约翰·洛克和翁贝托·艾柯等社会科学领域的杰出思想家的著作。我发现了一个关于符号和暗示符号的迷人世界，然后开发了一个课堂资源，通过使用语言和非语言交流来为所有学生提供帮助。更多信息请访问bit.ly/SemioticsByTeacherToolkit。

保持一致

确保自闭症学生清楚你认为可以接受的行为。明确传达课堂规则。违反这些规则的任何后果必须是一致的，而且必须对学生和教职工一视同仁。

也就是说，要记住每个学生都应该被平等对待，但也要作为个体来对待。

无论学校政策和行为准则规定了什么，你都必须调整政策，并在必要的时候针对每个学生单独运用，特别是那些有额外需要或弱势的学生。例如，对于自闭症学生来说，常规的"隔离"并不是一种有效的行为策略。对自闭症患者来说，将自己从某种情境中抽离的能力是一种重要的应对机制，因为这能使他们从压力中恢复过来，所以以这种方式使用"隔离"是很重要的，而不是作为一种惩罚或奖励。回到课堂上，与学生进行对话，提醒他们自己的选择，以及这些选择的后果是否符合学校的政策，符合你对他们的期望。这将确保你不仅是在管理他们的学习需求，而且可以在出现困难时不断地强化界限，并表达你最希望如何帮助他们。

学校案例分析

学校名称：霍姆伍德学校和第六学级中心

地点：坦特登，肯特郡

背景：霍姆伍德学校是一所位于肯特郡坦特登的国立学院学校，招收11至18岁的学生。它有2 000多名学生和250多名教职工。这是一所综合性的学校。这里的学生来自广阔的下游区，包括不断发展的阿什福德镇、当地的坦特登镇和该地区的许多乡村。学校接纳各种能力的学生，有强烈的包容性。它的教学和学习方法支持这种包容的精神，旨在使所有学生受益。

这所学校有自己的"语法+"能力小组，提供快节奏、富有挑战性的课程，堪比学生在肯特文法学校的体验。这种高度学术性的服务，加上学校全面而广泛的课程设置，使学生获得比在文法学校更丰富的体验。这个能力小组的学生也有机会通过与教育学院汉语培优计划相关的速成课程学习汉语。学院还拥有创新的I-College（一种在线学习平台），将传统的教学方法与自主学习相结合，使学生成为自我激励的学习者，为自己的进步和成功负责。I-College的学生有一个更灵活的时间表，到十一年级时，他们可以独立管理大部分时间，并在需要的时候获得教师的专业知识指导。

霍姆伍德在艺术领域有着深厚的传统底蕴，拥有一个设备齐全的专业剧院。霍姆伍德还有一个农场，反映了学校的农村位置，以及一个新的3G球场，为学校和更广泛的社区提供最先进的体育设施。霍姆伍德是坦特登学校信托基金的一部分。坦特登学校信托基金是一个小型的多学院信托机构，包括几所当地小学和一所幼儿园。

210

为什么这个领域是你们学校的强项

我们的教与学以强大的课程体系为基础，并根据学生的个人兴趣和能力提供广泛的课程选择。我们确保学生在学习过程中尽可能成为教师的积极伙伴。我们鼓励各种各样的学习方法，不畏创新。教师们有承担风险和尝试自己想法的自由，同时仍在商定的部门课程计划及学校的评估、反馈和行为管理政策范围内工作。

外部访问者的反馈让我们深刻地意识到，我们的课程比许多学校的课程更广泛，更有创新性，但我们并不自满。我们学校教与学的方法特别吸引学生，I-College就是一个鲜明的例子，它是我们为学生定制个性化课程的方法之一。通过提供一种让学生可以独立学习和管理自己时间表和工作量的环境，I-College获得了"皮尔森教学奖"，得到了全国认可，皮尔森将"杰出科技应用"银奖颁发给了I-College院长凯特·法雷尔女士。

你们学校是如何做到的

2014年，我们重组了学校的组织方式，确保学习是我们组织的核心。现在每个学生都属于一个学院，学院由一名高级教师领导，他的工作重点是在学院内发展高质量和有效的教与学，并最大限度地提高学生的成绩。他们由非教学人员组成的团队支持，可以照顾学生的福利需要。学院院长还担任学院内各学科的教员领导。

学生在九年级做选择时，通常被分配到与他们在进行学科选择时表达的兴趣最接近的学院。如果他们的学科选择包括一个以上的艺术科目，他们就进入艺术学院。如果学生想要学习一门以上的商业相关

课程，他们可以进入企业商学院。选择一门以上中学毕业会考课程的学生将进入世界学院。这意味着每个学院的学生导师都能分享学生的学科兴趣，并能与学生进行以学习为中心的对话。如果学生想在自己的学习上有更大的自主权，也可以选择在九年级加入I-College。

七年级和八年级的大多数学生都在探索学院，这里的课程设计能让他们获得所需的所有知识和技能，在学校内外的学习中取得成功。探索学院中那些有特殊教育需要和残疾的学生可以在我们的关键技能组中获得特别帮助，这些技能组通过小组培育的形式（nurture-group）来发展核心技能。学院结构对于在整个学校成功建立积极学习文化非常重要。

建立强有力的、广泛和个性化的课程是另一个重要因素。除了完整的核心课程和中学毕业会考（EBacc）课程外，我们还为学生提供机会，让他们追随自己的兴趣，同时保持课程的广度和平衡。艺术、应用学习和农村维度是我们的三个特别专业，我们所提供的课程反映了以下领域：广泛的艺术学科，包括表演艺术（舞蹈、戏剧、媒体和音乐）和视觉艺术（陶瓷、纺织、平面设计、美术和摄影）；职业课程，包括美容、建筑和餐饮；以及动物护理等课程（这些课程反映了我们学校的农村性质，并由我们的当地农场提供支持）。这种个性化的方法对于满足有特殊教育需要和残疾的学生尤为重要。它还强化了我们的包容原则，这反映在我们的低定期开除率和零永久性开除上。

教职工的发展也是关键因素，确保我们的教与学基于实证，并把重点放在如何改善课堂上。我们采取质量第一的方法，旨在了解所有学习者的需求，包括我们有特殊教育需要和残疾的学生。领导力和管理能力也被纳入我们为教职工提供的培训中，再次强调如何在他们领导的团队中创造最佳的学习体验。我们每周为院系和学院团队提供专门的时间（最多两小时），让他们一起制订学习计划和改善课堂实践。

其他教师和学校领导如何将此应用于他们自己的实践和学校环境

我们建议，学校允许领导和教师在明确的结构下和一致的期望范围内自由创新和承担风险。这意味着建立一种非常清晰的理念，每个人都能理解这一愿景，都能做出贡献并致力于实现这一目标。这也意味着要确保一种免责文化，在这种文化中，犯错是可以接受的，教师们可以在校内外获得发展的机会。

确保教师能够接触到最新的研究，这一点也是很重要的。在霍姆伍德，我们聘请了一名教师研究员，每周工作两天，他会让我们关注当前的研究，并为霍姆伍德内外的研究项目提供支持。要提供高度支持的、连贯一致的系统，这种系统要有效且关注教师的工作量（包括学生行为管理和家长沟通），以使教师能够专注于课程计划和授课，并向学生提供反馈，避免不必要的干扰。

给教职工时间来一起计划和讨论教与学，这并不容易实现，但如果要培养一种以学习为中心的风气，就需要把它纳入学校的所有系统。在我们的案例中，我们改变了上课时间，允许每周提前一天放学，这样就可以把宝贵的时间投入到这项工作中，到目前为止，这是非常成功的。我们也确保各部门及学院可以灵活使用一年中的其他训练时间——包括每周放学后一小时和五个在职培训日——以配合培训及发展的需要。整个学校的问题也会在这段时间内得到解决，但我们尽量把这一时间控制在最低限度。

作为一所规模较大的中学，我们更容易实现课程多样性，但同样重要的一点是，要提供足够的广度来确保学生（包括有特殊教育需要和残疾的学生）对自己的学习方法有一定的所有权。在当前的金融环境下，学校需要发挥极大的创造力来实现这一目标，灵活的时间表和学生分组可以开辟各种可能性。在霍姆伍德，大型学习空间的使用——例如我们的商业研究领域——使我们能够在同一时间提供同一领域内的一系列主题，同事们的工作效率很高。创新方法的引入（如I-College），也允许灵活的时间表和人员安排，这样的管理非常有效。教学实践正在日益发展。

为什么这会起作用

——安吉拉·布朗

从许多方面来看，我们在特殊教育资金需求方面面临许多挑战，这使我们在如何与有特殊教育需要和残疾的孩子共处方面变得更加富有创造性、更加谨慎、更加执著。例如，领导者需要确保助教的专业知识能够充分惠及需要帮助的儿童，这可以为制定时间表和分组提供新的方法。同样地，教师们发现他们需要高度敏锐，以创造性的方式处理差异。

我很庆幸能在专业机构工作，资源和人员充足，使我们得以尽一切可能来确保孩子得到良好教育。然而，我也曾在一些中学工作过，在那里，情况并非如此，资金水平低下，使得帮助、管理有特殊教育需要和残疾的孩子变得非常困难。

无论如何，正如本章所强调的那样，我们可以在课堂和学校做很多事情来改善有特殊教育需要和残疾的学习者的体验。其中一个关键问题是，所有孩子都需要有条理和有规律的生活。缺乏组织、脱离常规会导致高度的焦虑，从而产生一系列行为问题。这对那些有特殊教育需要和残疾的孩子尤其重要。我专门与有社会、情感和心理健康困难的孩子打交道，根据我的经验，在特殊学校、学生收容处和主流环境中，常规程序和系统安排一直是我们所做一切的最重要基础。

学校要想很好地确保孩子们生活的结构化和日常性，需要有能够组织和安排自己工作的教职工。这意味着要充分准备孩子们的学习材料、安排学习材料的顺序以及制定明确和可靠的课堂常规。这也意味着，领导者必须注意那些可能的不利因素，它们阻碍有特殊教育需要和残疾的孩子进行有效的学习，破坏其幸福感。还需要考虑到临时教师或固定教学人员更换的问题。

学校里不必要的教室变动需要仔细计划和安排，不寻常的课程日——如运动日、开幕日等——需要站在有特殊教育需要和残疾的孩子的立场来考虑。如果在现有资金范围内，可以完成的工作都完成了，我们至少可以确保一种倡导包容的文化和愿景。

安吉拉·布朗在过去的17年里一直从事教育工作，最近的一次是担任布里斯托一家多学院信托机构的副首席执行官。她曾担任一所主流中学、一所学生收容处和斯坦纳学院的校长。安吉拉是NourishEd Collective和推特@nourishedschool的创始人。

Chapter 7

第七章
课程设置

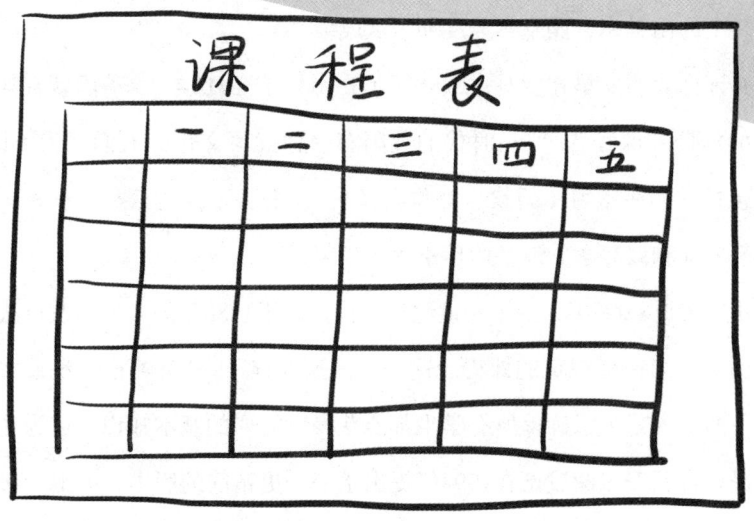

如果我们想要对学校必须做的事情下一个简单的定义，那就要从课程开始。这是我们作为教师和学校领导所做的一切的基础。毕竟，如果课程设置不当，学生很可能会心不在焉、行为欠妥，甚至可能成绩下滑，这里我指的是广义上的出勤率、课堂参与度和考试成绩。

有证据表明，早在罗马占领时期（公元43年至410年），英国就有某种意义上的学校"课程"。罗马时代的英国有一种读写文化，人们认为"课程"应该包括"初级学习（阅读、写作和算术）、语法（强调正确写作和文学文本的研究）和修辞学（演讲的理论和实践）"。

快进将近2 000年，到了20世纪80年代，由于1988年的《教育改革法案》，我们引入了第一套规定的课程。这一"国家课程"（针对英格兰和最初的威尔士）的引入是为了确保所有学生都能获得所需要的基本知识，成为受教育的公民。吉莉安·谢泼德在1994年提出了一个更精简的版本，大卫·布伦基特在1999年提出了另一个全面修订版本。埃德·鲍尔斯在2008年进行了进一步改革，迈克尔·戈夫在2014年再次提出了改革。正如我在2019年说的那样，课程设置已成为英国当前教育讨论的焦点。

为什么这是一个问题

可以说，国家课程的目的是确保学校所教授的知识和技能的一致性，这样每个学生不管上的是哪所学校，都能得到他们所需的教育。但这种教育应该是什么样的？它应该帮助学生找工作吗？应该帮助他们成为社会上活跃和有用的一员吗？应该帮助他们获得闯荡世界所需的技能吗？或者应该帮助他们学习一些先导知识，从而进一步学习某一特定学科吗？它应该多具有"学术性"？可以轻松评估课程又有多重要呢？

92%的教师和学校领导对他们围绕课程的日常工作感到自信或非常自信。然而，61%的人仍然认为这是一个具有挑战性的实践领域，24%的人认为这是他们学校的一个劣势。

　　每个人对这些问题都会有不同的看法（每个教育部长都想让我们知道他们的想法）。显然，在决定一门课程应该是什么和应该做什么方面有很多挑战；也许从苏格兰、威尔士和英格兰的现状中得出的教训是，要把它做好是非常困难的。我一直认为，如果没有对教师的支持，任何课程目标都是无法实现的，因为教师要尽其所能使课程生动起来，并使其对儿童来说具有连贯性和现实性。没有良好的教学，课程仅仅是一纸空文。

　　"我们经常说'以莫德林学院学校为终生'。当然，有一个重要的问题是，我们的学生应对考试失败的能力如何——但是，如果我们的学生没有资格参加考试会怎样呢？成功对我以前25岁、45岁甚至更大的学生意味着什么，这一点我很感兴趣，同时我还对他们是否继续上大学也很感兴趣。"

　　　　　　　　　　　　　　　——海伦·派克，校长，牛津莫德林学院学校

当今英国的"课程"

在苏格兰，2010年推出的"卓越课程"承诺为年轻人提供21世纪学习、生活和工作所需的知识、技能和特质。它不像英格兰的国家课程那样具有指令性，强调的是超越单个学科的总体目标和技能，比如发展公民身份或理解环境问题。它并非没有批评者。例如，爱丁堡大学教育政策教授林赛·帕特森说："课程中缺少对必要的思想或实践标准的认可，没有承认任何可能使各科目具有连贯性的理论框架。"新课程甚至可能导致苏格兰在国际学生评估项目（PISA）排名中从"远高于平均水平"降至"中等水平"。而国际学生评估项目旨在衡量学生的数学、英语和科学能力。

撰写本文时，威尔士正在改革其课程，这被称为"几十年来最大的一次学校课程改革"。其目标是在2022至2026年间引入新课程。与目前的课程相比，它会减少指令，避免过于狭隘，并将重点放在六个广泛的领域，包括科学与技术、健康与幸福以及表达艺术。新课程计划丰富详尽，以实验为基础，要求孩子们做的深度任务令人深受鼓舞，并提供了广泛的技能培训，为学校创造了大量机会。与英国各地的司法管辖区一样，分析一下5年后的开除率和教师留任率，最终结果将见分晓。

在英格兰，最新版本的课程在2014至2017年期间开始实施。所有由地方政府管理的学校都必须这样做，英国教育标准局已经把它作为学校检查的重点。理论上，专科院校和免费学校是可以被豁免的，但如果在实践中偏离国家课程太远，可能会在学校排名表和英国教育标准局的检查中受到惩罚。这个课程是政府推行的，政府希望创建一个更学术化、以知识为中心的课程，以"提高教育水平"。大量的内容被填塞进去，其结果是，教师们很难找到时间既传播知识又能使其有趣。谁知道下一任教育部长上任后还要多久才能再次大刀阔斧地改革呢？"目的、影响力和实施"是当前课程改革的流行语，如果有很大比例的学生没有完成学业，任何参与排名竞争的学校都将难以展现出自身的"目的"。我们正在慢慢地将注意力从驱动政策的政客身上转移回学生的利益上，这样做相当正确，但在如此利害攸关的公立学校体系中，这可以实现吗？

问责制和评估

　　海伦·派克是莫德林学院学校的校长，而莫德林学院学校正是我们本章案例研究的重点。她提醒人们不要把"课程"和"评估"搞混，课程不应只是评估学生的工具，尽管人们通常就是这样看待它的。海伦谈到了将课程作为获得良好资历的手段，而不是个人全面发展的一种方式，将会遇到的挑战。

> 　　"如果我们像其他所有英国人一样，把'课程'和'评估'暂且混为一谈——就我们被评估的方式，也就是在公开考试中的表现而言，莫德林学院学校取得了很高的成绩。为了像这样每年保持在学校排名的前列，所需的微调和磨砺是非常惊人的。同样重要的是，我们还要保持士气，调整期望，确保学校仍然站在'考试工厂'的对立面。这是一个主要的挑战。另一个挑战是要明白'仅仅'获得这些资格是不够的。学生在学业上取得好成绩是件好事，但那些能让学生真正蓬勃发展、收获幸福和很好地适应生活的技能，却往往得不到检验。"
>
> ——海伦·派克，校长，牛津莫德林学院学校

　　遗憾的是，我们现在似乎处于这样一种情况：数据收集、评分和测试是教师在学校课堂上的主要工作。课程应该驱动评估，但很多时候似乎是相反的。数据收集、测试和评估让人感觉课程的目的就是评估。你会经常听到教师说，他们觉得自己是在"为了考试而教学"，或者是在教一些"在课程要

求中"的东西，而不是教学生理解为什么知道这些东西很重要。这一点在英国最新的国家课程中尤为明显。英国国家课程在很大程度上受到对知识密集型学术内容的渴望的影响，这些内容可以通过考试进行"严格"的测试。虽然让学生"知道"知识没有错，但目前的挑战是教师要教所有的材料，并使其被接受！一旦课程被评估直接套住，你就很难摆脱束缚，去做一些不同的事。我们需要重新思考，除了给孩子提供良好的考试成绩外，课程还应该做些什么。但对问责制和评估的关注，让这一点变得更加困难。

中学毕业会考

还记得尼基·摩根吗？2015年11月，她宣布了政府"应对失败，提高教学水平，改善教学质量"的计划。很明显，中学毕业会考是英国中学所需的"良方"。它不仅规定了学生应该学习哪些科目，还成为与普通中学教育证书考试数据相关的另一项学校绩效指标。

中学毕业会考已经成为另一种类型的问责制，这使得设计一个真正符合学生需要的灵活的课程变得困难。它的引入意味着学校领导必须重新设计学生的科目选项，包括英语、数学、科学、历史或地理、古代或现代外语以及一项额外的普通中学教育证书考试科目。这对不属于中学毕业会考核心学科的科目产生了深远影响。其他学科，如艺术、音乐、心理学或商学，通常会在学校的课程表中被压榨和限制，可能在放学后才被教授。这些学科课程变少了，因为学校发现他们不再负担得起在这些领域招聘教师的费用。这些学科的认知价值仍然面临挑战，所以即使时间表允许学生学习一门创造性的学科，他们可能也不想学，因为它不再被视为一门"学术"学科。学习艺术的学生越来越少，课程的多样性和个性化也越来越弱。

根据英国学校及院校领导人协会的调查，87%的学校领导反对中学毕业会考，但是因为政府用它来衡量学校的表现，它对学校仍有很大的影响力。

在撰写本文时，教育部已经开始根据中学毕业会考的合规程度在排名表上对学校进行排名。根据2019年1月公布的数据，在3 084所中学中，目前只有221所符合教育部的中学毕业会考要求，尽管英国教育部已经制定了目标，即到2025年将有90%的学生综合学习这些核心科目。所测即所得，有这样的评估摆在这里，学校本应会有所进展，但目前显然这一切是在白费力气！

课程改革疲劳

我目睹了2014年英国的课程改革给同事和学校领导带来了巨大的额外工作量。我记得，为了给教职工腾出宝贵时间来规划资源，我不得不安排了许多专业发展日。对于课堂教师来说，从课程计划和关键阶段概述，到工作计划和学生上课所需的个人资源，课程改革需要更新多种形式的材料。在某些情况下，尤其是在核心课程中，教师经常是与学生一起学习的，往往只比学生提前半个学期开始准备，所以几乎很难做到从一开始就嵌入关键技能或概念。

当我们发现每五年左右就要经历一次冗长复杂、不必要的课程改革时，就很容易对其感到厌倦。当教师的工作量已经足够大时，他们不愿意承担重新设计课程这样巨大而耗时的任务，也是可以理解的。当排名表、考试压力和中学毕业会考限制了教学的灵活性和创造性时，你甚至可能会觉得课程改革是徒劳的。

然而，无论我们是否认同当前的政府政策，课程改革都是必要的，并将继续贯穿教师的整个职业生涯。因此，关键是我们要创造性地思考，思考在法律规定的范围内什么是可以实现的。本章的目的是提出一些想法，帮助教师改变现有学校课程的讲授方式，并帮助中高层领导调整他们的课程，以实现更新和扩展。在接下来的几页中，我将提出一系列的想法来吊起你的胃口，并解释如何将其付诸实践。

我们该如何解决这个问题

拓展课程

　　课程广泛且保持平衡毫无疑问是有好处的，所有的教师和学校领导都可以通过某些方式来拓展他们的课程，而不必完全改变目前的课程设置。

　　GL评估发表的一项研究表明，"教师和家长都认为考试压力导致学校缩小课程范围，因为更多的时间都用来准备考试了"，而这种狭隘的只关注考试的课程设置"对学生的幸福感和行为产生了严重的后果，讽刺的是，也对最终的学业成绩产生了严重影响"。该研究还发现：

　　• 76%的教师和60%的家长认为，学校提供某些课程的时间比以前更早，限制也更多了。大家都清楚这要归咎于什么——92%的教师和76%的家长表示，学校面临着要在考试中取得好成绩的压力。

　　• 教师们认为，这个问题是普遍存在的，并不针对任何一种类型的学校。90%的教师认为，很多学校都在向教师施加压力，要求他们专注于应试型教学大纲，从而排斥了更广泛的课程设置。

　　在普通中等教育证书考试中，课程范围明显缩小，强调"学术性"科目，并逐渐减少"职业"科目。另外，在关键阶段3和小学阶段也可以看到这种影响，因为现在孩子的整个学校生活都是为了在核心科目上取得好成绩。

　　GL评估的研究还表明，大多数教师和家长并不认为缩小课程范围对孩子有帮助。他们说，这对孩子以后的学业成就和毕业后的生活没有太大的帮助，对课堂行为有负面影响，对有特殊教育需要和残疾的学生不利，并且这会降低孩子们的幸福感，减少学生在学校的乐趣。这也意味着更多的孩子不得不学习无法培养他们个人能力和兴趣的课程。

托德·罗斯在他的《平均的终结》一书中提到过一则轶事，我想用它来证明这一点。罗斯解释说，在20世纪40年代，发生多次飞行事故后，美国空军遇到了难题。在排除了飞行员失误和机械故障后，主要假设是美国飞行员的"平均身高"已经超过了一战期间设计的驾驶舱。1950年，官方对4 063名年轻飞行员进行了测量，以确定飞行员新的"平均身高"。该研究计算了10个被认为与驾驶舱设计最相关的物理尺寸的数学平均值，以确定被测量的飞行员中有多少人接近这个平均值。有多少这样的飞行员呢？零。在4 063名飞行员中，没有一名在所有10个维度的平均30%以内。正如罗斯所说，"如果你设计了一个适合一般飞行员的驾驶舱，那么实际上是在设计一个不适合任何人的驾驶舱"。

我们真的想强迫每个学生都像其他人一样吗？还是想要让每个学生都能在教育系统中做出自己的选择，发挥自己的长处？

我们能做些什么

有一些方法可以拓宽课程，既不需要学校重新设计他们的课程，也不需要废除中学毕业会考。无论你是教师还是学校领导，这里有一些建议，可以帮助你在学校发展更广泛的课程。

1. 明白政府希望看到的是"广泛而丰富的"课程

英格兰在2019年5月公布了新的检查安排，现在的《检查手册》规定，一所学校的关键阶段1至3的课程应该"广泛而平衡"，"检查员要特别警惕关键阶段2和3课程范围缩小的迹象"。诚然，该手册确实还表示，中学毕业会考仍是关键阶段4的重点，但这一反对英国教育标准局从自身开始缩小课程范围的警告，应该有助于使学校有勇气采纳更广泛的课程设置。让你的同事都认识到这一点，并一起努力，确保你们的工作符合这些准则。

2. 保护艺术学科

要让学校领导、学生和家长们明白艺术学科的价值。我们知道学艺术的好处有很多,比如有助于提高批判性思维、创造力、注意力和专注力、运动技能、自信心、团队合作能力等,有越来越多的证据能够支撑这一点。例如,杜伦大学进行的一项系统性研究表明,学习一种乐器确实会提高所有年龄段学生的学习成绩和认知技能。但这不应该只关乎考试成绩,艺术科目本身就很有价值,而不仅仅是那些"严肃"科目的助推器。艺术丰富了社会,创意产业在英国是一个快速增长的行业,这一行业未来走向自动化的风险很低。

有一个提升艺术形象的方法,就是让更多的学生和家长对艺术感兴趣,以此来表明学校对艺术有兴趣。这里有一些想法:

• 在家长晚会上明确艺术的益处。如果家长对艺术的态度也模棱两可,学生就不太可能对艺术表现出热情。

• 如果可以的话,在学校里开展一些有创意的课外活动。成立合唱团、个人空间、编码或摄影俱乐部、戏剧小组等。让年龄较大的学生参与到这些活动的运行当中,这样有助于减少工作量。建立一个有影响力的课外活动需要花费时间和心血,但它肯定有助于提高学生对某个主题的兴趣。

• 公开学生的成果。让学生们一起表演,在大厅里展示他们的艺术作品,或者努力打造一场公共音乐会。这能够增加学生的动力,积极的反馈会真正起到促进作用,而且这也是提高学校艺术形象的好方法。

几乎每所学校都在做上述所有这些事情,但很难找到一所学校,既拥有蓬勃发展的艺术社区,又在艺术学科和传统学术领域都取得很大成绩,且这两类学科都被赋予了课程优先权。

3. 记得关注其他方面

不要忘记课程中隐藏的一些我们有时看不到的方面,比如健康的生活方式、社交媒体的使用、安全措施、进取心、欺凌或者"友善日"等。如果学校无法为这些领域的具体课程制定时间表，教师个人仍然可以在他们各自的学科中教授这些内容，以帮助拓宽课程。

考虑目的、实施和影响

重要的不仅仅是你想要提供一个广泛的、平衡的和连贯的课程，还有如何实施课程以及它会给学生带来什么影响。

在评估学校的课程设置时，将其分为以下三个关键领域，这样做很有帮助：

• **目的**：目的是为学校的学生提供一个广泛的、平衡的和连贯的课程。

• **实施**：课程实施情况如何，例如，课程内容的讲授情况如何，资源和材料的使用情况如何，学生在学习中的参与度如何。

• **影响**：学生是否正在从课程中学习知识和技能，以及这在多大程度上为他们下一步做了准备——无论是继续接受教育，就业，还是参加培训（如当学徒）。

以下问卷旨在帮助反思课程的目的、实施和影响。我希望它能帮助教师和学校领导更深入地思考他们的课程及其在整个学校中的位置。

课程问卷

目的
你如何知道课程是灵活的、广泛的和平衡的？
学校如何管理课程改革？
如果你正在英国读这篇文章，中学毕业会考在议程中的地位是高还是低？
贵校的主管人员有什么疏忽？
父母对当前课程设置有什么看法？
如果学生想要学习某一特定科目，是否可以提出申请？
学校如何确保课程范围的一致性（同时不扼杀教师的自主性）？
学校如何监控整个课程的标准（同时又不增加教师的工作量）？
贵校开设的课程最大的挑战和优势是什么？
你身边的教师是否有足够的技能，可以把课程计划付诸实践？

实施
课程是否反映法定要求？
学校如何在整个课程中培养更广泛的技能和能力？
所有教师多久评估一次课程？不仅仅是过去的12个月……
整个学校的课程计划如何转化为工作计划和日常备课？
学校的发展计划，或者院系或年度团队的发展计划中是否对目的进行了概述？
教师们是否参加他们的学科协会？
贵校是否积极推动教师成为学科主考官？
有什么课程检查活动？
如果明天有人访问贵校，你将如何展示课程目的？
教师们有哪些专业发展机会？
引入任何课程计划时，你或学校领导会从哪里着手？
如何评价实施中的课程创新？

影响
你使用什么方法来确保评估结果可靠？这对未来的计划和研究有何启示？
你将如何可靠地衡量课程计划的影响？
你将如何根据一年内和三年内的成功标准评估影响？
如果你正在重新考虑课程设置，它是否增加了教师的工作量？
除了考试成绩，还如何证明影响？
还可以评估其他哪些"价值"？安全问题是否提上了议程——而不仅仅是在安全周？
学生对他们的个人、社会和健康教育课程有什么看法？
贵校是否了解学生的目标和职业动向，这是否会影响你未来的课程目标？
你将如何处理不能完全满足所有学生需求的课程？
课程在哪些地方起作用，在哪些地方不起作用？你是怎么知道的？
如何判断课程是高质量的（除了从结果来看）？

面向未来的课程

　　总体而言，你认为学校是在为孩子们的现实生活和工作做准备吗？"面向未来"的课程可能涉及什么？这里有一些想法。

　　关于课程的目的，我们可以讨论很多。我们如何培养学生，才能让他们在将来取得成功并为社会作贡献？我们如何才能减少开除现象，并改善学生的心理健康？我们如何着手解决社会中的一些问题，如犯罪、贫困和污染？我们如何教授和赞美多样性和平等？我们如何才能在不排斥我们社区的年轻人，同时不扩大贫富差距的情况下，做到这一切？

　　作为教育工作者，这些只是我们应该问自己的问题中的一部分。我们需要适合所有学生的课程路径，还需要讨论课程应该教授的内容，并评估之前所教授内容的影响，以及这与考试成绩、教师流失、心理健康、学生行为和我们在国际学生评估项目排名表中的表现之间的关系。例如，如果后来有证据表明，教授有关莎士比亚的内容会促使社会排斥、考试成绩不佳或诸如此类的情况，那么教孩子们学习莎士比亚又有什么意义呢？

但现在怎样才能保证我们的课程适合这一代的学生？我认为，我们必须让教师能够教授适用于他们学校的内容，而不受外部问责的惩罚。教师必须能够给学生以权利，让他们进入广阔的世界，获得成功所需的知识和技能。社会学家皮埃尔·布迪厄提出，我们的大部分知识是基于日常生活中的互动。因此，孩子的教育很大程度上是在校外发生的，因为他们把绝大多数时间花在了学校之外，但我认为，学校在公平竞争方面仍然发挥着关键作用。

你认为对于一个更加面向未来的课程，下列哪些想法与学生相关？如何将其中一些融入日常学科教学中？

文化素养

艾瑞克·唐纳德·赫希认为，许多教育体系没有足够重视培养他所说的"学生的文化素养"，他认为培养文化素养能够帮助"传统意义上被经济边缘化的学生进入一个金融相对稳定、物质资源相对易得的市场"。学生任何一种文化素养的培养，都需要我们刻意地去教授。

然而，关于究竟"哪种文化占主导地位"，应该教什么的核心假设，引发了各方的争论。例如，在我写这篇文章时，伯明翰的一群家长发出了强烈抗议，他们不希望在小学课程中让孩子学到有关女同性恋、男同性恋、双性恋和变性人的内容。在国家媒体上，政治家、家长和学校教师就什么该教、什么不该教，以及由谁来决定等问题展开了激烈讨论。

教师总有机会在课程中输入新思想，他们有选择教科书的自由，也有选择学生需要了解的历史或文化的特定内容的自由，以及挑战可能仍普遍存在于某些课程内容中的制度和文化偏见的自由。许多人质疑学校是否应该超越欧洲男性对历史和当代西方文明所做的微薄的学术贡献（dead white men），让课程更加多样化，这是一个我们都必须思考的重要问题。从根本上说，我们必须确保课程满足所有学生的需要。不管政府想要什么，当教室门关上时，教什么内容很大程度上是由教师来做决定的。

批判性思维

随着互联网所提供的知识大量增加，这是否意味着记忆知识变得不如解释知识重要？我希望不是这样，但是我们应该教学生如何批判和质疑他们所读到的一切。无论我们使用钢笔、键盘还是口述录音机，这都应该是每门学科应该教授的核心技能，这样我们才能努力创建一个能够抵御"假新闻"崛起的社会。

许多人认为，国际中学毕业会考中包含了一些值得遵循的广泛原则。在撰写本文时，我特别喜欢"知识理论"项目的资质认证。"知识理论"项目针对不同的认识方式和不同种类的知识，进行有思想深度和有目的的探究。通过讨论和提问，"学生对个人和意识形态的假设有了更深刻的认识，并对文化视角的多样性和丰富性有了一定的鉴赏能力"。

这是我们希望每一位学生都能达到的目标——不管我们教的是什么科目，也不管我们的地方政府希望通过法定要求达到什么目标。事实上，我认为英国的每个司法管辖区都在努力实现国际中学毕业会考所希望的目标——使学生了解知识，帮助他们成为思考者，并认识到在联系日益紧密的世界中，要以负责任的方式行事。

社会、情感和心理健康

在第五章，我们看到抑郁和焦虑在年轻人中呈上升趋势。在可能的情况下，我们应该继续设计有助于解决这一问题的课程，或许可以在学什么和如何学方面，让学生有更多的选择；或许可以让学生了解更多有关影响社会、情感和心理健康的问题（比如滥用社交媒体）；或许还可以教学生一些应对策略，如认知行为疗法。我们将在本章末"学校案例分析"部分看到我们的案例研究学校是如何实现这一点的。

实际技能

几十年前，"家政学"在学校课程中所占的比例要比现在大。为什么现在仅限于关键阶段3或者继续教育阶段呢？学习适用于现实世界的技能，如理财、为求职面试做准备、做饭和DIY，是成为对社会有用的人的重要组成部分。我认为，这些领域不应该被排挤到集会、辅导时间和"停止计时"课程日中，尤其是在许多行业雇主需要实用技能的时候。资历是一回事，但实际应用是完全不同的另一回事。

> "人人都是领导者，人人都是学习者——这适用于教职工和学生。理想情况下，课程中所体现的与在教员休息室中所发生的应该具有一致性。我们的课程至少可以说是知识丰富的，它建立在元认知的基础上，并以关心学生的心理健康和茁壮成长为己任，这也是我们对教职工的目标。我们有一种指导文化，它能真正改善每个人倾听彼此的方式。"
>
> ——海伦·派克，校长，牛津莫德林学院学校

全球挑战

数字安全、心理健康、极端主义和政治只是我们的社会所面临的全球挑战的一部分。另一个例子是气候变化——大多数科学家认为，到本世纪末，人为造成的气候变化将使世界变得更不适宜居住。学生有权利了解这些挑

战，并知道他们可以做些什么来改变现状。

技术

孩子们除了要知道如何利用技术来辅助学习，并成为有责任感的社会成员外，还应该在学校里学习计算机科学和编程。我们应该教他们，例如，什么时候放下电话，如何管理自己的社交媒体。未来的课程应该考虑到自动化、人工智能和数字时代在我们社会中日益重要的作用。第四次工业革命将需要越来越多人的创造和监督。

让学生进行个性化选择

让学生自己选择学习内容和学习方式，这是根据他们的个人需求、兴趣和能力为他们量身定制课程的好方法。

我们已经看到了当前的教育体系是如何限制学生的选择的。中学毕业会考排名表和学校检查等外部压力迫使学生学习着相同的课程，参加相同的课程考试，并在相同的时间内完成，这样他们（以及他们的学校）之间就可以相互比较了。

这种体系忽视了每个学生的个性。人们越来越意识到，选择学什么和如何学有助于改善学生的行为和健康，以及他们的整体学业表现。

知识学校

"知识学校"就是把学生的选择和个性放在首位的好榜样。这是瑞典的一群学校，他们开创了一种高度个性化的教育方式。瑞典、荷兰、印度、美国、中东和英国的100多所学校正在采用这种方法（被称为KED计划）。

在这种学习模式中，学生按照预期的课程进行学习，但随着不断进步，他们将被教授如何利用辅导、个人目标和策略来管理自己的学习。学生们能够在不同学科、不同截止日期和不同教室之间自主变动。并且教师在其中扮演着关键的角色。当需要支持或挑战时，辅助教师总是在场并进行干预，帮助每个学生设定目标，为所有的功课制定策略。

受到国际中学毕业会考、学生学习服务机构（Student Agency In Learning）和像"知识理论"这样的课程项目的影响，KED计划根据每个学生的能力满足他们的个性化需求，教师有权通过精心设计和组织的课程来支持每个学生。在实践中，这需要教师在私底下进行大量的思考，以使时间表与课程和学生人数保持一致，并需要教师定期参与辅导，更不用说参加所需的培训了。如果没有自律，没有自我认知，没有责任感，就不要指望这会奏效。另外，任何提倡这种模式的学校都要求学生培养对自己能力的信心，而这必须以建设性的态度和方法为基础，以培养学生深厚而广泛的知识、技能和理解力。

即便英国教育体系采取高风险的问责制和法定指导模式，这种课程设置方法在这里也是可行的。它使学校能够真正拥有自己的课程，并在法定要求范围内自由开展工作。

我参观过一所受"知识学校"影响的学校，看到许多感人的场景，其中一个是11岁和16岁的孩子在一起做任务，对他们的行为、情绪和问题进行自我调节。当需要专门的教室和资源时，学生可以在课间休息时回到自己的学习空间，还配备有非固定办公桌、收发文件盘、时间表和钢笔等。电子设备也随处可见，但只有在需要辅助学习时才会用到——这就像一个满是孩子的糖果店，这些孩子能够抵制住吃糖的诱惑。学生们设定了自己的奋斗目标。这些目标每周都会被检查，并随着学生的进步而改变。学生每周都会和辅导员进行个人评估和交流，计划自己的时间和学习，以便实现自己的目标。

这种教育模式如今正被英国的一些学校所采用。环境是关键，但这些成功的案例表明，除了对行为管理采取零容忍的态度外，我们还有另一种方法可以帮助弱势学生。迄今为止，这种方法的有效性还没有得到任何可靠研究的支持。

元认知和学习方式选择

元认知逐渐成为英国教师和教育工作者比较熟悉的一个词。我发现，越来越多的学校开始思考元认知、认知负荷理论、大脑如何工作以及学生如何最好地学习等（见第三章）。

简言之，元认知就是关于思维的思考。实际上，它是一种对自己思维过程的认识和理解。在课堂上，这可能表现为"如何复习"或"如何学习关键词"。

伦敦的罗森代尔小学就是一个很好的例子。这所学校开发了一种名为"反思计划"的学习方法，旨在提高学生的元认知能力。通过28节每周半小时的课程，学生们学会了如何监控和管理自己的学习，包括如何设定和检查目标、评估进展以及确定个人优势和挑战。

思考学习过程可以帮助学生找出最适合他们的学习方法。允许学生使用这些方法不仅有助于改善他们的学习，而且使他们在课程中有了选择的余地，否则这些课程可能没有太大的个性空间。

改进授课方式

我们很容易陷入到对课程应该是什么样的思考中，但不要忘记，授课方式也很重要，甚至可能更重要。

如果教师没有足够的知识和技能来实现课程目标，那么课程目标就毫无意义。如果教师不能在课堂上传授内容，那么写在纸上的任何东西都是没用的。教师必须能够站在学科的前沿，教师不仅可以通过定期的培训课程，还可以通过与考试委员会、同事和其他组织从事同一学科工作的教育者进行接触，了解课程规范等来提高自己的学科知识。

如果我们热衷于改善教师的工作量、学科知识和职业寿命，我们必须有定期的职业发展计划，让教师们一起规划、反思和评估课程计划和课堂授课。各个年度团队或各系团队都必须花时间讨论课程的目的、主要原则和价值，以及确定要教授的内容。作为一个团队，我们应该把所有学生将要学习的内容与可管理的工作计划相联系，这样才能在课堂上生动地呈现出来。我们还必须考虑形成性和终结性评价是怎样的，反馈和评分是怎样的；还有如何计划干预措施，以帮助个别学生应对课堂上不断出现的差异化挑战。

你可能还想讨论"课程手段"，正如玛丽·米亚特在她的精彩著作《课程：从混合到一致》（*The Curriculum: Gallimaufry to Coherence*）中定义的那样，这包括：

• 在提问时，将焦点从简单的内容覆盖转移到对关键概念的更深层次的理解和记忆上。

• "知识体系架构"可以向学生展示信息之间的模式和联系，以及他们所学的知识如何"融入更大的整体"。

• 利用实用资源，如知识导图（见第二章），将学科语言的词源转化为日常课堂活动。

反思课堂教学

作为个体实践者，我们也应该花时间来反思我们自己的课堂教学。当前教育中存在一种错误的二分法，教师通常被分为两个截然不同的阵营——传统教学或递进式教学——少数社交媒体用户声称教师只能用其中的一种。这种说法仅仅是一种政治观点，事实上，每位教师都会在课堂上采用"传统"

和"递进式"这两种教学方法，这取决于所教学生的年龄、所教的科目，当然还有他们的自身个性以及对所教内容的独特处理方式。这一切都归结到我们如何才能让学生发挥最大的潜能。

反思课程讲授时，试着问自己以下几个问题，以此来探索自己的教学方法并评估其有效性。

1. 你有意识地使用什么样的教学方法？

2. 是否有强有力的证据证明自己的教学风格会让学生取得更好的成绩？

3. 你如何衡量一位教师的教学质量？

4. 你的教室气氛是否会产生影响，例如学生们是分排坐，还是分小组坐？

5. 你的课堂管理和特色如何影响学生的成绩？

6. 你的个人信仰或偏见产生什么影响了吗？

7. 你是否进行过正式的观察，来比较递进式教学和传统教学的不同？

8. 你是否进行过结构化观察，来评估一节课所教授的知识和技能之间的差异？

9. 你用什么增值模式来评估学生的成就？

10. 你们学校是否通过学生评估来确定教师素质？

11. 你是否对自己的教学质量进行自我报告，例如，对课堂板书和在线证据档案的分析？

12. 如果你认为自己在用一种"传统"的方式教学，那么与认为自己在用"递进式"的方式教学的教师相比，反馈有什么不同？

13. 你如何衡量基于知识或技能的课程的参与度？

14. 你的教学风格符合自己的教育经历吗？

15. 你的课程更可能是以"传统"的方式，还是"递进式"的方式来教授？

学校案例分析

学校名称：莫德林学院学校

地点：牛津，牛津郡

背景：莫德林学院学校是一所独立的学校，面向7至16岁的男孩和16至18岁的读第六学级的男孩和女孩。这是一所精英学校，大约有100所生源学校。所有学生都要参加入学考试和面试，学校以此来发现孩子的潜力和思考方式，而不是通过简单地考察当前的成绩。莫德林学院学校位于牛津市中心，大约有900名学生。它成立于1480年，旨在为莫德林学院提供理性、自由、关心国际问题的精通拉丁语和希腊语的优秀学生。莫德林学院学校与莫德林学院有着共同的基础。这所学校与市内40多所其他机构合作，影响了数千名学生和校外的其他人。这所学校多元化的特征，反映了牛津不断变化的本质。大约有60种语言在校内被使用，并且越来越多的学生（目前占10%）得到了大量的资助。

为什么这个领域是你们学校的强项

成功的课程绝不仅仅是优异考试成绩的传送带。在莫德林学院学校，教育是由对话和其他事物共同引导的过程，且成就不是通过简单计算得出来的。

可以无愧地说，我们的课程是理智的。我们的A阶段（A-Level）课程重点在促进性科目以及与之紧密相关的科目。我们拥有由系主任决定的普通中等教育证书和国际普通中等教育证书的混合资格考试，但是我们学校主要面向7岁以上的学生，所以学生和我们一起度过的大部分时间并非充斥着紧迫的考试。两年前，在反思课程时，我们首先着眼于那些推动学习成功的基础

价值观和基本特质，并和不同的教
职工、学生和家长委员会一起对这
些价值观和特质进行了研讨。

我们的目的在于，以一种对所
有年龄段和整个课程设置都有用的
方式，用一种能引起莫德林学院学
校共鸣的语言，来表达这些价值观。我们不想要那些可以在任何学校的网站
上剪切粘贴下来的核心技能；也不想要只存在于学校简章和检查文件中的有
关目标和精神的声明。2018年秋季，我们整个学校的核心价值观是"合作"，
在夏季学期结束时，我们进行了"反思"。在那之后，艺术系把我们的价值
观展示在一张维多利亚时代彩色玻璃窗的图片周围，上面有学校的校训和百
合花（百合花是我们创始人的象征）。我们的座右铭是"Sicut Lilium"，意思
是"像百合花一样"——这是对马太福音的引用，在马太福音中，田野里的
百合花是最美丽的，因为它们一直都在做自己。

经过广泛协商，我们现在进入第二年，所有11至16岁的学生每周都要上
一节"百合"课程，我们称之为PSHCE（个人、社会、健康和公民教育）计
划。如你所料，它包含的不仅仅是人际关系教育，我们还研究计算思维和金
融知识以及其他主题。九年级学生每周上两次"百合"课程，第二节课基于
一个包括创业精神和风险管理在内的工作计划。我们的慈善事务协调员还推
出了一项计划，为学生团体提供10英镑的启动资金，让他们创业，并尽可能
多地为慈善事业筹集资金。此外，还通过演讲嘉宾来强化这一项目，他们当
中许多人都来自一个企业家小组，负责在我们构建课程时提供建议。

九年级的"百合"课程增进了我们的职业计划，我们也为第六学级的学
生重新考虑了这个计划。我们不做专题研习课程（EPQ），因为我们有自己

的版本——韦恩弗利特研究（Waynflete Studies），它给大多数学生提供通常来自牛津大学的学术指导。该项目现在配合小型而实用的实习，为选择实习的学生提供一个真实的视角。低于第六学级的学生可以参与实用的、以业务为中心的扩展项目，上面提到的演讲嘉宾也为他们提供咨询。

这项工作成功的标志之一是，它使每个人都能够跨学科思考。一些院系（如经济学、数学、生物学和地理学）已经研究了他们教授材料的顺序，以及如何更好地利用学科之间的协同作用。为了纪念第一次世界大战一百周年，我们比正常的上课时间晚了两天，在全校举办了一系列跨学科讲座和研讨会，例如，从生物学和艺术的角度研究战争中的微生物。最后，我们的戏剧系主任和一群第六学级的学生呈现了他们共同创作的音乐剧《反思》，为此次活动画上了圆满的句号。这场音乐剧得到了一部短片的支持，这部短片反映了学校与50名一战死难者的联系，以及这对我们当今社区的意义。

你们学校是如何做到的

没有合适的教师，我们将一事无成，而莫德林学院学校有我共事过的最好的同事。他们自发投入了巨大的精力，他们在课堂上的工作也是如此。我们在课堂上所做的一切之所以与众不同，是因为我们的对话质量很高，这推动了学生的学习进程以及步调。我有时会开玩笑说，莫德林学院学校是在为严重残疾的人提供专业日托服务，当然一部分只是开玩笑罢了。有学术能力的学生和那些学习有困难的学生一样，都应该得到那些能满足他们需求的课程。我们秉承的理念是，每个人都是领导者，每个人都是学习者。这既适用于新近获得教师资格的教师和刚入学的学生，也适用于有抱负的高级领导。

莫德林学院学校有三位不同职责的副校长：负责学生生活的"生活"副校长，负责学术研究的"学术"副校长和负责教育发展的副校长。后两位的角色与课程直接相关，并且职责既不同又重叠。"学术"副校长与"生活"

副校长、各部门和年级负责人合作，负责监督学生的进步。"学术"副校长还与负责学生一切生活事务的"生活"副校长一起工作。"学术"副校长还负责科目设置变更的讨论及试行——比如开设哪门现代外语。

专注于"教育发展"的副校长着眼于学生和教师的学习。其理念是，职业发展或校外学习和合作不应该成为"核心"课程的附属品。如果我们不培养和发展我们的教师，怎么能让我们的学生发挥出最大潜能呢？每所学校都关心学生的健康和进步，那么我们为什么不能为教师做同样的事呢？大多数学生在校学习13年，而对教师来说，教育是一生的工作。我们要有效地发挥他们的潜能，使他们热爱这个职业，而不是选择放弃。

我们的三位副校长在各自的关键领域，即学生生活、学术和教育发展，设有一个政策咨询委员会。任何教师都可以成为这些委员会的成员，并且我们鼓励更多的新人参加。（我们也向部门负责人保证，未经与他们单独磋商，不会就课程政策做出任何决定。）

其他教师和学校领导如何将此应用于他们自己的实践和学校环境

罗斯说得对，需要从考虑目的和影响开始。为什么要做你提议的事情，你怎么知道它是否成功？牢记这一点不仅会增加他人接受你提议的机会，还可以让你知道这一提议是否值得它所需要的资源。大多数教师不喜欢改变。他们喜欢知道每周二下午两点半会发生什么，而且他们拒绝为了改变而改变（教育部最好能考虑这一点）。因此，以公开有序的方式进行咨询，有助于避免意想不到的后果。我还建议不要去咨询一些已成定局的事情。在这种情况下，你可能会咨询"怎么做"，但如果你提出不现实的假设，人们将不会相信你，因为这些都已经是板上钉钉的事了。

在课堂之外利用学校的网络也会有不错的效果，这意味着教师们正在分担工作量。在莫德林学院学校，我的目的之一是让学校更多地融入更广阔的世界。如果没有来自课堂之外的专业知识网络，我将无法做到这一点，而这些专业知识网络主要来自家长和以前的学生。我曾去过一所北方综合学校，自从我离开后，我就没有这个老学校的消息了。人们对所谓的"校友关系网"嗤之以鼻，但令人吃惊的是，许多私立学校都在与以前的学生保持联系，以筹集资金和建立关系网，并在他们的社区建立伙伴关系。现在的学生在很多方面都受益于此。

为什么这会起作用

——安德里亚·扎菲拉库，大英帝国勋章获得者

我在想，如果所有学校都让16岁的学生长时间不上课、不写作业、不考试，然后要求在9月份补考，会出现什么状况。学生们能得到和以前同样的分数吗？他们能做得和之前一样好吗？他们会记得并保留所有先前的知识吗？这让我不禁思考，他们的学习之旅有多有用，以及它是如何为他们人生的下一阶段做准备的。

课程是学校的心肌，它是学校将学习带给个体的途径。因此，需要仔细考虑和设计课程，并有一个总体的主题：我们希望学生被教会什么、经历什么、学习什么？

在本章中，罗斯带我们踏上了一段旅程，探索在考虑课程设计或反思时的重要组成部分。"一刀切"的模式并不存在，这一点在贯穿本书的案例研究中得到了证明，这些案例学校已经反思并仔细计划了他们将如何启发、挑战和激励学生。课程计划是关于勇敢、创新、反思、开放和诚实的。

罗斯提醒我们，我们所需的基本要素是：采取包容的态度；考虑所有学生的需要和每个社区的潜力；确保做到"广泛和平衡"。

每个孩子都是与众不同的，我们需要确保所有的科目都得到同等的赞美、重视和欣赏，尤其是实用性和创造性学科。我们需要确保我们的学生在毕业时掌握了丰富的知识、技能和经验。然而，为了实现这一目标，必须改变"学术"科目是"最好"的科目这一观念。毕竟我们知道，就业形势正在发生变化，创造力、团队合作和解决问题的能力是职场所需的关键技能。因此，我们不应该仅仅因为装备昂贵或者不被政客们视为"可信"，就排斥那些传统的创造性和实用性学科。

　　罗斯提醒我们，即使我们已经制定了理想的课程，并且迫切希望实行它，但如果不投资于教授该课程所需的资源，这个课程也会大打折扣。通过聚焦教师实践和教育学，我们认识到不断反思和回顾实践，以及投资于教师的职业继续教育的重要性。

　　安德里亚·扎菲拉库已经在阿尔珀顿社区学校教了14年的艺术和设计。2018年，她获得了"全球教师奖"，最近还成立了一个名为"驻校艺术家"的慈善机构，以支持艺术教育的发展。因对教育的贡献，安德里亚在2019年获得了大英帝国勋章。

Chapter 8

第八章
以研究为指导的教学实践

1993年实习的时候，除了翻阅过一本从图书馆借来的书，作为一名实习教师，我不知道研究意味着什么。作为一名实习生，别人告诉你做什么你就照做，并一直做下去；无论是否有导师指导你，事情都是这样的！想像一下你每天都像走钢丝一样，不太确定你所做的工作是否有效，是否具有研究依据，或是否是伪造教育学的伪科学。今天，对某些教师而言，这仍是事实，因为他们无法获得专业发展，无法接触昂贵的研究论文，或者他们只是忙于手头的工作没有时间阅读。

但是，有迹象表明，情况正在逐渐好转，教师和学校领导越来越多地用一些研究方法指导课堂实践。根据教育部的说法，这对英格兰的教学质量产生了积极影响。在2017年的一份研究报告中，他们委托评估了"循证教学"的进度。报告发现，"研究参与程度最高的学校是高效的、领导良好的组织，在这些组织中，'研究使用'意味着将研究证据整合到其工作的各个方面，作为持续改进和不断反思的精神的一部分"。也许是时候让所有教师和学校领导开始更多地关注研究和证据，以及它们如何对课堂实践产生影响了。本章将进一步探讨教育研究的重要性和价值，并提供一些想法，以帮助你将其融入到教学和学校中。

为什么这是一个问题

现在，越来越多的学校、专业人士和教育学家提倡在教师发展中使用研究和证据。在《发挥卓越教学》（*Unleashing Great Teaching*）一书中，戴维·韦斯顿和布丽奇特·克莱讨论了研究的重要性：

"研究证据可帮助我们做出更好的决定。它本身就是宝贵的专业知识来源，也应该成为所有专业知识的基础。研究证据可以帮助我们了解什么东西有效，在哪些方面有效，为什么有效以及对谁有效。"

我认为，人们对以研究为指导的教学实践的兴趣的激增可以归因于社交媒体的兴起，它是教育专业人员之间进行专业合作和共享最佳实践的工具。一些专业人士聚集起来在博客中、文章中讨论教学，或在线策划自己的教学会议。对研究感兴趣在专业人士中变得特别普遍，也许是因为社交媒体为那些对学校提供的职业发展感到不满意，或希望更多地参与有关最佳实践的讨论的人提供了另一种选择。

研究与社交媒体

我在工作中使用社交媒体已有十年，我沉浸在最新的思想和研究中，并寻求有关我的日常工作、想法和学校资源的反馈。我在推特上建立了英国最大的在线教师平台之一，不仅促进和挑战了对话，也通过与国会议员和国务大臣们的联系来影响对话。

在过去的十年中，很多其他教育者一直在使用社交媒体进行对话、职业发展，并越来越多地挑战现状。在线对话的例子在由#号标签（技术上称为反向通道）构建的论坛中显而易见。在线对话产生了针对特定市场的"微型反向通道"，从而带来了职业发展机会和现实生活中的会议；受欢迎的例子包括英国的ResearchED，如今已遍布全球。教师会议，被戏称为"教师见面会"和"教育野营",与正式会议和商业会议并驾齐驱,越来越多地通过在线网络进行策划,并通常由全球各地教育界各个小组织中的教师发起。这种在线专业网络为推特上的教育工作者提供了发展、拓宽和丰富其工作环境的机会。

据"推特的力量3.0"的介绍,我们"每天发送超过5亿条推文……每月发送60亿小时的视频内容"。现在这些大量的对话和意见已经数字化。在此之前,教师们只能与同事们交流——主要是面对面的交流,最多也只能与两三个在附近学校工作的同事交流。十年后的今天,教师们分享的观点已经远远超出了他们的课堂范围。在课堂上快速更新状态已是非常专注于未来的教师的做法。他们可以按照自己的方式见面,互相批评,而不用担心遭到报复或失业(在大多数情况下)。教师们在多个论坛上与他人交流,分享资源和想法,寻求有研究支撑的观点和务实的想法,并将推特作为记录新友谊建立、职业变动和替代收入的证据。今天,成千上万的教师正在展示一些完全正常合理的东西,影响着我们学校的实践,在某些情况下,也影响着教育政策。在很多例子中,网上请愿和简单的话题标签(例如#BanTheBooths)——被分享了数千次——确实带来了改变。

就研究型教学而言,使用推特对教师的好处在于,它提供了"微型持续职业教育"功能:为时间紧张的教师提供信息片段。这是一个完美的、动态的职业发展过程,它是免费的,国际上任何人都可以使用它,去了解最新研究报告发现了什么,以及其他专业人士如何将其转化为最佳课堂实践。

然而,使用社交媒体确实是有风险的。近年来,一种趋势已经开始出现:教育界人士甚至政界人士对其他同事表达的观点"大声疾呼,发出挑战"。对个人的建设性批评并非没有好处,而"部落主义"意味着,人身攻击开始破坏这种早期好处,迫使一些教师远离在线社区。在这种情况下,社交媒体并不适合所有人，当然，一些业内人士甚至还没有发现这个工具可以作为课堂资源。因此，除了社交媒体，我们还必须考虑如何确保每位教师都能接触到学术研究，以启发其思考，从而在学校内塑造最佳教学实践。

> 超过半数的教师和学校领导（55%）表示，以研究为指导的实践是他们学校的一个薄弱环节。只有18%的人认为这是一个优势领域。

一种研究文化

教师和学校必须自问，他们所做的事情是否得到了研究和证据的支持。越来越多的人发现，英国的许多学校领导和教师都已受到了研究的影响，包括北爱尔兰在内，越来越多的学校参考如约翰·哈蒂的《可见的学习》（*Visible Learning*）、萨顿信托–教育捐助基金会的《教与学工具包》（*Teaching and Learning Toolkit*）来指导实践。在这种情况下，我们应该尊重个别专业人士和学校的选择；每所学校都是不同的，并在各自独特的环境中运作。但是，如果学校的教学不是以研究为指导，我们必须质疑我们的学生是否真的在做正确的事情，或者是否有其他更有效的解决方案。

> "如果有一项研究支持你正在做的事情，并且你所了解到的可以证明为什么在你的学校这样做是正确的，那么这绝对没问题。你比其他人更了解你的学校。"
>
> ——彼得·柯林斯，校长，
> 斯劳和伊顿英格兰教会商业和企业学院

教师是学习者，如果能对学生有所帮助的话，他们非常乐于调整自己的做法，尝试新的想法。但我们必须记住，学校生活的繁忙使得教师们很难反思他们正在做的工作，也不可能了解所有合适可用的研究。即使我们不了解最重要的思想，例如关于学习风格、班级规模和反馈的确凿证据，这也是可以理解的，因为教师手头还有其他事情要做。但是，我们如何找到一种方法，使每位教师都能接触到研究，并鼓励他们用这些研究提高他们在课堂上的影响力？

我认为，必须从开发一个丰富的研究环境开始，以培养教师的反思能力。我们必须尽最大努力培养现任教师，而不仅仅是培养新教师，而促成这一改变的真正力量在于我们每一个人。作为学校领导，我们有能力充实每位教师，使其在与学生的交往中尽其所能，作为教师，我们有能力反思和改进自己的做法，并为同事提供支持。

但是，我们都知道，在某些可能有不良文化的学校中，这可能并不容易。如果不良文化是学校的主导力量，那么以研究为指导的文化往往被搁置一边，加剧教师的心理健康问题，并过早地将教师赶出课堂。我在最近与他人合著的一本书中分享了海伦·伍德利博士的研究成果，通过教师案例研究，调查了在不良学校工作对教师心理健康和幸福感的影响。通过使用自传式人种志的叙事方式，这些案例研究揭示了学校领导可能想要隐藏的"不良学校"的特征。在这些类型的学校里，研究根本不是重点。相反，服从、全校一致和填勾选框才是数千名教师的日常行为。

在我的职业生涯和教师培训旅行中，我遇到过两种类型的学校：一些学校受研究影响，教师之间的每一次交谈都体现了健康的反思实践文化；在另外一些学校，校长缺席培训课程，有些话能说有些话却是禁忌，而且在课间休息期间，来访人员被带离热闹的走廊，教室大门紧闭，不允许参观。任何一所邀请外部人员与他们的员工一起工作的学校，都会表现出信任和想要改善学校的真诚意愿。但可悲的是，仍有一些学校大门紧闭，不允许教师参加外部活动，也很少欢迎外部客人的到来。

为了创建研究型文化，学校必须敞开大门，吸收新思想和新观点。教师必须有机会阅读并反思一项研究，以及思考如何将其应用到自己的课堂环境。在创建研究型文化中，经常缺少的就是将理论转化成实践。在谈论研究时，我们常常被它们的标题所吸引，却不会问自己：这在我的课堂上是如何运作的？标题下隐藏着什么？我该如何处理这些建议？

必须为教师们提供一个安全、无威胁的环境，以便他们在自己的教室里验证研究得出的观点和解决方案。它们可能不会全部马上奏效，但重要的是，教师们有机会进行试验，然后反思什么对学生最有效。这种"实验性实践"在高风险的环境中是很难进行的，因为学生需要在规定时间内有所表现，但如果我们想要为年轻人提供最好的教育，那进行"实验性实践"是不容置疑的。

> "我们与员工开展对话，讨论他们认为什么将在课程中发挥良好作用，并给予他们决定最佳方法的自主权，要求他们与他人共享和合作。然后我们开始一点点地为他们提供文章和信息。"
>
> ——彼得·柯林斯，校长，
> 斯劳和伊顿英格兰教会商业和企业学院

为什么以研究为指导的教学实践如此重要

作为课堂实践者，我们都知道质量第一的教学对学生进步的重要性。事实上，根据教育捐助基金会即将卸任的首席执行官凯文·柯林斯爵士的说法，"教学质量是提高学生学业成绩的最大动力之一"。找到有效课堂教学背后的研究和证据，并将其应用于我们自己的实践，只会提高我们的教学质量。这方面的两个具体例子是：使用研究型教学来帮助弱势儿童；通过研究提高我们对教学这一科学的理解，从而扩大我们在课堂上的影响力。

缩小成就差距

教育捐助基金会在其关于英格兰成就差距的报告中指出，"教室里发生的事情带来了最大的差异"，"与结构性变革相比，提高教学质量通常会以更低的成本带来更大的进步"。这就是为什么政治总是要努力影响课堂。为什么？因为一旦教室的门关上，就由教师负责了。

缩小成就差距必须继续被视为学校的首要任务，特别是因为我们仍生活在这样一个世界："特权以各种方式以及阶级结构的各个方面，影响着各种生活质量。"伦敦政治经济学院社会学教授山姆·弗里德曼和宾夕法尼亚斯沃斯莫尔学院教授丹尼尔·劳瑞森，在一篇文章中谈到了"一阵特权"，他们将其描述为"一种节能装置，让一些人不怎么费力就取得进一步发展"。他们认为，这就是"我们所谓的阶级天花板的核心"。教授们讨论了一系列因素，包括阶级偏见和歧视、"父母银行"、培训和经验，以及特权人士更可能在伦敦工作，但他们确实将"阶级天花板"部分归于受教育程度。因此，尽管涉及基于阶级的特权时，我们可能会觉得，是在与一个无休止的自我实现的预言作斗争，但学校确实在改变这种说法方面发挥着自己的作用。

我相信，教师和学校通常处于最有利的地位，能够最大限度地发掘来自各种背景的儿童的潜力，为此，我们都必须抱有很高的期望，相信这些儿童能够取得成就，相信我们有能力帮助他们。然而，令我担心的是，这一切还没有发生。布里斯托大学的西蒙·伯吉斯和艾伦·格里夫斯的研究表明，"教师对不同种族学生的评估存在持久且显著的差异"，其中"特定种族的学生和通常得分较高的学生容易得到过度评估，且得到过度评估的往往是这一部分学生，这符合分类的模式和刻板印象"。

伯吉斯和格里夫斯认为，如果教师对他们面前的学生有很高的期望，这的确会影响结果："如果教师对某些群体的系统评估不足，反映出教师对这些学生不够重视，这可能影响他们的教育成果。"这篇论文还提出了过度考试的问题，认为设置过多的书面考试"可能会严重损害贫困家庭儿童的成绩记录，对一些少数民族儿童也不利"。在我看来，似乎我们每年在考试季都会进行这样的讨论，这也是我们在中学用书面考试来"选定"学生时的一个问题，我们知道这会对低成就者的学习动机、参与度和学习态度产生负面影响。

想要缩小学校里的成绩差距，我们必须对所有学生抱很高的期望，并利用研究和证据找出最能帮助他们进步的方法。

加深对教与学的了解

研究可以帮助教师提高对教学的科学性的理解，这可以极大地改善他们的课堂表现。其中一个例子就是，对认知和记忆的理解（见第三章）。如果你想了解更多信息，我会推荐很多机构，如英格兰教学学院、英国教育研究协会和英国教育领导、管理与行政学会。澳大利亚新南威尔士州教育统计与评估中心，提供了有关认知负荷理论的出色播客、教职室摘要海报以及一页总结，解释了实践中的实际情况：www.cese.nsw.gov.au/publications-filter/cognitive-load-theory-research-that-teachers-really-need-to-understand。

同样值得一看的是，心理学家和领先的教育学家在认知和记忆方面的作品，例如丹尼尔·卡尼曼，丹尼尔·T. 威廉厄姆，安德斯·艾利克森和罗伯特·普尔，彼得·布朗、亨利·罗迪格三世和马克·麦克丹尼尔，这些大家们在以下作品中分享了他们对认知、记忆以及通过刻意练习来提高效率的见解。这些作品是：《思考，快与慢》（*Thinking, Fast and Slow*），《为什么学生不喜欢学校？》（*Why Don't Students Like School?*），《刻意练习》（*Peak*）

和《认知天性》（*Make It Stick*）。

这里只是提供几个例子，证明研究和证据可能对我们的课堂实践产生影响。我认为，至关重要的是，所有教师都必须能够参与，并利用研究来影响他们每天的工作；我希望下面这些实用的想法，能帮助教师和学校领导，为自己和同事实现这一目标。

我们该如何解决这个问题

成为研究型教师

当谈到成为研究型的从业者时，教师们很难知道从哪里开始。专业期刊通常难以获取且价格昂贵，或者教师们很少有时间阅读详细信息，然后将其应用到课堂教学中。但是，成为研究型教师并不一定意味着，要阅读大量文献和学术论文以找到与自己的情境有关的一句话。想法1提供了一些快速、简便的方法，以便你开始成为研究型教师的旅程。

分享想法

成为研究型教师很简单，只需你和几个同事，对自己的实践和成功经验进行反思，然后彼此分享想法。与同事合作，找出在你们的环境中什么是有效的，什么是无效的，这是成为研究型教师的重要部分。当然，这也可以更正式地推广到整个系或整个学校，我们将在想法5中，更详细地讨论如何实现这一目标。

反思性实践

成为研究型从业人员的另一个关键方面是，反思自己的实践，并诚实对待什么是有效的，什么是你可能需要改进的。重要的是，你可以退后一步，看看需要做些什么改变。

> "教学的技巧要求我们不断地重新审视自己在做什么，为什么这么做，并随时准备以不同的方式去做。"
>
> ——彼得·柯林斯，校长，
> 斯劳和伊顿英格兰教会商业和企业学院

这对所有教师来说都是一项基本技能，即便如此坦诚地面对自己是一种挑战。我知道这很难，尤其是当教学感觉像是一种非常个人的艺术时。实际上，在2019年，一项元分析发现，教师的人格特征可能与有效的教学有关。一个被注意到的关键特征是"情绪稳定"，效应大小为+0.21；另一个特征是"开放性"，效应较小，为+0.04。与所有研究一样，谨慎使用此信息也很重要，但研究者认为，教师反思学生对他们的看法及其潜在影响，具有很重要的意义，因此，可能会有一些教师希望根据不同情境发扬或抑制的品质。当然，这只是一个例子，但它能说明，开放、诚实的自我反思在我们的职业中有多么重要。

以研究为基础的干预

当你继续在成为研究型教师的旅途中前进时，你应该开始广泛阅读以便对新兴趋势有所了解，尤其是你认为可以改进的领域。这将引导你找到可能适用于学生的新干预措施、想法或解决方案，但必须以一种结构化、针对性的方式来处理这一问题。

首先，请确保你对要帮助的人有清楚的了解，是某个特定的学生，还是一群学生？并弄清楚确切的背景和问题是什么。然后，可以针对特定情况，对基于证据的解决方案进行研究，以找到可以尝试的方法。这意味着你的结论将与一个或多个有问题的学生，以及要解决的特定问题更加相关。一旦发现一些可以用的干预措施，就应根据自己的情况调整它们，并考虑何时、何地以及如何使用它们以达到最佳效果。最后，坚持下去很重要。教育捐助基金会发现，两到六个月的行为干预的影响最大。罗马不是一天建成的，所以在考虑下一步行动之前，先看看它的影响和进展。这里有一个与该操作有关的实际示例，让我们看一下，如果想采用基于研究的行为管理干预措施，该方法如何奏效：

• **谁？** 哪个学生的名字一次又一次地出现？这对于有经验的教师来说是显而易见的，特别是那些具有教牧身份的教师，但是对于新教师而言，在管理信息系统上对事件进行简单的分析，很快就会在学校生活的各个方面发现反复出现的挑战。哪些学生得到的奖励最多？哪些奖励很少，没有任何行为事件而且通常不受注意？你们学校有一些人可以定期提供这种分析。

• **做什么？** 从附近的学校或组织寻找行之有效的可以改善行为的项目，以支持特定的学生群体。为了使干预真正个性化并具有刺激性，项目内容应在很大程度上取决于出现的问题。

• **何时何地？** 这种干预应该在哪一天、什么时间发生，在哪个地方进行？细节决定成败。

• **怎么样？** 哪个成年人最适合这个孩子？同样，将干预措施与孩子（而不是成人）认真匹配。

• **接下来是什么？** 干预产生了什么影响，取得了什么进展？用这个来决定下一步的行动。

一些小贴士

最后，这里有一些快速入门技巧，可以帮助忙碌的课堂教师或领导提高研究素养：

1. 订阅主题协会的杂志。

2. 订阅一些研究组织的报刊，例如BERA、BELMAS、EEF、NESTA、各种智囊团，以及其他受欢迎的组织，例如ResearchEd、特许教育学院、苏格兰学校教育研究中心、苏格兰教育领导力学院、北爱尔兰和FFTDatalab的总教学委员会，以及当地的大学。简单的时事通讯订阅确实会起很大作用。

3. 使用Pocket（稍后阅读）等应用程序保存你遇到的任何有趣的、想在空闲时间阅读的文章。Boomerang也是一个很棒的电子邮件应用程序，可以用它在一年中比较空闲的时候，重新发送自己感兴趣的阅读内容。

4. 试着边走边在Audible（有声书）中听书，并订阅一系列不断更新的教师播客。可以试着在www.teachertoolkit.co.uk/category/podcasts上打开我的博客。

5. 最后，如果想攻读硕士学位或博士学位，你可以考虑使用互联网浏览器上的插件，例如Mendely（文献管理软件）、Zotero（文献管理工具）和GoogleScholar（谷歌学术搜索）。这些插件可提供参考、引用、引文以及阅读书目，点击一下按钮即可！

开展研究项目

一旦你开始阅读跟教学相关的研究，并将一些想法融入到自己的教学实践，你很可能会想要在感兴趣的特定领域开展自己的研究项目。

在与伦敦大学学院合作，进行有关口头反馈的研发项目（请参阅第一章）时，我和马克·奎因、卡莉·桑迪为教师研究人员开发了一个调查模式。它遵循四个原则：提问、调查、创新和反思。这是一个理想的框架，可以帮助你计划要在学校进行的研究项目。它将帮助你提出研究问题、收集证据并评估发现。

模式

例如，我们想了解，为什么学生在某门学科中表现不佳。使用方法如下：

提问

1. 我们对目前的做法了解多少？

2. 我们可以收集哪些类型的证据？

3. 我们可以收集哪些有效证据？

4. 什么是衡量变化的有效方法？

5. 最终结果应该是什么？

调查

1. 目前有哪些证据？

2. 我们如何测试它们的有效性和可靠性？

3. 证据收集的陷阱是什么？

4. 我们如何在不增加教师工作量的前提下收集证据？

5. 收集数据时应考虑哪些道德风险？

创新

1. 一旦有了重点和证据，并开始尝试构想，我们可以提出什么初步主张？

2. 目前的证据是什么？

3. 什么是意料之中的、意想不到的、无意中听到的和相反的证据？

4. 如何将这一知识从研究和发现中提取出来并进行应用？

反思

1. 我们对该领域有效的职业发展了解多少？

2. 你的研发如何与此职业发展保持一致？

3. 如何分享并庆祝自己的发现？

对于想要开始自己的行动研究的教师来说，这是一个简单且相当高效的模式。

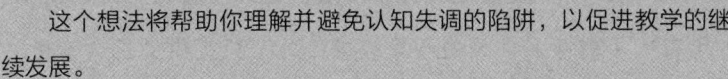

挑战你根深蒂固的教育观点

这个想法将帮助你理解并避免认知失调的陷阱，以促进教学的继续发展。

认知失调是指一个人绝对确定某件事是正确的，却发现事实上这件事情并不完全正确时，所经历的精神不适。人们不愿承认自己是错的，而是倾向于用防御机制保护自己免受这种不适的困扰，重新设计故事以修改、淡化或否认事实，从而确保自己一直以来都是对的。要成长为研究型教师，重要的是，要能够发现这种情况正发生在自己和周围其他人身上，否则即使研究和证据指向另一个方向，你可能最终会继续我行我素。

认知失调是什么样的

认知失调在教育者中非常普遍，尤其是在社交媒体上，因为使用社交媒体的人正在尝试寻找更好的教学方法。问题是，我们常常迷失于说的是什么，而不是怎样说以及为什么这样说。在远程讨论想法而不是面对面时，这种情况经常发生。这意味着，人们通常是从表面上看信息的，而不是把信息看成更复杂和细微的东西，这可能会引起激烈的争论。这就是为什么我要分享在线视频，来支持我的博客和推文，以便读者能够更好地理解上下文。

举个例子，假设一个"好观点"被提了出来，出于争论的目的，罗斯说："我们应该放弃英国教育标准局的学校检查并重启系统！"正如《呆伯特》连环画的创作者斯科特·亚当斯所建议的那样，你会认为"这真是个好主意，很难想象谁会抱怨"。但是，一些人可能会把问题归结成一个变量，并做出如下反应："罗斯真是疯了！"或"罗斯只是想引起人们的注意！"再说一遍，一个变量。

我们不常听到的是："嗯，罗斯有点疯狂。这也是吸引注意力的一种好方法，但他说的很有道理，我认为他正在努力为教师们创造一个更好的世界。"如果有人以这种方式处理所有变量，他们可能没有处于认知失调状态。如果有人（教师、学校领导或检查人员）只提供"一个变量"，那么请自问："我想知道这是否只是一个单变量选项？"单变量选项确实存在，但是你的认知失调雷达应该打开。

如果有人把一个好的观点扩展成一种"荒谬的绝对"，这是另一个认知失调的明确迹象。例如，罗斯说："我们应该废除评分，从优先考虑口头反馈开始。让我们给学校领导足够的空间以重新设计一种新的评估方式。""荒谬的绝对"会产生这样的反应："是啊，这样的话，校长就能随随便便地管理学校了，学校的标准将会下降！"这是"荒谬的认知失调"的明显迹象。

认知失调的其他迹象包括：不确定的末日预测——有人预测了一个极端不相关的结果（比如"我们所知道的学校的末日"）——或有人只是对你的建议一笑了之，却没给出合理的理由。

怎样避免认知失调

作为一个研究型教师，留意自己和同事之间的认知失调是非常有用的。这是一个很好的检验，可以"过滤"你自己对教育的看法、偏见和假设。我们都会根据自己的个人经验，对教育中哪些有用、哪些没用做出假设，不管是参考25年的教学经验的专业人士，还是观察自己学校教育的新取得资格的教师。

开始追求成为研究型教师时，你可能会发现一些信息会挑战你根深蒂固的观点。当然，对你所读到的内容不必全信——我当然并不总是同意人们所说的每一件事，而且我觉得，在大多数情况下，很多人都不同意我的观点。

事实上，分歧可能会演变成有用的东西，但在以研究为指导的教学实践的宏伟计划中，我们无论是在网上、在会议上面对面交流，还是在学校的日常工作中，每位教师都应质疑为什么要这样做，并寻求最好的、可用的学术研究，以帮助评估有效的教学和学习策略。

不要让自己陷入认知失调，也不要为了迎合自己的叙述而重写事实。如果发现认知失调，请向自己和他人的认知失调发出挑战。

以研究指导评估

尝试在你的学校转向以研究为指导的评估，以改善和提高教师的表现，而不是用传统方法武断地衡量和划分教师。

玛丽亚·坎宁安在为教师发展基金会撰写的文章中问道："你们学校的绩效管理是有益的还是有害的？"根据坎宁安的说法，英国国家校长标准要求学校领导"建立严格、公平、透明的制度和措施，管理所有员工的绩效，解决任何表现不佳的问题，支持员工改进，并重视优秀的实践成果"。然而，坎宁安接着解释了在过去20年里，通过分级观察、薪酬与绩效挂钩、目标设定和数据收集，一种不良的绩效文化是如何渗透到我们的学校的。如果你的学校仍在推广上述任何一种方法，有另一种方法可供参考：以研究指导评估。

目前的评估是什么样的

目前，在大多数学校，绩效管理系统由一种勾选框打勾、高度问责的文化主导，这种文化本质上可以归结为，由设定的目标驱动的纸张收集活动。英国引入了与绩效挂钩的薪酬制度，这使情况进一步恶化。让我们进一步揭示这些。

纸张收集活动

在过去的十年里，我曾在三所大型中学工作过，创建、运行和维护面向包括学校领导在内的教职工和后勤人员的评估系统，并向学校主管汇报。坦白地说，尽管每个系统都尽可能精确强大，甚至得到了"投资于人"框架的支持（请参阅第九章），有时，学校还提供了各种可用的软件，但用书面工作流程来衡量质量评估对话和员工的发展，只能收获与用人单独进行这些对话一样的结果。我花了好几年的时间才明白，学校里的人才是高质量专业发展的源泉。后勤至关重要，纸上的流程无法自动变成行动；只有人才能把它们变成实际行动。

绩效管理目标是根据专业标准，以及数字数据和证据制定的。证据和勾选框已成为教育工作者的默认模式。在官僚作风盛行的学校，普遍的共识是，教师们正在收集大量证据以证明自己的工作合理，而评估的质量，很大程度上取决于自己与直属领导之间关系的好坏。这样做的问题在于，个别直属领导心怀偏见或实践能力差。做出的决定有时只是来自道听途说而不是基于证据，这不仅不可靠，且对于尽力而为的教师来说也是危险有害的。评估决定不能简单地基于以下几点：

1. 你不喜欢这个人。

2. 今年早些时候他们做了你不喜欢的事情。

3. 员工将获得大幅加薪，但他们根本不值得加薪，或者他们很懒（如适用，则删除）。

4. 你需要做一些省钱的决定来节省学校的预算。

目标驱动

即使我们可以减少管理人员的潜在偏见，但纯粹由目标驱动的评估是否公平有效？如果目标没有得到研究和证据的支持，那么它们只是"最佳猜测"。正如范德沃特恩和阿姆赖恩-比兹利所说：

"如果教师要对学生的进步负责，则必须确定在给定的时间内进步多少才行。由于政策制定者设定的目标很难得到研究证据的支持，因此这些目标归根结底不过是纯粹的猜测。"

我还认为，教师并没有受到考核目标的激励。他们的动力来自他们在课堂上所做的事情，以及这些事情对学生未来的影响。"未来影响"这一概念不仅适用于教育领域，在所有领域都适用。专业服务机构德勤在《哈佛商业评论》上发布的一段视频中分享了一些有趣的评估结果。在德勤进行的一项公开调查中，超过半数的受访高管（58%）认为，他们目前基于目标的绩效管理方法既没有提高员工的敬业度，也没有带来高绩效。为了解决问题，而不是一开始就设定目标，最后再做回顾，他们在寻找不同的解决方法。他们确定了绩效管理的三个根本目标：

1. 奖励绩效；

2. 从团队领导者的角度观察绩效；

3. 刺激绩效。

根据这些目标，德勤的评估系统进行了彻底改革，并向直属经理提出了一系列问题：

1. 鉴于你对这个人的表现的了解，如果花的是你的钱，你会给这个人尽可能高的报酬吗？

2. 你想让这个人一直在你的团队吗？

3. 这个人有表现不佳的可能吗？

4. 这个人今天准备好升职了吗？

实际上，德勤开始询问团队领导者，他们会对每个团队成员做什么，而不是他们对这个人的看法。

绩效工资

在英国的所有司法管辖区，评估过程都极其复杂且各不相同。2014年，在英格兰，当跟绩效挂钩的工资成为法定收入时，英格兰有2.5万所学校有机会重新考虑，如何根据教师的表现奖励他们。布里斯托大学经济学教授西蒙·伯吉斯表示，政府提出绩效薪酬，主要是想"吸引更多的优秀人才进入这个行业并留住他们，但改革有意在没有中央授权的框架里进行。除了一些非常笼统的建议外，学校还必须设计自己的薪酬方案，选择自己的绩效衡量标准（尽管很多学校采用了工会或地方当局推荐的模式）"。

教育部发布的一份报告开始确定，学校正在进行哪些改革，什么影响了他们的决策，以及这些改革对教职员工和学校的可感知到的影响。研究结果表明，学校评估教师效能最常用的证据类型主要有以下几个。

- 学生进步
- 课堂观察
- 教师标准
- 与学校改进计划相关的措施
- 学生成绩

研究还表明，英格兰的教师对薪资改革的可取性持不同意见，只有34%的人认为，此次改革使学校员工的薪资得以公平分配，大多数校长都认为，薪资改革并未对教师招聘和留任产生直接影响。

这些结论得到了布莱森等人的研究的支持，该研究发现"绩效薪酬和绩效监控的引入，虽然在经济结构中的其他领域确实提高了工作绩效，但在学校却没有效果"。教育捐助基金会表示，鉴于缺乏证据表明绩效工资能显著提高教学质量，学校应该自问，如何才能以更划算的方式重新部署资源，以提高教师的素质、积极性和参与度。

以研究为基础的评估

那么，我们似乎需要重新考虑目前的评估体系，好消息是，很多学校已经逆势而上。坎宁安主张在改革绩效管理时重点关注以下领域。

1. 中介机构：允许教师对如何评价和发展他们的专业技能有发言权。

2. 衡量与发展：避免在复杂领域设定随意目标，因为这会造成不必要的游戏化，并带来负担。

3. 优势：优先考虑透明度、信任和公平。

4. 数据：应谨慎对待数据，坚持多人收集并达成共识。

5. 职业支持：重点应放在培养教师的实践能力上。

6. 以学生为中心：所有关于绩效管理的决定都应使学生受益；关注课堂学习的潜在障碍产生的原因和方式。

在过去的五年里，教师评估有一个重大的转变，它开始明显转向以研究为基础的教师评价。这是我多年来一直倡导的，我认为这有助于学校关注坎宁安在这里提到的关键领域。我认为评估应该被"发展性"目标取代，而且我遇到了很多已经将评估从绩效管理转向研究调查的学校。这意味着，教师不会再被要求制定个人目标以评估课堂表现，而是提出一个研究问题，这个问题不仅让他们成为反思型从业者，还会对他们的课堂教学、同事或所在学校产生影响。小部分同事对此问题提出了个人看法，他们希望教师能分享调查结果，并定期汇报。

想像一下，如果学校取消这样的目标：

• "英国普通中等教育证书考试的通过率达到80%或更高。"

• "提高学习技巧评估（Assessment for Learning）在课堂上的使用，并在约定的时间内表现良好（Good）或出色（Outstanding）。"

相反，要设定一个以研究为基础、培养教师和助力学校发展的目标。

例如：

- "为什么12年级的孟加拉国学生，比其他任何学生群体都更容易退出AS（AS-Level）阶段的历史考试？"

- "用于优等生的数学干预措施，如何为全校所有学科的优等生提供支持？"

这两个简单的问题——以及它们的措辞方式——完全颠覆了目标设定的性质，从"被完成"变成教师有义务"研究并发现原因"，从而丰富他们的专业知识，并更好地为学校学生提供支持。

它在实践中是如何起作用的

以下是一些建议，可以将这种研究调查的方法应用到学校的评估系统中：

- 研究调查评估必须是一个支持性和发展性的过程，旨在确保所有员工都获得有效开展研究所需的技能和支持。它应有助于确保所有工作人员能够继续改进其专业实践并发挥其作用。

- 研究调查预计将以系统化方式完成，包括专业对话。它应鼓励在工作人员中培养自信和专业判断力。

- 评估不是设定数值目标，而是用一个研究问题来构建，然后由一群同事和直属经理对该问题进行评价。

- 重点是以研究为基础，培养教师并助力学校。

- 过程还涉及个人展示他们将如何进行研究、调查问题并传播调查结果。

- 哦，必须分配时间……比每学年3次空当的一般标准还多。

教师集体效能

如果你想进一步简化评估过程，以研究为指导的评估可以在全校范围内，以教师集体效能的形式进行。我们知道，教师会在某种程度上影响学生的学习成绩，但通常情况下，考试成绩在很大程度上不受教师的控制，例如，成绩分布和外部人口统计。因此，对学校领导来说，为全体员工设定一个共同目标，而不是浪费大量时间设定个人绩效目标，可能是更明智的做法。

如果一个学校设定了"教师集体效能绩效目标"，则可能会激励员工走到走廊上，帮助所有班级，出事时走上街头，支持员工设置考场，复习季来临之际处理学生的情绪爆发问题，等等。如果结果有所好转，你可以认为所有的教师都共同改善了教学、学生行为和考试成绩。如果结果不理想，每个人都有责任。这需要团队的努力；他们为了自己和所有学生的最大利益一起工作，而不是在同一条走廊上，相互竞争谁的班级最优秀，谁的班级在垫底，并拒绝分享资源。

创造一种以研究为指导的文化

如果教师要成为研究型从业者，那么必须在整个学校范围内培养以研究为指导的文化。

教师必须感到舒适、自信，愿意并能够在自己的教室里尝试新的想法，要做到这一点，学校领导要允许他们自主尝试新做法，分析结果，并决定什么对学生最有效。

有些想法可能第一次就很成功，但不可能在所有情况下都立刻奏效。因此，想要教师有足够的信心去尝试，那么就必须有一种支持性文化，即使一些新想法可能在一开始就失败了，或者实际上可能永远不会对他们的学生起作用。即使一个想法行不通，也不意味着教师浪费了时间。尝试新的技术和方法，是教师精炼和改善教学实践、成为具有反思性的研究型从业者不可缺少的步骤。学校领导需要理解这一点，并努力在教学团队中发展这种文化。

> "教师们不要害怕把事情搞得一团糟，也不要因自己做的事情无效而感到不高兴。"
>
> ——彼得·柯林斯，校长，
> 斯劳和伊顿英格兰教会商业和企业学院

然而，我们还必须更进一步，以在我们的学校里建立一种成熟的注重研究的文化。我们必须让教师有时间和空间来讨论教学，并彼此合作以找出在他们的环境中什么最适合特定的学生。必须给教师足够的支持，使他们可以邀请同事进入教室学习他们的成功经验。而且员工之间必须实现最佳实践、资源和材料的系统共享。

分享想法

首先，在你所在系或学校目前提供的任何职业发展论坛上，教师可以分享一些他们自己的课堂实践，以及他们如何在一段时间内尝试并检验想法。对一些人来说，在同事面前展示这些信息非常困难，所以我总是会选择一种安全的方法来开始，这样研究文化就可以发展起来。一种非常有用的方法是，举办小型研讨会等轮番活动，保证各种各样的人出席，并提供大量的讨论机会。为了确保这些想法不是昙花一现，职业发展计划必须留出恰当的时间以重新审查这些信息，然后评价所取得的进展。

即学即用职业继续教育

随着分享想法、研究和最佳实践在学校越来越普遍，你可以尝试引入我所说的"即学即用职业继续教育"。这个想法的基础首先是选择。在我参观过的学校、参加过的会议或有幸发言过的会议中，选择是一个简单的因素，它一次又一次地取得了压倒一切的成功。同样重要的是，这些内容提供的想法或解决方案可以用在第二天的课堂上。从本质上讲，这意味着我可以参加你们的研讨会，这是我专门选择的，适合我的需要或兴趣的东西，而分享的想法将是我可以拿走并立即用在第二天的课堂上的东西。最明显的例子是，与会者以极低的成本获得了丰富的资源。

一种包括十个要点的方法

学校面临的挑战是，如何减少预算和教师的工作量，同时促进这一目标的实现，但我认为，对于所有那些需要从一种"千篇一律"的教师职业发展方法转向更具个性化、丰富、灵活的方法的人来说，这是值得的。我们正在重新进入一个教师个性化学习的时代，所以必须避免使它成为一个千篇一律的过程！

如果让我提供一个包括十个要点的方法，以应用到自己的学校中，我会建议以下几点：

1. 在每周的时间表中，为职业发展安排一个固定时间段。15分钟到1小时不等。

2. 更好的做法是，取消预定的会议，代之以一个很小的职业继续教育日程！

3. 使内容与学校的优先事项、常规主题（例如本书中的章节标题）或教师个人的需求保持一致。

4. 建立并共享一个包含日期和次数的时间表，并大力保护这些机会。

面临的挑战是，制定一个灵活的时间表，让人们有足够的时间参加会议，并在人数上保持适当的平衡。

5. 与此同时，创建基于项目的以研究为指导的询问评估方法（见想法4），这样教师就有动力与他人分享他们的研究项目。

6. 请某人以音频、视频和书面形式为社交媒体频道提供内容。这不仅提供了一个特殊渠道，也是宣传你的学校、吸引新申请人以及感兴趣的研究人员的一个好方法。

7. 更重要的是，把这些信息记录在学校日志中，每年发布一次。你可以用上一年的日志提前熟悉下一年的情况。

8. 有了信心，你可能希望，自己的学校举办会议，使整个学年正在开展的所有工作都能得到体现并达到高潮，同时邀请外部访客参与会议。

9. 预留一笔可观的现金，使你能够发表研究成果并推广活动。

10. 也许可以将你的工作成果变成一本书或出版物，就像伦敦的米凯拉学校出版的《虎师战歌》，或赫特福德郡的桑德林汉姆学校，后者多年来一直在出版教师研究期刊。

学校案例分析

学校名称： 斯劳和伊顿英格兰教会商业和企业学院

地点： 斯劳，伯克郡

背景： 斯劳和伊顿是位于斯劳查尔维，是一所男女同校的中学，招收11至19岁的学生。它的第六学级有大约280名学生，主要学习Level 3的学术和职业课程。斯劳是一个多元文化小镇。这里的学生有96％为非白人英国人，且70％的学生把英语当成一种附加语言。这些学生主要是巴基斯坦穆斯林，其次是索马里–非洲穆斯林，目前学校里约有35名罗姆（吉普赛）儿童。

为什么这个领域是你们学校的强项

以研究为指导的教学实践，是我们的思维发生了最显著变化的领域，也是我们允许自己探索新工作方式的领域。在过去的12个月里，我们发现我们在以自己"为什么"正在做某一事情而相互质疑。在更新学校的愿景时，我们认识到改善学校的方法是基于证据的，这将是我们长期成功的关键。萨顿信托–教育捐助基金会的《教与学工具包》是这项工作的开始。从那时起，我们的讨论迅速进行，这在一定程度上归功于社交媒体，同时也多亏了大量员工热衷于就教学方法，以及教学对班级学生的影响进行专业对话。

从逻辑上讲，这种方法导致我们围绕教学的讨论几乎总是以文章、专业研究或书摘开始。最令我们震惊的是，现在员工团队并不认为这是反常现象，他们反而开始期望将其作为他们进行专业讨论的背景。

你们学校是如何做到的

这始于新任校长的到来。他热衷于强调促进教与学是工作的核心，所有员工都有责任不断反思和自我完善。重要的是，要注意，这里描述的不是计划好的策略，仅仅只是事情是怎样解决的。

校长是一个热爱读书的人，除了高级领导团队，他还经常跟很多员工分享文章和报告。这在教职工中引起了热烈的讨论，并促进了发展教学技巧成为每个人都应参与的任务。员工办公室有大量书籍可供阅读，教师们开始用推特来分享资源和想法。领导团队的成员开始密切关注萨顿信托-教育捐助基金会的《教与学工具包》，并探索它如何影响学校的实践。学样也涌现了一批热衷于阅读和研究的新员工。这掀起了一阵以研究为指导的教学实践的完美而富有成效的热潮。

基于上述背景，我们在2017年开始尝试以这样一种方式培养研究型文化，即明知在这一过程中会有失败和成功。英语组在8年级进行了两学期的混合能力教学试验。副校长跟罗斯一起，参加了整整一天的评分、备课、教学培训，随后罗斯来到学校，为我们的员工和来自其他五所受邀学校的同事，进行了三次可选的界限不清的培训，并将评分政策替换为发展中的反馈政策。借调高级领导层，重点是为了支持2年级、3年级和4年级教师的发展，并讨论我们学校需要什么样的有效教学原则，以及谁是最好的推动者。

2017年夏季学期，我们邀请员工申请成为教练。我们已经决定，把这作为我们新学年实践的一个关键要素。罗斯（再次）已经对12名不同部门的教师进行了培训，几乎所有员工都希望参加第一轮教练计划。与此同时，艾里森和塔比进行的"使每一节课都变得有价值"的小组研究，为教与学框架的发展提供了依据，并与我们的学习行为框架紧密结合。在这两种案例中，这些都与我们学校的价值观息息相关。这为我们提供了一个基础，以促进我们学校教学技术的发展。

其他教师和学校领导如何将此应用于他们自己的实践和学校环境

至关重要的是，除非校长和高级领导团队对此提供支持，否则学校无法丰富研究成果。利用研究来为实践提供信息，意味着你接受花费一些时间去阅读不一定会立即用到的内容（如果有的话）；这也意味着停止一些可能在学校惯用的做法，并允许各级员工在讨论中发表意见。话虽如此，每个人都可以在自己的教学实践中阅读并反思研究；并非所有以研究为指导的实践都要推动整个学校的改变。

然而，这种方法中有一点是，要接受这样的情况，即要想成为一个伟大的教师（谁不想把工作做好呢？），除了要做好教学计划并上好课、与学生交流并准备对其学业进行反馈，你需要做更多的事情。教学是一种职业，随之而来的是一种了解思维新趋势的责任，要做到这一点，就必须广泛阅读。

社交媒体使这件事变得比以往任何时候都容易。但是，从根本上讲，发现很棒的东西时（通过阅读、采用一些想法或两者兼而有之），你就可以告诉其他人，并跟他们分享你的发现——好的或者坏的——如果你是一位经验丰富的教师，那么就特别有必要告诉新教师，你是如何处理问题的，他们有必要知道这些。

高层领导需要认识到，不能把每个人都带在身边，接受"员工室角落里的愤世嫉俗者"是检验为什么要以自己的方式处理事情的好方法。校长需要知道，他们可能被期望解决学校里的所有问题，但通常他们对学校教学的实际情况了解最少，并且更广泛的高级团队将在类似的泡沫中工作。因此，每个人都必须与其他部门的优秀员工进行交谈并一起工作。

最后，教师需要时间和空间阅读、分享想法、讨论教学。我们在这方面还没有做到完美，还有很长的路要走，但我们已经在很短的时间内取得了很大的进步。全体员工及其对这项工作的集体支持，绝对是我们走到这一步的关键。

为什么这会起作用

——马克·马丁，大英帝国勋章获得者

在教育中，"行动研究"和"从业者研究"这两个词相互关联，因为它们都研究了从业者在课堂上，以及更广泛的学校生活中的作用。行动研究的形式是教师在课堂实践或学校系统中的自我学习。其结果是加强他们在教与学和学校文化方面的实践。

行动研究的优点是，使教师更具反思性，从而改善他们的课堂策略和干预措施，与他人分享好的实践。然而，行动研究以个人的社会、文化和学校环境为基础。根据文化、领导团队的视野或局限性，行动研究可以是衔接完美的活动，也可以是乏味无聊的琐事。

多年来，我参与了一些有关课堂有效教学方式的行动研究项目，在网上与世界各地的其他教育者分享了我的见解，并完善了一些步骤，以加深对我的课堂实践的了解。作为课堂实践者，包括我自己在内的教师们可以变得更具反思性，更有信心分享想法和课堂经验。对我而言，这种影响是显而易见的，因为它帮我保持开放性，并愿意接受建设性反馈。

教育中，教学和学习没有万灵丹；应该将其视为过程而不是目的。这是一个持续的过程，需要很长时间才能产生切实的结果——而不仅仅是考试成绩。教学就像种下种子，并定期修剪枝杈以促进其生长。要见证行动研究的真正成果，需要制订与健身房锻炼计划相似的行动计划。为了看到差异，你需要记录进度，并衡量对每个班级的影响。结果应该是可见的，并且应该清楚地看到是否正在取得进展。

首先，找到你热衷的研究领域，并将自己定位在可以有所作为的位置。你可能会在学校里，或学校外面找到具有相同兴趣的同事。其次，你需要找

到一个清晰而简明的研究领域，并以一些明确的目标和结果在该领域进行探索。最后，根据你想要展示的证据，缩小关注范围并寻求评论，但在开始时，要有意识地使用一些研究方法，并认识到研究过程中的一些偏见。

马克·马丁，大英帝国勋章获得者，联系方式为aka@Urban_Teacher。马克以其对教育和技术的洞察力和热情而享誉全球。他教授ICT（信息与通信技术）有十余年，并已成为帮助教师和学校使用技术来改善教与学的专家。

Chapter 9

第九章
教师持续职业发展

如果真心希望英国教育系统中的学校达到世界一流水平，那么我们必须为我们的教师提供成长的条件。为实现这一目标，除了获得资格的第一年外，教师必须在整个职业生涯中一直进行专业发展，而且每所学校都必须具备促进这一目标的设施和能力。为了应对当今的挑战，确保教师是受人尊敬的职业，解决教师招聘和留任方面的问题，我们必须让教师成长，必须支持他们，赋予他们权利，以便为孩子们开发最好的教育系统。

专业发展是一种权利。每一所学校的每一位教师的这种权利都应该受到保护。毋庸置疑，我们需要政府的支持才能实现这一目标，但我相信，如果教师能够自己行动起来，跟学校领导一起创造机会，彼此交谈，反思他们的实践，专业发展就可以从基层开始。在本章中，我们将探讨当前学校的专业发展情况，并考虑一些从头开始发展持续职业发展的想法。

为什么这是一个问题

英国的某些司法管辖区似乎在优先考虑教师持续职业发展。例如，苏格兰要求教师每年进行35个小时的持续职业发展活动。在北爱尔兰，教师持续职业发展的参与率与国际平均水平相近。而威尔士在针对特定学科的持续职业发展方面的参与度虽低于国际平均水平，但至少有一些国家计划提供了有组织的CPD培训，并增加了对特定学科的支持。

2019年1月，英国教育部发布了其早期职业框架（ECF），以支持该行业的新教师。该策略不仅旨在简化那些想从事教学工作的人的申请流程，而且还介绍了专业资格的前景，旨在吸引可能希望升任领导职务、分担工作和向往稳定的经验丰富的教师。这一举措受到了教育工作者的欢迎，正如乔恩·哈钦森和卡罗琳·斯伯丁这两位教师在《泰晤士报教育副刊》中所说的，"新教师将获得其他职业长期以来享有的待遇：一个有组织的、连贯一致的入职适应期，在此期间，他们将学习这个职业相关的知识和技能，这些知识和技能不仅能让他们在自己选择的职业中生存下去，还能让他们茁壮成长"。

因此，这是朝着正确方向迈出的可喜的一步，但是考虑到我们作为一个职业目前面临的严峻挑战，这就足够了吗？

我们看一下国际研究，例如教师教学国际调查项目（TALIS）。很明显，虽然英国教师的工作时间最长，却是经合组织国家中教师工资最低的国家之一。教育政策研究所对2013年的TALIS项目的分析发现，过长的工作时间阻碍了教师获得持续职业发展，而工作时间长、起薪低和获得持续

> 31%的教师和学校领导认为CPD在他们学校是一个优势，而39%的教师和学校领导却认为这是一个薄弱环节。

职业发展的机会有限，很可能使教师"倦怠"，尤其是在教师职业生涯的早期阶段。在持续职业发展的平均天数方面，英格兰在参与的36个司法管辖区中排名第30位，教师在课程、观察访问、研讨会和在职培训上仅花费四天时间。我们只需看看中国上海，那里的教师平均每学年花40天在职业发展上，这是多么令人震惊的对比。

此外，正如我们在第四章中看到的那样，至少在过去的六年中，英国没有达到教师培训申请的目标。教师培训已经经历了各种各样的改革——无论

是提供更广泛的教师培训途径，还是试图揭示有效教师培训的特征（即教师在该行业中待更长的时间，自然会成为经验丰富的教师）。无论采用哪种方法，挑战始终存在，那么早期职业框架为什么要有所作为？

教师动机

尽管看起来前景黯淡，但我相信，如果我们能够清楚地了解是什么促使个人成为教师并继续留在教学岗位上，那么就有可能吸引人们留在课堂甚至重返课堂。作为一种职业，这必须是我们所有人关注的一个重点；正如沃思和范登布兰德所说，"教师和学校领导的招聘、发展和留任是一个教育体系成功的关键基础"。

智囊团LKMco的负责人洛伊克·孟席斯基于对教师动机的研究，为学校领导们列出了五个关键课程，我认为在改善我们的职业发展服务方面，我们可以从中学到很多东西。

1. 教师从事这一职业的原因各不相同，但最常见的是"改变学生的生活"，其次是"学科兴趣"，然后是"与年轻人一起工作的愿望"。

2. 有趣的是，"领导和管理的质量"是进入该行业最不重要的动机因素，"薪酬"在最不重要的动机因素中排第二，"假期/休假"第三。

3. 招聘是基于地点的，这意味着教师想找他们住的地方或他们想住的地方附近的学校。LKMco建议学校领导在"家门口"寻找下一代教师。

4. 一些教师有改变社会或帮助当地社区的动机，所以处于困境中的学校应该把这作为一个卖点。

5. 许多人意外进入该行业，因此学校应该创造机会吸引人们。在目前的招聘环境下，提供"试用期"或在申请表后附上"参观邀请"，将是明智的做法。

从这些结果中可以清楚地看到，大多数教师进入该行业时，都知道自己将从事长时间的工作，并且工作会很辛苦，但他们也确实想把工作做好——无论是出于想对年轻人的生活或整个社会产生影响，还是想尽其所能传授其学科知识。为了实现这些目标，教师们需要高质量的专业发展，我相信大多数人在进入教学领域时都期望得到学校的支持和最好的培训，但我们目前真正提供给他们的是这些吗？

教师专业发展的质量

教学不是只凭一张资格证书就可以完成的工作，但通常教师培训的默认模式是提供大量信息，并期望教师通过接收信息得到提高，而不是让教师们花时间学习如何将这些信息用于课堂教学中，然后进行改进。如果我们不给教师时间去学习如何变得更好，就不能指望他们变得更好。

> "专业培训不是一种勾选框的测验练习。作为一种职业，我们需要不断地更新。以医疗行业为例，他们一直在接受持续的训练。作为教师，我们为什么不这样做呢？保证这段时间是绝对必要的。我的建议是，在固定时间内提供高质量的CPD服务，这样才能促进其他事项的进展。"
>
> ——阿德里安·基德，校长，剑桥特兰平顿社区学院

多年来，我和其他无数人一直抱怨学校内外提供的教师培训的质量。我遇到的教师中，接受过高质量训练的几乎屈指可数。我们所提供的服务必须能够对职业发展日的教师参与度有影响。

我们这个行业缺乏高质量持续职业发展培训的原因有很多，仅列举以下几点。

• 由于缺少相互支持的环境或高风险问责制的存在，教师们缺乏相互交

流想法的信心

- 缺少资金

- 缺少时间（在参加2013年TALIS项目的36个国家中，认为自己的工作安排阻碍职业发展的教师比例，英国排名第七）

- 与个人需求不相关

- 无数的倡议和优先事项

- 目标职位根据政府政策改变，进而影响了培训需求

- 行政任务的阻碍

- 单个的培训日，而不是较长时间的综合训练，例如检索式练习

- 效果差

- 学习条件差，例如学校大厅很冷，不提供食物

如果职业发展不佳或欠缺，那么教学质量和教师素质以及教师幸福感就不可能达到世界一流水平。如果我们想降低教师的高流失率并吸引更多的人进入该行业，那么我们的政府就必须大量投资，不仅用于初期教师培训，而且还用于学校，以便它们能够为自己的教师提供所需的培训。

如果我们不结束这种自我实现的预言，那么会为下一代浪费大笔的钱。如果英国这个世界第五大经济体认为不需要对教师和学校进行更多投资，那么我们可以开始认为教育领域根本不是优先考虑的问题。为了使学校的预算正常运行，英国有些学校已经将每学周调整为四天半。与其设法改善基层预防工作以进一步改善社会，政府宁愿把钱花在治安和护理上。有些人会说，这两个社会部门是为了治愈一些社会不安因素和行为，如果教育投资可以促使人们更好地决策，那么这些不安因素和行为本可以被避免。

当然，作为教师和学校领导，为了吸引政府对我们的教育体系进行投资，我们能做的事情有限。但我认为，高质量的专业发展问题必须引起所有教师

和学校的关注，即便在基层，也有解决方案。我希望本章中的建议将帮助你找到一些对你自己、你的同事和学校有用的想法。

我们该如何解决这个问题

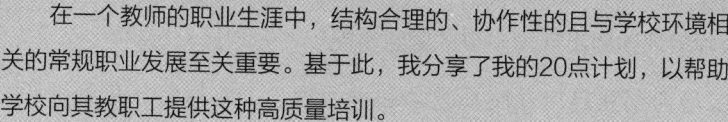

20条持续职业发展计划

在一个教师的职业生涯中，结构合理的、协作性的且与学校环境相关的常规职业发展至关重要。基于此，我分享了我的20点计划，以帮助学校向其教职工提供这种高质量培训。

我曾在一些极具挑战性的学校工作过，整体行为管理已成为我教学知识库中的一项基本资产。我所积累的知识大部分是自我构建的，但在我工作过的学校里，这些知识得到了学校内部精心计划且十分及时的教师培训日的大力支持。在每一次教师培训日中，关于行为管理策略的讨论都在第二天对我的课堂产生了直接的影响。在更深层次上，高质量的职业发展对教职工的积极性、自尊心和自信心有显著的影响。这种影响很快就渗透到了整个教学社区，并在学生行为方面，对学生事件以及一般的课堂和课下行为产生了影响。

但如何保证所有学校在各自的环境中实现这一目标呢？我提出了一个规模宏大但也切实可行的20点计划，以帮助学校改善其专业发展课程。这基于我在全国各地的学校工作时的所见，不仅是本书中强调的那些机构，还包括所有我参观过的幼儿园、中小学、私立和公立学校、免费学校、文法学校、寄宿学校、收容所、专科院校和国际学校等。

20条计划

1. 专业发展必须受到保护。要把它当成学校生活必不可少的一部分以及学校向其教职工提供的服务。

2. 本学年的职业发展要提前定好时间，而且必须严格遵守这个时间表。

3. 有一个明确的学习计划，该计划与整个学校的优先事项以及国家议程相关。

4. 有获取教育研究的基层方法，即所有的同事都选择参加培训课程来满足他们自己的需求。

5. 领导团队在会议开始后不占据主导，但总是参与其中。我已经记不清在教师培训期间出现了多少"紧急情况"……

6. 培训期间提出并阐释教学和学习理念，然后将其带到课堂上进行实践。

7. 会议结束后重新审视并评估提出的那些想法；教师们定期讨论他们在课堂上是怎么做的，以及如何遵守认知科学关于检索式练习和刻意练习的建议。

8. 讨论时要诚实、不具威胁性且能够引起人的反思。

9. 营造一种合作的气氛，需要时与外部访客和伙伴学校合作。

10. 辅助人员受到照顾，他们在专业发展方面发挥领导作用，有时还推动议程；用一种合作的方法改善整个学校，而不是一种"我们和他们"的心态。

11. 辅助人员感到被重视，他们站在教师同事面前，并介绍他们所学到的东西以及这些东西是如何转化为他们的学校工作的。

12. 鼓励人们加入组织。这些组织可能包括英国文化协会、特许教学学院、学科协会、教学联盟、苏格兰教育领导力学院、贝拉（BERA）、贝尔马斯（BELMAS）、威尔士艺术委员会和纳特·西姆鲁（NAHT Cymru）等。会费由学校补贴或支付。也许政府可以提供一些强制性的成员资格，以创造公平的竞争环境。

13. 如果可能的话，学校总预算的1%用于资助教师培训、校外培训和正规资格认证。

14. 职业发展课程时间包括上午、午餐和放学后，以满足所有教职工的需求，包括那些工作条件灵活的教职工。

15. 在非全日制工作人员无法参加的情况下，举行一次后续会议，以确保所有人都不会错过。

16. 托儿设施、多样性和性别问题是议程上的重要内容。

17. 一个人站在前排，在一个满是成年人的房间里阅读幻灯片的日子已经一去不复返了。所有的会议，甚至理论，都尽可能务实。

18. 传统的训练日通常是每学年单独的三天或五天，现在变了，人们更倾向于把全年的时间分开，以一种更有规律、有节奏、长期的方式来让人们能够重新思考那些想法。

19. 可以采用其他方法进行课堂观察，例如，教师建立自己的证据档案，其中包含课堂内外的"教学"视频，以及所参加的职业发展培训列表——包括在周末或利用自己的时间参加的，或者采用社交媒体等替代方法参加的。

20. 最后，评估从绩效管理迅速发展到研究调查。

交错进行和有间隔的教师持续职业发展

在越来越多的教育工作者考虑认知科学的环境下，在课堂上交错进行、有间隔地练习复习和教学技巧，在我们自己的职业发展学习中是有意义的。

想象一下，你进入了一所新学校，却对那里的职业发展和机会几乎一无所知。对于一些教师来说，这就是现实。无论是有经验还是没有经验，他们都接受了一般标准的入职培训，没有后续的"检查"来评估政策是否得到落实。通常，教师们会在学校安顿下来，而当他们在同一所学校工作多年后，他们忘记了学校可能会提供有发展的机会。

大多数学校通常每学年花五天的时间进行职业发展培训。但是，英国的一些研究学校现在已经转向另一种模式，在这种模式下，职业发展时间在一个学年内分成多个部分。

我主张所有学校考虑在一年中错开定期的专业发展课程，并在9月初就对教职工完全公开可获得的资源。这样就可以在一年中重提关键的学习内容和想法，使它们融入到教师的日常实践中，而不是只在10月的一次性培训日中提到，然后在圣诞节之前忘得一干二净。应该遵照日历表上的时间。与浪费资源建立高风险的环境（监控用于打分的彩色钢笔的数量）相比，花时间在定期的教学和学习上更有可能提高教学水平。

我们如何才能做到这一点

学校的持续职业发展主管不得不花费数小时来尝试制订一个对每个人都有意义的专业发展计划，没有什么比这更令人懊恼的了。在过去的十年中，我遇到了无数次这种情况，带领大约1 000名教师进行职业发展。这是一个挑战，但如果我们希望教师能够满足学生的个性化需求，那么我们理应期望我们的学校能够满足其教职工的个性化需求。我学会了发布"持续职业发展选单"，让新教职工和现任教职工一眼就能看到他们有哪些发展机会——无论是受资助的还是学校日常培训计划中的。

然后，你可以与所有教职工持续交流专业发展活动。实现这一目标的最佳方法是提前一年发布时间表，并由一些同事领导、促进和参与各种不同的持续职业发展途径，这些途径将在三个学期内提出并审视各种想法。设计一个简单的日历，使每个活动与学校的优先事项和重复出现的主题保持一致，例如评估、课程设置、评分、课程计划、保障和研究等。每个主题都可以发布到一个日历周期中，该周期在全年中重复出现。

> "我们从向同事介绍ResearchEd活动开始，想法是：参加这些研究活动，确定你想要更直接地接触并参与的培训领域，反思并评估这些要素，然后把它作为在短期的、有限的时间内进行分布式培训的一部分，在此处进行传播和共享。"
>
> ——阿德里安·基德，校长，剑桥特兰平顿社区学院

甚至可以尝试把持续职业发展"会诊时间"添加到你的日程中。然后把这些作为固定的时间段，人们可以在这些时间段里就他们感兴趣的内容进行专业发展讨论。这肯定是一种简单高效的方法，可以提高学校的"成人学习者"的形象。

透明公开的时间表将确保所有教职工了解各项计划，并提高专业发展的形象及其重要性。这向所有同事包括学校领导小组传达了持续职业发展的重要性。除了提供保障之外，我认为学校生活中没有其他方面比培养我们的全体教职工更重要。为什么？因为学校生活的所有方面都可以在持续职业发展课程中得到发展，而不是听天由命。

当然，学校很复杂，有时像检查、下雪天和旅行中断这样的事情甚至会破坏最精心安排的计划。但学校没有理由仅仅因为另一个优先事件的出现，就中止专业发展计划。学校总是有无数的优先事项，但没有什么比确保长期持续的专业发展更重要的了。如果确实发生了什么事件，制定一个日程表会提供更充足的理由保留专业发展计划，尤其是在某些学校——在这些学校里，当紧急情况发生时，职业发展计划总是第一件被取消的事情。

基层持续职业发展活动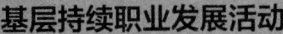

就像我在想法2中解释的那样，最好对持续职业发展活动进行仔细安排，但如果不能实现，每位教师和学校领导仍然可以从基层开始实施CPD，这样同事们就可以分享最佳实践，并发展自己的技能和教学方法。

我在自己的学校进行的、以及我在英国各地领导的最具影响力的基层教师培训活动，都非常简单易行。这取决于两个基本的人类构造：说和听。以下是我发现的一些可以促进这些活动的最佳方法，希望能激励你开展自己的活动。

市场

就像人们在街边市场购物一样，只需选择一个话题进行讨论并将教师们召集在一起。可以站着或坐着，但原则是人们是来分享和比较想法的，而教师的声音是培训的核心。增加参与度的有趣方法可以是选择一些最好的想法向全校展示，将这些想法呈现在单独的桌子上，教师轮流参观每张桌子，或者以其他方式捕捉事件，例如照片或在社交媒体上向全世界直播的实时视频。最后一个想法听起来可能很复杂，但实际上很容易做到，并且绝对是增加他人对想法的接受度，并为学校提供绝佳曝光率的好方法——试试通过推特的Periscope（直播应用）轻松解决这个问题！

为了举例说明这如何在实践中起作用，在此介绍"评分市场"。每年，小组或各院系都会带来一系列书籍，以分享和比较关于评估的想法，以及学生在每个学科的学习经验。该活动应在一个大厅中举行，各院系要从一张桌子移动到另一张桌子，观察孩子们在不同学科上的表现。或者，所有的教师移动到一个相似的学科领域来比较有关教与学的想法。

不一定是要评分。相反，可以尝试一个课堂资源、一节推特上的培训课程、一款应用程序或一组资源共享。无论分享什么内容，原则是教师们在全校范围内互相交流方法和策略。

> "学校里有很多很好的实践活动。没人独自拥有这一切。这里的每个人都是有绝招的开源高手——一些同事称这些绝招为'顶级王牌'——并分享他们的好点子。这发生在非正式的环境中。"
>
> ——阿德里安·基德，校长，剑桥特兰平顿社区学院

"快速约会"

我是在2014年喝了一瓶红酒后想到这个主意的，所以要小心了！我清楚地记得，在我们向全体教职工提出这一想法之前，有一两位经验丰富的同事很乐意与我们分享他们的疑问。他们在课程结束回来后表达了最诚挚的谢意，这令我很高兴。一位教职工对我说，这是他参加过的最具影响力的持续职业发展课程。

"快速约会"和"市场"的前提是一样的，一对一的交谈拉近了人们的关系。在此有一个免责声明：我从未参加过旨在改善我爱情生活的速配活动，但我知道它们是如何运作的——我已经进行了一些详细的循证研究！因此，想像一个学校大厅，房间四周都是桌子。桌子的两边各放一把椅子，供一位同事坐。现在房间周围有一圈椅子，在这些椅子前面有一圈桌子，在内层的一圈里有另一组椅子面对着桌子，对面也有椅子。

原理是，坐在里面椅子上的人在设定的时间内移到下一个椅子上。我已经测试了各种时间限制，一分钟似乎是一个不错的起点。每个参与者有30秒

的时间在课堂上分享他们的一个最好的想法。另一个参与者花30秒听这个人说，然后他们交换意见。一分钟结束后，坐在里面椅子上的人站起来，和其他人一起按顺时针方向移动。在这个时候，每个人会标出他们是否喜欢这个想法。在课程结束时，将对分数进行计算，然后向小组宣布位于前三名的教学想法。根据我的经验，排在首位的想法成为所有教师考虑在课堂上使用的关键策略。如果涉及物质资源，可以投入一些学校资金进行创造，提供给所有教师或每个教室。

这是一种评估教职工情绪和需求的简单方法，需要两到三个人来管理指令和动态！请访问www.teachertoolkit.co.uk/speed-dating-cpd查找开始所需的所有资源。

教师集会

如果你想冒险，可以尝试一下教师集会，它开始于2008年，最初起源于爱丁堡的一家酒吧，后来发展成有赞助商和奖品的市场活动，吸引了四五百人的参加。2011年，我第一次参加了在埃塞克斯举办的教师集会，接下来的四年里，我把成千上万的教师聚集在伦敦各地的教师集会上，建立了"教师集会"网络。这是一个很好的机会，可以把很多外部人士带到自己的学校中，但这确实要付出代价，因为组织活动会大大增加工作量。所以，把工作委派给有意愿的同事，并利用教师社交媒体社区，邀请有意愿的志愿者和演讲者。我甚至曾经在一辆伦敦红色巴士上和一艘浮在泰晤士河的小船上组织过教师集会！

> "确保CPD不只由负责教与学的同事讲授，是很有效的做法。每个人都要做出贡献。拥有这种分布式所有权后，所有人都可以看到CPD的相关性以及如何应用它。它充分利用了每个人的技能和兴趣，以争取更大的利益。"
>
> ——阿德里安·基德，校长，剑桥特兰平顿社区学院

教师集会是在周内举行还是在周末举行看具体情况。如果你想在上课时间进行现场集合，那么你可能无法创建一个教学会议式的氛围，但这一原则可以复制。基本上，教师们会在同伴面前花五到七分钟的时间来分享他们在课堂上做的事情。每天我们在每节课上都要求学生这样做，但似乎已经忘记了作为教师这样做是什么感觉。

很多教师害怕在同伴面前讲话，但我鼓励大家这样做，以培养一种好奇心文化。毕竟，仅仅因为我们是教师，并不意味着我们已经停止了学习，并且这样做可以增强你公开演讲的自信心。我想说的是，正是这些活动帮助我树立了在世界各地的主题会议上向数百人演讲的信心。

如果密切关注社交媒体，你会看到世界各地的教师通过票务页面和自己的网站来策划自己的活动，以使人们聚在一起讨论教与学。有趣的是，教师集会概念最近又回到了其最初的起源，就是将一群教师聚集在咖啡馆或酒吧，提供点心和小吃，一起分享和讨论教学。一个这样的例子是#BrewEd，另一个是来自美国的模式#EdCamp。如果想更多地了解如何尝试不同的方法，以及其他教师对这些方法的意见，请访问www.teachertoolkit.co.uk/edcamp-model，并在www.teachertoolkit.co.uk/teachers-talking-about-teaching上找到所有现成资源。

新手教师的职业发展

有许多途径可以支持新教师进入这个行业，但我希望你花点时间思考一下，在自己的学校环境中，新教师可以得到什么。

在英格兰，新教师有无数进入该行业的途径。2019年1月，英国教育大臣达米安·海因兹宣布投资1.3亿英镑，作为早期职业框架的一部分。然而，对未经资格认证教师的支持很少或根本没有，并且当你将总体成本与英国学校数量进行比较时，一所学校的可用现金几乎不能为新教师提供额外两小时的免费支持。根据我的经验，在一个大型的城市中学，我们通常每学年有五到十名新任教师，所以在这样规模的学校里这笔资金用不了多久。

在威尔士，教育工作委员会（EWC）负责管理学校的入职资金。专业教学标准（PTS）有五个方面的价值观和倾向，用以在EWC网站上创建专业学习凭证。多年来，我一直认为这是英格兰所需要的，就像在苏格兰一样，我们的同事在那里创建了网上履历，当他们讨论职业发展需求时，他们可以与未来的雇主或其他同事分享他们的网上履历。在一段时间里，我们沉浸在来自社会各个方面的技术中，人们不禁要问，为什么英格兰系统还没有这样的东西。威尔士政府要求所有教师在威尔士都需经过资格认证。这种情况在苏格兰也有，但英格兰却没有。

在苏格兰，新教师得到了苏格兰教学协会（GTCS）的帮助。有各种教师培训途径，包括传统的中小学教学培训途径，以帮助所有教师教授苏格兰卓越课程的各个领域。有些教师培训课程需要学习5年，有些则可以攻读硕士学位。此外还提供远程学习和教师教育文凭课程（PGDE）。我一直很欣赏苏格兰的教育体系，因为所有的教师都是经过严格的注册和培训指导的。

在北爱尔兰，所有教师必须在北爱尔兰教学协会（GTCNI）、教育当局或北爱尔兰代课教师名册（NISTR）注册。此处的资格意味着教师可以在英国的任何地方工作，但是还需要进一步的入职培训以了解课程和资格差异。在培训的第一年，每位新教师都以职业入职档案为基础。如果一名教师从英国其他地方来北爱尔兰工作，相同的入职程序也适用。

支持新教师

这就是英国每个地区的背景，但是如果指派你指导一位新教师，或者你的教职工团队中有一些新教师，那么可以做些什么来欢迎并支持他们呢？以下是给你和学校的一些重要提示。

1. 为新教师准备大量的课堂资源——可以简化日常教室管理的任何东西：白板笔、迷你白板、文具和彩纸。

2. 至少每半个学期检查一次，看看一切是否正常，比如散热器、白板或投影仪、电器以及折断的桌子腿，这可能有助于孩子在课堂上表现得更好。

3. 建立一个伙伴体系，让有经验的教师与其他团队或部门的新教师结对。如果建立了牢固的关系，这位教师就可以成为批判性友谊（critical friendship）和建议的替代意见咨询人。

4. 每学期带新教师出去参加一次社交活动，帮助建立基层的同事情谊。

5. 尽早给新教师展示自己的机会，让他们都能在全体教职工面前谈论课堂上试验过的想法。这确保了他们的发展和成长，并让所有教职工有机会，知道新教师在做什么，并了解他们。

6. 用学校新任教师的照片测试学校的领导团队。去掉他们的姓名和专长，而是提供一个有趣的事实，让学校领导（不仅仅是新教师领导）能以"简单的方式"与所有新教师互动。

7. 邀请学校领导参加非定期的新教师会议听取重要议题，并邀请不同的教师参加并主持新教师的持续职业发展会议。环境是关键，一些学校可能没有这个能力，但是新教师入职培训的领导不应该主导所有的培训课程。新教师在早期需要广阔的视野。学校领导不能低估参加这些会议的重要性。我们都可以互相学习。

8. 除了庆祝活动，不要在星期五举行任何活动！

对教师的投资

为了真正了解你的职业发展工作在学校内部得到了怎样的提升，我主张从外部去看，不仅要看其他学校，还要看教育界以外的其他领域。实现此目的的一种方法是通过"投资于人"机制。

"投资于人"（IiP）是一个非营利组织，为评估、职业发展、招聘和留任、员工幸福感和员工观念提供了一个国际框架。它对英国乃至更远的地方的数千家私人和公共机构进行了认证，其中包括许多学校。事实上，他们称，自1991年以来，他们已经为世界上超过75个国家的1 100多万人提供了更好的工作。

在我担任专业发展主管期间，我促成了"投资于人"对我的学校进行的三次不同的视察，三次视察的结果均达到了国际标准。审查包括对下列几点的评估。

- 健康与员工幸福感战略和资源，例如教职工缺勤状况和人力资源流程

- 教职工和领导力管理

- 对效率、认可、奖励和授权的管理

- 如何衡量和评估绩效

如果你希望获得"投资于人"认证（并且对此有预算），那么可以邀请它到你的学校进行正式审核。有关更多信息，请访问www.investorsinpeople.com。

但我也相信，我们可以从"投资于人"流程中学到很多东西，以便评估和改善我们支持和培养教师的方式。

学校可以通过定期的匿名调查来进行自我评估，判断政策和教职工看法。一个简单的解决方法是确保教职工的发言得到重视，例如"你说了，我们做到了"展示，它可以分享教职工的想法以及学校领导对提出的问题所做的工作。这是一种有用的反馈方法，我们大家应该定期提醒自己以前遇到的问题，以及我们是如何解决这些问题的。我们需要鼓励人们更多地发现问题，而不仅仅是解决问题。如果我们对于实现卓越教学有更多的了解，我们就应该做更多的工作，从而理解我们怎样对待教师才是有效的，并且理解其对教师表现与学生成就的影响。

教师发展

在英国，当我们谈论"对教师的投资"时，我认为重点应该放在培养教师上，这样他们就可以在课堂上做到最好。西蒙·史密斯就学校如何实现这一目标提出了一些建议：

• 教师应该对自己的职业发展有自主权，决定自己需要什么、什么时候需要以及为什么需要。

• 学校应投入时间培养每位教师，为每个人的特定需求提供适当的机会。

• 学校领导者应该留出时间倾听教师的意见以及他们对专业发展的需求，然后根据这些要求制定目标。

• 直属管理人员应该清楚教职工的工作状况——他们需要知道，自己要一直这样做！

• 学校应确保评估对教师具有很高的价值，并且应该仔细考虑什么是可以衡量和实现的。

将这些想法与我们在学校中已经司空见惯的高风险问责制进行对比。你认为是什么促使教师离开这个职业，又是什么使教师能够成为更好的课堂实践者？我知道我的答案是什么。

"投资于人"认为，花时间投资于教师的职业生涯和日常职业生活中所需要和想要的东西，是最佳实践的一个标志。即使是在困境下，也可以把职业发展放在学校工作的核心位置，如果能创造一个环境，让人们尽其所能地工作，那么其他一切都将落到实处。

学校案例分析

学校名称：特兰平顿社区学院

位置：剑桥，剑桥郡

背景：特兰平顿社区学院是位于剑桥市南部边缘的一所相对较新的、在这一区域最顶尖的中学，招收11至16岁的学生。2019年9月，它将拥有从7年级到11年级的第一批满员学生，最终将在2021年达到750名学生的全容量。它拥有一个能够促进创新实践的，屡获殊荣的体系结构，并且在高度集成使用技术以支持新的教与学的方法方面处于领先地位。

为什么这个领域是你们学校的强项

越来越多的人质疑更"标准"的持续职业发展方法的有效性，比如不相关的、不经常性的或不连贯的在职培训日或黄昏课程，例如，同事们参加一系列研讨会，不确定能否从这些会议中持续不断地分享好的实践。此外，还有一个问题是，分享的实践是否有任何持续的影响或"吸引力"。

因此，特兰平顿以不同的方式对待持续职业发展，让所有同事更经常地聚在一起，为每个人提供做贡献的机会，让同事们接触到最好、最相关的教育研究。

现行的15分钟每日持续职业发展计划，让所有从事一线教学的同事都能发表意见、参与学习、讨论和辩论，就申请、测试、评估和提供反馈达成一致。它对新教师产生了影响，尤其是让他们有机会定期与有经验的同事密切接触，以支持他们的早期职业发展。

关于最有效的教学方法有了更多的揭露和讨论；同事们公开参与他们自

己的研究，并与每个人分享结果。培训之后，质量保证和观察证据是一重大改进，促进了对已确定行动的一致应用。现在，许多学科在教育常规或技术的应用和高质量讲授方面表现出更大的一致性。在这方面还有更多的工作要做，我们正在努力确保技术的嵌入和应用更加一致。

你们学校是如何做到的

投资于同事的持续发展既是一个关键的优先事项，也是一个没有商量余地的任务。除此之外，对于新教师来说，还有一个新的视角，即他们应该如何得到支持。在很多情况下，这些需要最大限度的初期专业支持和发展的同事，却无意间被"忽视了"。"新教师年"不应该是关于生存的，而是关于繁荣的。像对待所有人一样，与这些同事搞好关系，我们就有了持续改进学校（和系统）的坚实基础。另外，我们还需要对评估过程进行调整，以便将所有发展成果综合在一起，形成一个更协调一致的过程。

每位同事都获得了一笔钱，用来确定如何使用资源以支持他们的职业发展。同事们有权用这笔钱以最好的方式使自己受益。而资源则会被添加到学校培训室的专业图书馆中，以供其他人使用。也支持参加诸如ResearchEd或剑桥教育节之类的活动。

一种新的高质量教学方法以"实践准则"的形式出现，该准则确定了以罗森海因的原则为中心的，一系列众所周知的、高影响力技术的核心。通过理解列莫夫（学习科学工作者）和麦吉尔提出的思想，这些重要原则得到了支持。协商有助于制定在整个学年提供和讲授持续职业发展的策略。作为学校实践的基本基础，这些核心技术一直受到关注。

教师的心声得到了进一步关注。仅仅将同事引向职业发展是不够的，他们应该感到舒适，并有足够的能力来确定自己的需求。"质量保证流程"经过调整，纳入了专业自我评估的机会。随之而来的反馈让学院了解到更多的定制发展需求，然后将其整合到持续职业发展的日常会议里，或由某一特定领域的专业人员领导的自愿参加的下午研讨会中。

现在，评估包括一个以研究为基础的目标。某些研究领域的成果直接提供给持续职业发展，并由特定的同事具体领导，以促进学校更广泛地推动领导力和全校影响。

人们思想越来越开放，越来越喜欢尝试新想法，或者让现有想法变得更好。同事们热衷于分享他们的创新点，并展示如何实现改进，这只会增加持续职业发展的持续发展势头和归属感。有一种理解是，这种持续职业发展方法旨在改善工作量、维持平衡，以及促进教与学。持续职业发展具有真正的价值。

其他教师和学校领导如何将此应用于他们自己的实践和学校环境

教学可能是为数不多的这样的职业之一——在这些职业中，特别是与其他高价值职业相比，对培训的重视程度不够或没有给予应有的时间和价值。我们对下一代的发展负有很大责任，因此，我们必须尽可能熟练地运用研究成果来提供高质量、高影响力、最新且相关的教育体验。

第一步是要认识到这一点，并重新思考培训的重要性。投资高质量的持续职业发展还有助于教师招聘和留任，也对降低工作量、维持工作与生活之间的平衡以及解决那些对该行业不利的问题有好处。

持续职业发展被视为一系列问题的解决方案：提高一致性、持续性，改进授课方式；培养新教师或为优秀的从业者；培养独立自主的、善于自我反省的专业人员；并腾出更多需要的时间。坦率地说，当同事们感到疲倦时，学校还应减少课后提供的培训。考虑专业发展的时机和安排很重要。一个每个人都参与其中的精心计划、高度集中的活动，可以提高一致性，支持良好做法的共享，并鼓励有趣的讨论。

早上分配的一些时间可能不是用来满足整个学校的需求的，而是为了满足有类似需求的小组，或者只是为了有时间把学到的知识付诸实践。练习应用核心技术的时间也是需要考虑的，目前只有少数学校考虑到这一点。

持续职业发展及其讲授不应被视为单独的组成部分，重要的是评估整个系统，并考虑如何在下一个层次将这种持续职业发展方法无缝集成到其他元素中，起到增强作用。从本质上讲，正是持续职业发展的一致愿景带来了目标。围绕以经过充分研究和权衡的证据为基础的、明确定义的原则来进行专业发展非常有效。

尽管需要把定向时间考虑在内，且要求后续行动和评估的严谨性和问责性需要到位，但通过在基本理论中强调提高技能、改善工作量和促进工作生活平衡的明显好处，来培养支持职业发展的积极文化，确实是一种很好的方法。鼓励所有同事为主持持续职业发展会议做出贡献，并培养对工作的归属感，是我们公开倡导和支持的工作。

为什么这会起作用

——安迪·哈格里夫斯教授

在阿巴拉契亚山间的一次徒步旅行中，我和一个大学区的交通经理合住在一间小屋里。"关于校车司机，人们需要知道的最重要的事情是什么？"我问。他回答说，校车司机通常是孩子们早上从家里出来之后和上课前看到的第一个人，也是他们下午走进家门之前看到的最后一个人。分享快乐以及被欺负或被虐待的警告信号都始于校车司机。学校里的每个人都很重要，包括后勤人员，持续职业发展也很重要，它能改善教职工与学生的关系。

最有效的持续职业发展是协作性的，罗斯的很多例子都说明了这一点。在挪威，我们研究了一所学校，校长让教师参与决定学校未来的发展方向，包括关于持续职业发展的决定。通常情况下，校长们做出整体规划，而教师们要去实现这些规划，但尊重专业性的持续职业发展让教师们也能参与到整体规划中。

我目睹了包括英国在内的几个国家的教师罢工。这通常包含一个"自讨苦吃"的策略——拒绝参加持续职业发展。持续职业发展的不受欢迎的策略。在最初的几个月里，教师们说他们很喜欢这样，终于没有这些会议了，他们终于可以只教学了，太棒了。直到他们开始怀念学习，怀念通过与同事讨论实践来提高自己的能力。持续职业发展是一种权利，但也是一种义务。持续职业发展是教师们不能长期放弃的东西。

在中国香港，粉岭书院每年两次接待100名访客，观看综合的自主学习课程。在课程结束时，访问者提供反馈，其中有一些至关重要。"为什么只叫四个学生回答问题？""课程进行很快，那些跟不上的学生怎么办呢？"为什么被观察的教师没有崩溃？首先，因为她和她的同事们已经一起计划、实践并复习了他们的课程。这不是她的课,而是他们的课。其次,有些教学计划将批评性反馈和支持性反馈分开。批判是一种角色,而不是人格障碍!卓越的持续职业发展是协作性的,但有时在相互促进方面也具有挑战性。

罗斯的"卓越教学法"证实了这一研究——卓越的持续职业发展是协作性的、嵌入式的、资源充足的和及时的,而且往往是教师在学校环境中,在一个帮助教师将自己的激情和动力与学校的优先事项联系起来的环境中,推动的。有效的持续职业发展是需要大家一起追求的,它无处不在,最终囊括所有人,每时每刻都在发生。并且就学校里所有成年人及其服务对象的利益而言,它永远存在。

安迪·哈格里夫斯在教育领域工作了40多年。他是波士顿学院的研究教授、渥太华大学的客座教授和斯旺西大学的名誉教授。同时他还担任苏格兰首席部长尼古拉·斯特金的教育顾问。请访问www.andyhargreaves.com或通过Twitter@hargreavesbc.了解更多信息。

Conclusion
结语

　　在我通过社交媒体了解到或亲自访问过的许多学校、学院和大学，以及与我互动的数千名教师中，我相信许多教育工作者正在应对本书提出的这九个挑战。

　　所有学校都在与我们的孩子一起做着非凡的事情——全国数千所学校已经开展了许多的工作，本书介绍的只是其中比较典型的九所。作为一个职业，我们面临挑战，虽然我不知道所有的答案，但是我准备在剩下的工作日中努力寻找更好的解决方案，并帮助改变整个英国的情况。教师应该是社会上最受尊敬的职业之一。与警察、医生和护士一样，我们最有能力满足年轻人的需求，我们必须获得适当的工具和条件才能蓬勃发展。

　　为了实现这一目标，我们必须团结起来。遗憾的是，我开始看到教师在互相批评，而不是彼此庆祝。对我来说，这表明政治已经开始影响教育学。作为教师和学校领导，我们必须矢志不渝地挑战媒体中的观念，并帮助传播我们作为集体职业的重要性。我们必须挑战现状，鼓励社会投资于我们的教育系统。只有这样，才能使所有教师都持续成长，每天都能进行出色的教学，这是我们的年轻人所需要和应得的。

　　在问责制方面，我们当然需要保持高标准——甚至我的好朋友英国教育标准局也要在这里发挥作用。我们需要利用证据和研究，并制订适当的计划，以确保我们成功的经验和失败的教训可以传给下一代。但是，当我们拥有了一个系统（在这个系统里，最弱势的孩子是电子表格上的数字，或者在这个系统里供款决定可以对孩子们的机遇以及可能拥有的生活机会产生影响），我们必须明白我们正在一个非常复杂的领域工作。人成为关键要素时，任何商业资本模型都难以评估；问责制阻碍创新，繁文缛节阻碍了人们的工作时，学校进步也会受到阻碍。

教师只是需要时间和空间来进行简单而有激情的教学，进行合作、取得发展——站在学生面前并与同事并肩作战。就是这样，这就是"卓越教学法"。

因此，读完这本书，我只希望你记住一件事：作为一种职业，我们需要谈论教学。我们需要赞美我们的教师所做的了不起的工作。我强烈建议教师们互相讨论教与学，并就教学法进行有意义的对话。那些蓬勃发展的学校正在为教师设计一对一的课堂观察、研究和评估对话。只做这件事，把它做好。作为身处复杂政治世界的教育者，我们应该尊重彼此的观点，并认识到，尽管我们都在不同的环境中工作，但往往面临着同样的挑战。只有这样，我们才能重塑故事，才能让民众、家长和政客相信，在我们的教育体系中，最重要的是让它成为我们教师持续成长的沃土。

"常青藤"书系—中青文教师用书总目录

书名	书号	定价
特别推荐——从优秀到卓越系列		
★ 从优秀教师到卓越教师：极具影响力的日常教学策略（入选浙江省教师节用书）	9787515312378	33.80
★ 从优秀教学到卓越教学：让学生专注学习的最实用教学指南	9787515324227	39.90
★ 从优秀学校到卓越学校：他们的校长在哪些方面做得更好	9787515325637	33.80
★ 卓越课堂管理（中国教育新闻网2015年度"影响教师的100本书"）	9787515331362	68.00
名师新经典/教育名著		
★ 马文·柯林斯的教育之道：通往卓越教育的路径（《中国教育报》2019年度"教师喜爱的100本书"，中国教育新闻网"影响教师的100本书"。朱永新作序，李希贵力荐）	9787515355122	49.80
如何当好一名学校中层：快速提升中层能力、成就优秀学校的31个高效策略	9787515346519	29.00
像冠军一样教学：引领学生走向卓越的62个教学诀窍	9787515343488	49.00
像冠军一样教学2：引领教师掌握62个教学诀窍的实操手册与教学资源	9787515352022	68.00
★ 如何成为高效能教师（美国最畅销教师用书，销量超过350万册，教师培训第一书）	9787515301747	89.00
★ 给教师的101条建议（第三版）（《中国教育报》"最佳图书"奖）	9787515342665	33.00
★ 改善学生课堂表现的50个方法（入选《中国教育报》"影响教师的100本书"）	9787500693536	33.00
改善学生课堂表现的50个方法操作指南：小技巧获得大改变	9787515334783	29.00
★ 优秀教师一定要知道的17件事（美国当前最有影响教育畅销书作者全新力作）	9787515342726	23.00
美国中小学世界历史读本 / 世界地理读本 / 艺术史读本	9787515317397等	106.00
美国语文读本1-6	9787515314624等	252.70
和优秀教师一起读苏霍姆林斯基	9787500698401	27.00
快速破解60个日常教学难题	9787515339320	33.00
★ 美国最好的中学是怎样的——让孩子成为学习高手的乐园	9787515344713	28.00
建立以学习共同体为导向的师生关系：让教育的复杂问题变得简单	9787515353449	33.80
教师成长/专业素养		
从实习教师到优秀教师	9787515358673	39.90
像领袖一样教学：改变学生命运，使学生变得更好（中国教育新闻网2015年度"影响教师的100本书"）	9787515355375	49.00
你的第一年：新教师如何生存和发展	9787515351599	33.80
教师精力管理：让教师高效教学，学生自主学习	9787515349169	28.00
如何使学生成为优秀的思考者和学习者：哈佛大学教育学院课堂思考解决方案	9787515348155	39.80
反思性教学：一个已被证明能让所有教师做到最好的培训项目（30周年纪念版）	9787515347837	49.00
★ 凭什么让学生服你：极具影响力的日常教育策略（中国教育新闻网2017年度"影响教师的100本书"）	9787515347554	28.00
运用积极心理学提高学生成绩（中国教育新闻网2017年度"影响教师的100本书"）	9787515345680	39.80

	书名	书号	定价
★	可见的学习与思维教学：让教学对学生可见，让学习对教师可见（中国教育报2017年度"教师最喜爱的100本书"）	9787515345000	29.80
	可见的学习与思维教学：成长型思维教学的54个教学资源：教学资源版	9787515354743	36.00
	教学是一段旅程：成长为卓越教师你一定要知道的事	9787515344478	39.00
	安奈特·布鲁肖写给教师的101首诗	9787515340982	35.00
	万人迷老师养成宝典学习指南	9787515340784	28.00
	中小学教师职业道德培训手册：师德的定义、养成与评估	9787515340777	32.00
	成为顶尖教师的10项修炼（中国教育新闻网2015年度"影响教师的100本书"）	9787515334066	35.00
★	T. E. T. 教师效能训练：一个已被证明能让所有年龄学生做到最好的培训项目（30周年纪念版）（中国教育新闻网2015年度"影响教师的100本书"）	9787515332284	39.00
	教学需要打破常规：全世界最受欢迎的创意教学法（中国教育新闻网2015年度"影响教师的100本书"）	9787515331591	33.00
	10天卓越教师自我培训（教育家安奈特·布鲁肖顶尖卓越教师培训教材）	9787515329925	29.00
	给幼儿教师的100个创意：幼儿园班级设计与管理 / 为幼升小做准备	9787515330310等	58.00
	给小学教师的100个创意：发展思维能力	9787515327402	29.00
	给中学教师的100个创意：如何激发学生的天赋和特长 / 杰出的教学 / 快速改善学生课堂表现	9787515330723等	87.90
	以学生为中心的翻转教学11法	9787515328386	29.00
	如何使教师保持职业激情	9787515305868	29.00
★	如何培训高效能教师：来自全美权威教师培训项目的建议	9787515324685	32.00
	良好教学效果的12试金石：每天都需要专注的事情清单	9787515326283	29.90
★	让每个学生主动参与学习的37个技巧	9787515320526	28.00
	给教师的40堂培训课：教师学习与发展的最佳实操手册	9787515352787	39.90
	提高学生学习效率的9种教学方法	9787515310954	27.80
★	优秀教师的课堂艺术：唤醒快乐积极的教学技能手册	9787515342719	26.00
★	万人迷老师养成宝典（第2版）（入选《中国教育报》"2010年影响教师的100本书"）	9787515342702	29.00
	高效能教师的9个习惯	9787500699316	23.00
★	好老师可以避免的20个课堂错误（入选《中国教育报》"2010年影响教师的100本书"）	9787500688785	21.50
课堂教学/课堂管理			
	如何解决课堂上最关键的9个问题	9787515360195	49.00
	多元智能教学法：挖掘每一个学生的最大潜能	9787515359885	39.90
	探究式教学：让学生学会思考的四个步骤	9787515359496	39.00
	课堂提问的技术与艺术	9787515358925	49.00
	如何在课堂上实现卓越的教与学	9787515358321	49.00
	基于学习风格的差异化教学	9787515358437	39.90
	如何在课堂上提问：好问题胜过好答案	9787515358253	39.00
	高度参与的课堂：提高学生专注力的沉浸式教学	9787515357522	39.90
	让学习变得有趣	9787515357782	39.00

书名	书号	定价
如何利用学校网络进行项目式学习和个性化学习	9787515357591	39.90
基于问题导向的互动式、启发式与探究式课堂教学法	9787515356792	49.00
如何在课堂中使用讨论：引导学生讨论式学习的60种课堂活动	9787515357027	38.00
如何在课堂中使用差异化教学	9787515357010	39.90
如何在课堂中培养成长型思维	9787515356754	39.90
每一位教师都是领导者：重新定义教学领导力	9787515356518	39.90
教室里的1-2-3魔法教学：美国广泛使用的从学前到八年级的有效课堂纪律管理	9787515355986	39.90
如何在课堂中使用布卢姆教育目标分类法	9787515355658	39.00
如何在课堂上使用学习评估	9787515355597	39.00
7天建立行之有效的课堂管理系统：以学生为中心的分层式正面管教	9787515355269	29.00
积极课堂：如何更好地解决课堂纪律与学生的冲突	9787515354590	38.00
设计智慧课堂：培养学生一生受用的学习习惯与思维方式	9787515352770	39.00
追求学习结果的88个经典教学设计：轻松打造学生积极参与的互动课堂	9787515353524	39.00
从备课开始的100个课堂活动设计：创造积极课堂环境和学习乐趣的教师工具包	9787515353432	33.80
老师怎么教，学生才能记得住	9787515353067	48.00
多维互动式课堂管理：50个行之有效的方法助你事半功倍	9787515353395	39.80
智能课堂设计清单：帮助教师建立一套规范程序和做事方法	9787515352985	49.90
提升学生小组合作学习的56个策略：让学生变得专注、自信、会学习	9787515352954	29.90
快速处理学生行为问题的52个方法：让学生变得自律、专注、爱学习	9787515352428	39.00
王牌教学法：罗恩·克拉克学校的创意课堂	9787515352145	39.80
让学生快速融入课堂的88个趣味游戏：让上课变得新颖、紧凑、有成效	9787515351889	39.00
★ 如何调动与激励学生：唤醒每个内在学习者（李希贵校长推荐全校教师研读）	9787515350448	39.80
合作学习技能35课：培养学生的协作能力和未来竞争力	9787515340524	45.00
基于课程标准的STEM教学设计：有趣有料有效的STEM跨学科培养教学方案	9787515349879	68.00
如何设计教学细节：好课堂是设计出来的	9787515349152	39.00
15秒课堂管理法：让上课变得有料、有趣、有秩序	9787515348490	33.80
混合式教学：技术工具辅助教学实操手册	9787515347073	39.80
从备课开始的50个创意教学法	9787515346618	29.00
中学生实现成绩突破的40个引导方法	9787515345192	33.00
给小学教师的100个简单的科学实验创意	9787515342481	39.00
老师如何提问，学生才会思考	9787515341217	33.80
教师如何提高学生小组合作学习效率	9787515340340	29.00
卓越教师的200条教学策略	9787515340401	35.00
中小学生执行力训练手册：教出高效、专注、有自信的学生	9787515335384	33.80
从课堂开始的创客教育：培养每一位学生的创造能力	9787515342047	33.00
提高学生学习专注力的8个方法：打造深度学习课堂	9787515333557	35.00

书名	书号	定价
改善学生学习态度的58个建议	9787515324067	25.00
★ 全脑教学（中国教育新闻网2015年度"影响教师的100本书"）	9787515323169	38.00
★ 全脑教学与成长型思维教学：提高学生学习力的92个课堂游戏	9787515349466	39.00
★ 哈佛大学教育学院思维训练课	9787515325101	36.00
完美结束一堂课的35个好创意	9787515325163	28.00
如何更好地教学：优秀教师一定要知道的事（被英国教育界奉为圣经的教学用书）	9787515324609	36.00
带着目的教与学	9787515323978	28.00
★ 美国中小学生社会技能课程与活动（学前阶段/1-3年级/4-6年级/7-12年级）	9787515322537等	153.80
彻底走出教学误区：开启轻松智能课堂管理的45个方法	9787515322285	28.00
破解问题学生的行为密码：如何教好焦虑、逆反、孤僻、暴躁、早熟的学生	9787515322292	36.00
13个教学难题解决手册	9787515320502	28.00
★ 让学生爱上学习的165个课堂游戏	9787515319032	39.00
美国学生游戏与素质训练手册：培养孩子合作、自尊、沟通、情商的103种教育游戏	9787515325156	36.00
老师怎么说，学生才会听	9787515312057	28.00
快乐教学：如何让学生积极与你互动（入选《中国教育报》"影响教师的100本书"）	9787500696087	29.00
★ 老师怎么教，学生才会提问	9787515317410	29.00
★ 快速改善课堂纪律的75个方法	9787515313665	28.00
★ 教学可以很简单：高效能教师轻松教学7法	9787515314457	39.00
★ 好老师应对课堂挑战的25个方法（《给教师的101条建议》作者新书）	9787500699378	25.00
★ 好老师激励后进生的21个课堂技巧	9787515311838	23.80
★ 开始和结束一堂课的50个好创意	9787515312071	29.80
好老师因材施教的12个方法（美国著名教师伊莉莎白"好老师"三部曲）	9787500694847	22.00
★ 如何打造高效能课堂（美国《学习》杂志"教师必选"奖，"激励教师组织"推荐书目）	9787500680666	29.00
合理有据的教师评价：课堂评估衡量学生进步	9787515330815	29.00
班主任工作/德育		
★ 北京四中8班的教育奇迹	9787515321608	36.00
★ 师德教育培训手册	9787515326627	29.80
中小学教师职业道德培训手册：师德的定义、养成与评估	9787515340777	32.00
★ 好老师征服后进生的14堂课（美国著名教师伊莉莎白"好老师"三部曲）	9787500693819	25.00
优秀班主任的50条建议：师德教育感动读本（《中国教育报》专题推荐）	9787515305752	23.00
学校管理/校长领导力		
重新设计一所好学校：简单、合理、多样化地解构和重塑现有学习空间和学校环境	9787515356129	49.00
让樱花绽放英华	9787515355603	79.00
学校管理者平衡时间和精力的21个方法	9787515349886	29.90

书名	书号	定价
校长引导中层和教师思考的50个问题	9787515349176	29.00
如何定义、评估和改变学校文化	9787515340371	29.80
优秀校长一定要做的18件事（入选《中国教育报》"2009年影响教师的100本书"）	9787515342733	26.00
学科教学/教科研		
美国学生写作技能训练	9787515355979	39.90
《道德经》妙解、导读与分享（诵读版）	9787515351407	49.00
京沪穗江浙名校名师联手教你：如何写好中考作文	9787515356570	49.90
京沪穗江浙名校名师联手授课：如何写好高考作文	9787515356686	49.80
★ 人大附中中考作文取胜之道	9787515345567	39.80
★ 人大附中高考作文取胜之道	9787515320694	33.80
★ 人大附中学生这样学语文：走近经典名著	9787515328959	33.80
四界语文（中国教育报2017年度"教师喜爱的100本书"）	9787515348483	49.00
让小学一年级孩子爱上阅读的40个方法	9787515307589	39.90
让学生爱上数学的48个游戏	9787515326207	26.00
轻松100课教会孩子阅读英文	9787515338781	88.00
情商教育/心理咨询		
9节课，教你读懂孩子：妙解亲子教育、青春期教育、隔代教育难题	9787515351056	39.80
★ 学生版盖洛普优势识别器（独一无二的优势测量工具）	9787515350387	169.00
与孩子好好说话（获"美国国家育儿出版物（NAPPA）金奖"，沟通圣经）	9787515350370	39.80
中小学心理教师的10项修炼	9787515309347	36.00
★ 别和青春期的孩子较劲（增订版）（入选《中国教育报》"2009年影响教师的100本书"）	9787515343075	28.00
★ 100条让孩子胜出的社交规则	9787515327648	28.00
守护孩子安全一定要知道的17个方法	9787515326405	32.00
幼儿园/学前教育		
德国幼儿的自我表达课：不是孩子爱闹情绪，是她/他想说却不会说！	9787515359458	59.00
德国幼儿教育成功的秘密：近距离体验德国学前教育理念与幼儿园日常活动安排	9787515359465	49.80
美国儿童自然拼读启蒙课：至关重要的早期阅读训练系统	9787515351933	49.80
幼儿园30个大主题活动精选：让工作更轻松的整合技巧	9787515339627	39.80
★ 美国幼儿教育活动大百科：3-6岁儿童学习与发展指南用书 科学/艺术/健康与语言/社会	9787515324265等	600.00
蒙台梭利早期教育法：3-6岁儿童发展指南（理论版）	9787515322544	29.80
蒙台梭利儿童教育手册：3-6岁儿童发展指南（实践版）	9787515307664	25.00
★ 自由地学习：华德福的幼儿园教育	9787515328300	29.90
赞美你：奥巴马给女儿的信	9787515303222	19.90
史上最接地气的幼儿书单	9787515329185	39.80

书名	书号	定价
教育主张/教育视野		
如何教学生阅读与思考：每位教师都需要的阅读训练手册	9787515359472	39.00
"互联网+"时代，如何做一名成长型教师	9787515340302	29.90
培养改变世界的学习者：美国最好的教育给我们的启示	9787515356877	39.90
教出阅读力	9787515352800	39.90
为学生赋能：当学生自己掌控学习时，会发生什么	9787515352848	33.00
如何用设计思维创意教学：风靡全球的创造力培养方法	9787515352367	39.80
如何发现孩子：实践蒙台梭利解放天性的趣味游戏	9787515325750	32.00
如何学习：用更短的时间达到更佳效果和更好成绩	9787515349084	49.00
教师和家长共同培养卓越学生的10个策略	9787515331355	27.00
★ 如何阅读：一个已被证实的低投入高回报的学习方法	9787515346847	39.00
★ 芬兰教育全球第一的秘密（珍藏版）(《中国教育报》等主流媒体专题推荐)	9787515342610	28.00
世界最好的教育给父母和教师的45堂必修课(《芬兰教育全球第一的秘密》2)	9787515342696	28.00
★ 杰出青少年的7个习惯（精英版）(中小学图书馆推荐书目、中国青少年必读书目)	9787515342672	39.00
杰出青少年的7个习惯（成长版）	9787515335155	29.00
★ 杰出青少年的6个决定（领袖版）(中小学图书馆推荐书目、中国青少年必读书目、全国优秀出版物奖)	9787515342658	28.00
★ 7个习惯教出优秀学生（第2版）(全球第一畅销书《高效能人士的七个习惯》教师版)	9787515342573	29.00
学习的科学：如何学习得更好更快(入选中国教育网2016年度"影响教师的100本书")	9787515341767	39.80
杰出青少年构建内心世界的5个坐标(中国青少年成长公开课)	9787515314952	59.00
★ 跳出教育的盒子（第2版）(美国中小学教学经典畅销书)	9787515344676	35.00
夏烈教授给高中生的19场讲座(入选《中国教育报》"2013年最受教师欢迎的100本书")	9787515318813	29.90
★ 学习之道：美国公认经典学习书	9787515342641	39.00
★ 翻转学习：如何更好地实践翻转课堂与慕课教学(中国教育新闻网2015年度"影响教师的100本书")	9787515334837	32.00
★ 翻转课堂与慕课教学：一场正在到来的教育变革	9787515328232	26.00
翻转课堂与混合式教学：互联网+时代，教育变革的最佳解决方案	9787515349022	29.80
翻转课堂与深度学习：人工智能时代，以学生为中心的智慧教学	9787515351582	29.80
★ 奇迹学校：震撼美国教育界的教学传奇(中国教育新闻网2015年度"影响教师的100本书")	9787515327044	36.00
★ 学校是一段旅程：华德福教师1-8年级教学手记	9787515327945	32.00
★ 高效能人士的七个习惯（30周年纪念版）(全球畅销书)	9787515350585	79.00

您可以通过如下途径购买：
1. 书　　店：各地新华书店、教育书店。
2. 网上书店：当当网（www.dangdang.com）、亚马逊中国网（www.amazon.cn）、天猫（zqwts.tmall.com）
京东网（www.360buy.com）。
3. 团　　购：各地教育部门、学校、教师培训机构、图书馆团购，可享受特别优惠。
购书热线：010-65511270 / 65516873